商务馆对外汉语专业本科系列教材

审　订　世界汉语教学学会

总主编　赵金铭　齐沪扬　范开泰　马箭飞

对外汉语教学法

吴勇毅　主编

商务印书馆
创于1897　The Commercial Press

主　编　吴勇毅
副主编　吴中伟
编　者　（按音序排列）
陈　钰　刘　弘　马玉汴　石旭登
吴勇毅　吴中伟　许国萍　张皎雯

内容简介

本书是对外汉语专业本科学生的专业必修课教材，也可作为汉语国际教育硕士专业学位研究生的课外参考书，同时也可供大专院校应用语言学专业的师生和其他汉语作为第二语言/外语教学工作者、研究者参考。

本教材吸收了汉语作为第二语言/外语教学研究的最新成果，侧重实用性和可操作性以及教学理念的培养和教师素质的养成，从教学环境、培养目标、教学大纲、教学模式、教材、课堂教学设计（预设事件）、课堂教学的非预设事件、词汇语法教学、教学案例分析等各个方面全面阐释了汉语作为第二语言/外语的整个教学过程，并且着重论述了作为一名汉语教师所应具备的素质和能力。理论与实践相结合，通过大量实例展示凸显教学之特点，具有很强的针对性。每章后面配有相应的“思考与任务”，供读者反思与“动手”。

教育部人文社科基金项目

项目名称：汉语国际推广背景下的对外汉语教师职前教育课程改革及培养研究

项目编号：10YJA740098

前　言

对外汉语教学专业的设立已经有二十多年的历史了。早在 1983 年经教育部批准北京语言学院在外语系内就设置了对外汉语教学专业，以培养对外汉语教师为主要目标。不久，北京外国语大学、上海外国语学院和华东师范大学也相继开设了类似的专业。

此后几年，该专业一直踽踽独行，没有名目。直至 1988 年，教育部颁布《普通高等学校本科专业目录》和《普通高等学校本科专业设置规定》，在一级学科中国语言文学类（学科代码 0501）下，设“对外汉语”（学科代码 050103）二级学科，这一专业才正式确立。

当初，设置这一专业，是为招收第一语言为汉语的中国学生，培养目标是将来能从事对外汉语教学及中外文化交流等工作。故该专业特点是，根据对外汉语教学对教师知识结构和能力的要求设计课程和确定教学内容。在 1989 年“对外汉语教学专业会议”（苏州）上，进一步明确了这个培养目标，并规定专业课程应分为三类：外语类、语言类和文学文化类。1997 年召开“深化对外汉语专业建设座谈会”，会议认为，根据社会需要，培养目标可以适当拓宽，要培养一种复合型、外向型的人才，既要求具有汉语和外语的知识，又要求有中国文化的底蕴；既要求懂得外事政策和外交礼仪，又要求懂得教育规律和教学技巧。这一切只能靠本专业的独特的课程体系、有针对性的教材以及特定的教学方法才能完成。

近年来，世界风云变幻，中国和平崛起。随着汉语加快走向世界，对外汉语教学事业获得蓬勃发展。目前开设对外汉语专业的高等学校已有一百三十多所。大发展带来了丰富多彩，也伴随着不规范。对外汉语作为一个专业，既无统一的教学大纲，也无标准的课程设置，更无规范的教材。在业内对对外汉语教学的学科内涵，也还存在着不同的认识。目前，设立本专业的院校只能本着各自的理解，依据本单位的教学资源与教学条件设置课程，自编或选用一些现成的教材。

有鉴于此，在国家汉办的指导下，商务印书馆以其远见卓识，决定组织全国各高校对外汉语教学资深人士，跨校协商，通力合作，在初步制订专业课程大纲的基础上，编写一套对外汉语专业系列教材，以适应目前本专业对教材的迫切需求。

本教材以赵金铭、齐沪扬、范开泰、马箭飞为总主编，教材的编者经多次协商讨论，决定本着下列原则从事编写：

一、总结以往的经验，积成多年来对外汉语教学成果，以课程在教学计划中的地位、性质、任务和作用为依据，规定课程的基本内容，划定教学范围，确立教学要求。

二、密切关注语言学，特别是汉语语言学研究的最新进展，全面吸取汉语作为第二语言/外语教学研究的最新成果，着重体现语言规律、语言教学规律和语言学习规律。

三、教材的教学内容力求贯彻“基础宽厚，重点突出”的原则，注重基本理论、基本知识和基本技能，既要加强基础理论的教学，更要加强实践能力的培养。对课程的实践性教学环节应有明确、具体的要求，并有较强的可操作性。

四、教材要全面显示汉语作为第二语言/外语教学的性质、特点和规律，为加快汉语走向世界，为汉语国际推广，培养外向型、复合型的人才。

五、谨守本科系列教材的属性，注意教材容量与可能的课时量相协调，体现师范性，每一章、节之后，附有思考题或练习题。特别要注意知识的阶段性衔接，为本一硕连读奠定基础，留有空间。

基于上述考虑，我们对对外汉语专业的教学内容作了权衡与取舍。本着培养目标所要求的内涵，教材内容大致围绕着四个方面予以展开，即：基础知识、专业知识、教学技能和教师素质。我们把拟编的对外汉语专业本科系列教材组成五大板块，共22册。每个板块所辖课程及教材主编如下：

一、语言学、应用语言学和汉语

1.现代汉语	齐沪扬（上海师范大学）
2.古代汉语	张 博（北京语言大学）
3.语言学概论	崔希亮（北京语言大学）
4.应用语言学导论	陈昌来（上海师范大学）
5.汉英语言对比概论	潘文国（华东师范大学）

二、中国文学文化及跨文化交际

6.中国现当代文学	陈思和（复旦大学）
7.中国古代文学	王澧华（上海师范大学）
8.中国文化通论	陈光磊（复旦大学）
9.世界文化通论	马树德（北京语言大学）
10.跨文化交际概论	吴为善（上海师范大学）

三、汉语教学理论、第二语言习得理论与实践

11.对外汉语教学导论	周小兵（中山大学）
12.第二语言习得研究	王建勤（北京语言大学）
13.对外汉语本体教学概论	张旺熹（北京语言大学）
14.对外汉语教学课程论	孙德金（北京语言大学）
15.双语与双语教育概论	关辛秋（中央民族大学）
16.华文教学概论	郭 熙（暨南大学）
17.世界汉语教育史	张西平（北京外国语大学）

四、对外汉语教材、教学法与测试评估

18.对外汉语教学法	吴勇毅（华东师范大学）
19.对外汉语教材通论	李 泉（中国人民大学）
20.语言测试概论	张 凯（北京语言大学）
21.对外汉语教学模式概论	马箭飞（国家汉办）

五、现代教育技术在对外汉语教学中的应用

22.对外汉语教育技术概论	郑艳群（北京语言大学）

本系列教材主要是为对外汉语专业本科生编写，也可供其他对外汉语教学工作者、研究者参考，同时也可以作为大专院校语言文学类专业的课外参考书。

目前，汉语国际推广正如火如荼，汉语作为第二语言/外语教学也面临着巨大的机遇与空前的挑战。我们愿顺应时代洪流，为汉语国际推广尽绵薄之力。大规模、跨地区、跨学校地组织人力进行系列教材的编写，尚属首次，限于水平，疏忽和不妥之处在所难免，敬祈专家、读者不吝指正。

赵金铭　齐沪扬

2007 年 6 月 5 日

目　　录

第一章　第二语言/外语教学法

教学法实在是个多义的词。教师们在课下或教研活动时交流彼此的课堂教学经验，所讲的教学法多指课堂教学技巧；教材编撰者在推介自己的教材时常说是按照什么教学法编写的，这里的教学法多指教学理论或教学法流派，凡此种种，不一而足。章兼中(1993)认为："现代外语教学法是一个多元化、多角度、多层次的体系。现代外语教学法的低层次概念是指个别的、具体的语音、词汇、语法、句型等语言知识的讲解、操练和听说读写能力某一个方面的培养的方式方法。现代外语教学法流派是指外语教学法的体系，是外语教学法的高层次概念。它指的是研究外语教学的指导思想、外语教学的性质、外语教学原理、教学目的、教学内容、教学原则、教学过程、教学形式、师生关系和教学方式、方法、评价手段等一整套外语教学法的科学规律的体系。"可见对教学法有许多不同的理解，各有所指，各有侧重。在这一章里，我们会对涉及教学法的各种概念做一简单梳理和介绍，也为后面的章节做一铺垫。这本书不系统介绍教学法流派，同系列的教材《对外汉语教学导论》(周小兵，2009)已有涉及，更详细的介绍可参见章兼中(1983)、理查德(Richards)和罗杰斯(Rodgers)(1986，2001)。

有人说国外第二语言教学的发展是以教学法的发展为核心的(张皎雯，2010)，这话不无道理，汉语作为第二语言/外语教学又何尝不是如此呢？只是我们也有自己的发展轨迹和路子(吴勇毅、徐子亮，1987；吕必松，1990)。

第一节 安东尼的三层结构与王才仁的五个层次

美国应用语言学家安东尼(Anthony,1963)为了理清不同概念之间的关系,提出了一个教学法的三层结构框架(AMT),由上而下是(表1—1):

表1—1

AMT 构架	
第一层	Approach
第二层	Method
第三层	Technique

这个框架是有层级性的(hierarchical),即存在从属关系。这里的 Approach 可称为"教学法理论"或"教学路子",Method 可称为"教学方法",Technique 则可称为"教学技巧"(不幸的是,在汉语里这三个词都可被笼统地称为"教学法",而 Technique 更是常被称为"课堂教学方法"或"课堂教学法")。按照安东尼的阐释,Approach 是理论性的(axiomatic),它是一套有关语言教和学的相关假设,重在描写所教内容的本质;Method 是程序性的(procedural),它是有序呈现语言材料的一整套规划,使其每个部分都不与所选择的教学法理论或教学路子相抵触,同一种教学法理论或教学路子(Approach)之下可以有许多种教学方法(Methods);Technique 是工具性的(implementational),它是课堂上实际应用的,包括用于完成当下课堂教学目标的特定窍门/技巧(trick)、策略(stratagem)或手段/计谋(contrivance)等。(Technique 有时又容易与 skill 相混淆,后者主要用来指二语或外语的听、说、读、写的"技能"。)Technique贯彻实施 Method,因而必须与其保持一致,而 Method 也应符合 Approach。

汉语教学界也基本上采用了 AMT 框架(吕必松,2005;金立鑫,2009)。在这个框架下,教学法理论阐释对语言本质和语言学习的信念、看法与假设

（语言观、语言学习观）等，比如，语言是怎么学（会）的？语言知识在记忆中是怎样表现和组织的？语言本身是如何构造的？教学方法是把理论应用于实践，它要依据理论选择教授的技能和内容以及内容呈现的顺序和安排，而教学技巧则是在课堂教学过程中具体使用的。（Richards & Rodgers，1986，2001）

理查德和罗杰斯（1986，2001）批评 AMT 框架里没有论及教师和学习者的角色和作用，也没有讨论教学材料的作用以及它们所应采用的形式（比如是纸质教科书还是媒体形式等），更主要的是它没有说明 Approach 是如何在 Method 中实现的，而 Method 和 Technique 又是如何关联的。

我国学者王才仁（1996）提出，教学法应有五个层次的概念（表 1—2）：

表 1—2

MASMT 构架	
第一层	Methodology
第二层	Approach
第三层	Strategy
第四层	Method
第五层	Technique

他在为理查德和罗杰斯（1986）的著作《语言教学的流派》所作的导读中把这五个层次的概念称作"教学法总称"（Methodology）、"实验性教学法"（Approach）、"教学策略"（Strategy）、"课堂方法"（Method）、"技巧"（Technique）。他认为（1996：21—25）：教学法之"法"，即 Methodology，并非是"方法"的缩略，而是法则，即规律的意思，说明教学法是通过"实践——认识——再实践——再认识"这样不断地探索外语教学规律的一门学科。Approach 也是"法"，不过这种法是通过教学模式的构建提出具体的原则、方法、教材；经过实验、总结经验，其中一些带有普遍性的规律认识将进入"教学法"的理论宝库。Strategy 是一个运筹、决断、施教、观察、分析、评估的过程，教师自主地、能动地运用理论于实践，从实践中检验理论的环节。Method 就是"方法"，由教学

模式提出或采纳。各种教学法(approach)都会提出一些教学方法或有关教学方法的建议,但并非要求教师直接搬用,而是应由教师根据具体情况化解为具体程序,这就是 method。Technique 即教师在课堂上得心应手、运用自如的方法。王才仁细化了教学法的概念,并指出这五个层次概念是相互联系、相互作用的,构成一个整体,反映出教学法这门学科的科学性和艺术性的统一。在他的五个层次中,“教学策略”被其认为是一个“新问题”,“是教学法内涵深化认识的反映”,“事关教学理论与教学实践的关系”,但恰恰在这一点上,有人提出了商榷(具体可参见王俊菊,2004)。另外为什么把 Approach 称为“实验性教学法”也颇令人费解。

第二节　理查德和罗杰斯的框架与吕必松的四大环节

针对安东尼三层结构的不足,理查德和罗杰斯(1986)提出了一个伞状的教学法框架(ADP),以修正和拓展安东尼的模式。框架的伞尖是 Method(教学法),统领“华盖”,以下由 Approach(教学法理论、教学路子)、Design(教学设计)和 Procedure(教学程序/步骤)三部分组成,这三个部分各有其“辖域”(内容)又相互关联。其构架见图 1—1(译自 Richards & Rodgers,1986:28)。

这个框架与安东尼模式的主要不同在于取消了 Method 和 Technique 两个层次(在新的框架中 Method 被置于最顶层),代之以 Design(教学设计)和 Procedure(教学程序/步骤)两个方面。在教学法的“设计”中,你要依据你所“信仰”的语言观和语言学习理念来决定你的教学目标(objectives),选择教学内容(content)并组织起能体现教学法特点的教学大纲(syllabus);要依据你所遵循的教学法和教学理论设计出某种教学法所主张和提倡的学习任务和教学活动的类型,说明教师、学习者和教学材料(instructional materials)在教学中所扮演的角色与所起的作用。在实施阶段,即“教学程序/步骤”中,要运用各种教学技巧和教学策略去完成“设计”的目标,这当中也包括运用安东尼所

Method

Approach

1.语言本质的理论
—关于语言能力的解释
—关于语言结构基本单位的解释
2.语言学习本质的理论
—关于语言学习的心理语言及认知过程的解释
—关于激活这些过程所需条件的解释

Design

1.教学法的一般和具体目标
2.教学大纲模式
—选择和组织语言内容和/或话题内容的标准
3.教学活动的类型
—在课堂和教学材料中所使用的任务和操练活动的种类
4.学习者的角色/作用
—分派给学习者的学习任务类型
—学习者对学习内容所具有的控制程度
—推荐或暗含的学生组合模式
—学习者相互影响学习的程度
—学习者对自己作为信息加工者、行为者、发起者、问题解决者等的看法
5.教师的角色/作用
—教师所履行的职能类型
—教师对学习的影响程度
—教师在多大程度上决定学习的内容
—教师和学生的互动类型
6.教学材料的角色/作用
—教学材料的主要功能
—教学材料的形式
—教学材料与其他输入的关系
—关于师生的假设

Procedure

实施教学法时所能观察到的课堂技巧、操练和行为
—教师所使用的时间、空间和设备资源
—课堂中的互动模式
—在教学法实施过程中教师和学生所使用的手法、策略

图 1—1

说的 Technique，但决不仅仅局限于此。这样一来，整个框架各部分之间的关系就明朗了：Approach（教学法理论、教学路子）从理论上说明某种 Method（教学法），Design（教学设计）是其组织形式，是"在教学系统中实现各种因素最优化的组合方案"（张皎雯，2010），Procedure（教学程序/步骤）实践其主张，是实现它的具体操作程序和步骤。这主要包括：(1)借助怎样的教学活动（如句型操练、对话、信息差活动等）教授新语言，展示、说明目的语的形式、交际或其他方面的内容；(2)用于操练语言的特定的教学活动的方式方法；(3)根据学习者话语、句子输出的形式和内容进行反馈的步骤和技巧等。我们应该认识到，某种教学法必定有其典型的操作程序，也一定会有其主打的课堂活动（如听说法的句型操练、交际法的角色扮演、任务法的信息差活动等），因为这些教学活动本身就体现了不同教学法的理念；而各种不同的教学法也可以采用相同类型的活动，只是其各自的目的有所不同罢了（张皎雯，2010）。

尽管有人认为理查德和罗杰斯的这个框架也存在缺陷和不足（王俊菊，2004），但我们认为这个构架较之安东尼的三层结构更具合理性。其中很重要的一点就是安东尼的三层结构是静态的，只表述了概念之间的隶属关系；而理查德和罗杰斯的框架是动态的，更具"过程"感，阐释也展示了从理论过渡到实践的各个环节及其相互关系；使用"设计"和"程序/步骤"的概念也显示了对教学过程的重视。

汉语教学界对理查德和罗杰斯的这个教学法框架并不很熟悉，但吕必松（1987，1990）提出的"四大环节"说（他有的看法有所改变，参见吕必松，2005），在汉语作为第二语言/外语教学界影响很大，可以说是对外汉语教学界提出的一个教学法框架，其中每个环节都是教学法要研究和实施的对象。吕必松（1990）对此的解释是："语言教学的全过程和全部教学活动可以归结为四大环节，即总体设计、教材编写、课堂教学和测试。这四大环节是环环相扣，缺一不可的。它们之间的关系是：总体设计是其他环节的前提和主要依据；教材是课堂教学的基础；课堂教学是直接帮助学生掌握语言的中心环节，其他环节都必须为这个中心环节服务；测试是检验的手段，它不但检验学生的学习成绩和达到的水平，而且检验包括测试本身在内的全部教学活动是否科学、合理、有效。”他特别强调了总体设计的意义，指出了总体设计的重要性和必要性：“总体设计的任务就是根据语言、语言学习和语言教学的规律，结合汉语和汉语教学的特点，提出全面的教学方案，使整个教学过程和全部教学活动成为一个统一的、协调一致的、科学的整体。总体设计的内容和工作程序是：根据教学对象的学习目的确定培养目标和教学要求；根据培养目标和教学要求确定教学内容；根据学生的自然状况、教学要求和教学内容确定教学法原则；根据教学要求、教学内容和教学法原则确定教学途径。”“总体设计是一种系统工程。它的直接理论基础是语言理论、语言学习理论和比较文化理论，同时又要以一定的教学经验为依据。因此，总体设计不但直接反映对语言规律、语言学习规律和‘文化差异’规律的研究和认识程度，而且直接反映教学经验的成熟程度。”汉语教学界多年来的教学法研究大都是围绕这四个环节展开的，但近年来有许多突破和新的研究成果，如关于教学模式的研究、关于教学手段和媒体的研究、关于教学案例的研究、关于课堂教学（策略、行为等）的研究、关于教学语法和虚词的研究、关于远程汉语教学的研究、关于教师课堂语言的研究，等等。

如前所述，我们这本书并不专门讨论各种教学法流派及其理论基础（但在具体各章节中常有涉及），而主要集中在理查德和罗杰斯所说的“教学设计”（Design）和“教学程序/步骤”（Procedure）上[①]，也就是说，这本书所讨论的教学法更侧重在教学设计、教学过程和课堂操作的层面上，更注重培养从事汉语教学工作所需要的实际运用能力和解决教学问题的能力，更着重于教师教学素质的养成和实用，其中有不少内容是“新面孔”。

在学习、掌握和运用教学理论和教学法的过程中，我们的反思是极其重要的，反思孕育着创新。下面七个方面的问题是我们应该常常思考的，尽管它还不是我们要反思的全部（译自 Richards & Rodgers，1986：12）：(1)语言教学的目标是什么？语言课程要传授的是口语能力、阅读技能、翻译还是其他技能？(2)语言的本质是什么？它会给教学法带来怎样的影响？(3)在教学中，选择

① 我们比较赞同理查德和罗杰斯的框架。同时，这样做也是为了与同系列的其他相关教材（如《对外汉语教学导论》、《对外汉语本体教学概论》）有所区别和分工。

语言教学内容的原则是什么？(4)什么样的组织、安排(顺序)与呈现教学内容的原则最便于和促进学习？(5)母语的作用究竟怎么样？(6)学习者掌握一种语言的过程是怎样的？它能否跟某种教学法结合起来，或者说结合在一起？(7)哪些教学技巧和活动，在什么条件/环境下最能发挥作用？希望读者也能带着这些问题阅读这本书。

思考

1.以交际教学法为例，简要介绍安东尼的教学法三层结构框架(AMT)中关于 Approach、Method 和 Technique 的区别。

2.试比较理查德和罗杰斯的伞状教学法框架与吕必松的四大环节之间的异同。

任务

1.请试着查找些相关文献，并依据这些文献对理查德和罗杰斯伞状教学法框架的优点和不足进行分析与评论。

2.关于本章末提到的七个反思问题，你是怎么想的？请与你的同学/同事讨论并分享你们的想法。

第二章　汉语作为第二语言教学与汉语作为外语教学

语言环境不仅会对语言教学产生重要的影响，也会对语言的学习和习得起到重要的作用。从这一点上说，区分汉语作为第二语言教学（Teaching of Chinese as a Second Language，简称 TCSL）与汉语作为外语教学（Teaching of Chinese as a Foreign Language，简称 TCFL）是十分必要的，也是十分有意义的。长期以来我们一直使用“对外汉语教学”这个术语，指的是“对外国人的汉语教学”，其教学对象主要就是指来华留学生，其设定的基本语言环境（语言教学环境、语言学习环境）是在中国国内。尽管中华人民共和国一成立，国家就派遣教师去国外从事汉语教学工作，但教学的主体仍然在国内，我们很少关注汉语作为外语的教学（即在国外/海外的汉语教学）。

赵金铭（2006）在题为“从对外汉语教学到汉语国际推广”的文章中指出：中华人民共和国的“对外汉语教学在经过 55 年的发展之后，于 2005 年 7 月进入了一个新时期。以首届‘世界汉语大会’的召开为契机，我国的对外汉语教学在继续深入做好来华留学生汉语教学工作的同时，开始把目光转向汉语国际推广。这在我国对外汉语教学发展史上是一个历史的转折点，是里程碑式的转变。”因此，无论是从教学和研究本身的角度看，还是从汉语国际教育、汉语国际传播与推广的战略角度看，弄清楚汉语作为第二语言教学与汉语作为外语教学的差异和规律都是十分重要的。

第一节　“第二语言教学”与“外语教学”

一　相关定义

Stern(1983)在其著名的《语言教学的基本概念》一书中指出,“第二语言”这个术语有两个意思。首先是指语言学习的顺序,第二语言是在本族语后习得的语言;其次是指掌握语言的程度,第二语言的实际掌握程度或水平低于第一语言,“第二”有较弱(weaker)的意思。Stern 这里所说的这两个意思都是与第一语言相比较而言的。至于第二语言与外语的区别,Stern 举了 TESL (Teaching of English as a Second Language)和 TEFL(Teaching of English as a Foreign Language)的例子,TESL 是指在美国对说其他语言的移民进行的英语教学。换句话说,从学习者的角度看,第二语言是用来指在一个国家内学习和使用的非本族语(a non-native language learnt and used *within* one country),而外语通常指的是学习和使用一种在国土疆界之外的言语社团的语言(a non-native language learnt and used with reference to a speech community *outside* national or territorial boundaries)。第二语言在一个国家里通常具有官方的地位或公认的作用,而外语则没有。比如,在我国,维吾尔族学生学习汉语普通话是第二语言,而普通话则是中国的官方语言。显然 Stern 是把地理/社会环境和语言功能视为两者的主要分水岭。

Larsen-Freeman 和 Long(1991)结合具体例子来说明这种环境的差异:第二语言是在本族人使用的环境中学习的。比如,一个西班牙人在英国学习英语就是学习第二语言。如果他/她在西班牙的课堂里学习英语,也就是说在本族人使用的环境之外,那就是学习外语。其他学者还注意到,第二语言学习的目的跟外语学习常常不同。由于第二语言通常是官方语言或公认的语言,因此就要用其来充分参与这个国家的政治和经济生活(Paulston,1974),如美国的说其他语言的移民就要用英语参与美国的政治和经济生活。第二语言也是受教育所使用的语言(Marckwardt,1963),如外国留学生在中国接受各种学历教育，所使用的语言是汉语；反之中国学生在美英等国家接受学历教育，所使用的语言是英语。而外语学习则不同，人们学习的目的各式各样，如去国外旅行、跟操本族语的人交流、阅读外语科技文献或文学作品等。

Stern(1983)还指出，由于第二语言是所在国使用的语言，因此学起来能够得到比外语更多的环境上的支持。而外语学习一般要靠更多的正规教育和其他措施来弥补缺乏环境的支持。由于第二语言在社会环境中广泛使用，因此它常常可以通过非正式的方式"学会"(即所谓的 picked up)。举例来说，有一位意大利学生来中国学习后认识了一些欧洲人。他发现，这些人没有正式学习过汉语，但他们在中国工作一段时间后，可以听说汉语，但不能认写汉字。相反，他和他在意大利学习汉语的朋友们可以认写汉字，但是听说却不行。这位意大利学生的发现证明了 Stern 的观点。

Ellis(1994)认为，强调第二语言和外语环境的区分可能是非常重要的，因为在"学什么"和"怎么学"这两方面，二者可能有着根本的区别(radical differences)。很明显，除了上面已提到的不同之外，Ellis 更是从习得和认知的角度提出第二语言和外语在习得内容和方式上存在着不同。

综上所述，第二语言和外语，第二语言教学和外语教学在语言(学习)环境、语言功能、学习目的、学习形式(通过课堂形式学习还是在自然环境中"学会")以及习得/学习内容和方式等许多方面存在差异。按说这些差异是比较清楚的，也是我们在教学和研究中应该注意到的，但事实上长期以来我们并没有对汉语作为第二语言教学(TCSL)和汉语作为外语教学(TCFL)加以区分，不论是在理论上还是在操作层面上。这里面既有主观认识的分歧，也有客观因素的限制。比如，吕必松(1996)对第二语言和外语就有不同的看法："我们关于第二语言的定义只考虑学习的先后顺序，不考虑言语环境的因素，是基于下面的认识：……在第二语言学习中，决定学习和习得规律的因素是多方面的，其中包括：人的大脑机制和语言的特点、学习语言的方式(主要是指在自然环境中学习还是在学校里学习)、目的语环境、跟语言理解和语言使用有密切关系的社会文化因素等。语言环境只是影响第二语言学习和习得规律的因素之一，不足以作为区分第二语言和外语的主要依据。……我们认为不应当把第二语言和外语的关系看成一种对应关系，而应当看成一种包容关系，即第二语言也包括外语。这也是我们说对外汉语教学既是一种第二语言教学、又是一种外语教学的原因。”按照吕必松的意思，没有必要区分汉语作为第二语言教学和汉语作为外语教学，因为前者包容了后者。另外，一直以来，我们的教学对象和研究对象主要是来华留学生，因此关注的重点并不包括国外的汉语教学。而世界规模的“汉语热”和世界规模的汉语教学也只是近些年才出现的。

我们认为“第二语言”有两个对应：一个是与“第一语言”对应，指的主要是语言习得先后的顺序；另一个是与“外语”对应，指的主要是语言学习环境的差异。从广义的角度说，第二语言教学可以涵盖外语教学。

二 关于“对外汉语教学”

盛炎(1990)在《语言教学原理》中说：“还有一个术语叫作‘对外汉语教学’，没有‘对内汉语教学’的术语跟它相对。其中的‘外’字指‘外国人’，翻译成英文应该是 Chinese for foreigners，这个术语只适用于中国境内。”在盛炎的概念里，“对外汉语教学”是我们上面所说的“汉语作为第二语言教学(TCSL)”，完全不包括“汉语作为外语教学(TCFL)”。由此可推及，我们研究的对外汉语教学主要是汉语作为第二语言教学，而非汉语作为外语教学。盛炎还解释了美国学者使用“第二语言”这个术语频率很高的原因：“我想，首先，他们是以语言学习环境为标准来区分第二语言和外语的。凡是在目的语环境中学习的目的语一般称为第二语言。他们不太重视学习对象的不同。其次，把作为非母语的英语称为第二语言，也许会使居住在美国的人感到不‘外气’。”

这些年来，关于“对外汉语教学”这个名称的争论一直没有停止过，不仅涉及第二语言教学和外语教学的问题，还涉及学科性质等问题(吕必松，1995；鲁健骥，2000；潘文国，2004；郭熙，2004；周健，2005)，撇开后者不谈，我们认为，对外汉语教学指的就是汉语作为第二语言教学，其基本的教学环境是在中国国内，它不能涵盖教学环境在海外的汉语作为外语教学。

三　我国英语教学界的认识

我国的英语教学究竟是二语教学还是外语教学，学界的意见是比较一致的，大都认为是外语教学，但也并非认识得都很清楚。英语辅导报社社长兼总编辑包天仁教授曾接受《光明日报》(2001.3.29)的采访，当记者谈道，关于"小学英语课怎么开"的讨论，很多问题归根结底是对英语教学在中国是二语教学还是外语教学的分歧时，包仁天指出："解决对英语教学类型的认识是当务之急。中国的英语教学是外语教学(TEFL)还是二语教学(TESL)，不弄清这两种教学类型的差别，就会给我们政策的制定，教学模式的选择，教材的编写，教师的培养等一系列工作带来混乱，甚至走入脱离国情的误区，使我们的英语教学大走弯路。"他认为："第二语言教学就是在有语言环境的条件下学习母语以外的一种语言的教学，例如中国人到英语国家留学、工作、生活，为了生存和融入当地社会而学习英语，这种条件下的英语教学叫二语教学。又如一些原英属殖民地国家独立后，英语仍是当地人民使用的主要语言或官方语言，在这些地方的英语教学基本上也属二语教学。英语在一个国家或地区是二语教学还是外语教学，还有一个重要标志，那就是看当地学校的课程是不是用英语授课。如果除了英语课，其他课程用母语讲或大部分用母语讲，英语教学就是外语教学(TEFL)。显然英语二语教学环境，在中国是没有的。"

束定芳、庄智象(1996)是主张严格区别"第二语言"和"外语"的，其主要依据是"'第二语言'与'外语'在语境、语言输入、学习者的情感因素、认知基础和掌握程度方面都有着明显的差异。两者不可'混为一谈'"，"外语教学有着与第二语言教学完全不同的自身的特点，中国学生学习外语更有其特殊的地方"。

第二节　环境因素对汉语学习的影响

一　学习环境的制约与选择

汉语作为第二语言和汉语作为外语的学习环境不同。在汉语作为外语

(CFL)的环境下,学生主要是通过课堂学习汉语,出了课堂几乎就没有运用汉语进行交际的社会环境了。过去,在一些国家,中餐馆和华人开的会馆、商店是仅有的可能可以说汉语的地方;改革开放以来,随着中国经济的发展,去国外学习、经商、旅游甚至移民的中国人越来越多,不少国家(如法国、越南等)有了许多中文导游,很多商店,甚至著名的大商场也有了中文导购,同时也有越来越多的外国人学习汉语,但使用语言的社会环境从本质上说并没有发生多少变化,学习者不可能在社会环境中自然地学会或习得汉语。在汉语作为第二语言(CSL)的环境下,比如,在中国大陆学习者有两种选择:一种是在自然的环境中习得,不进课堂。我们常说有的外国人说的是"马路汉语",指的就是这种情况。这种"马路汉语"的特点之一是语法结构混乱,常常只"蹦出来"几个词或词组,但汉语为母语者可以猜得出意思,有一定的交际功能。如果说"马路汉语"的人再进课堂学习,教师常常会觉得很"头疼",因为很难改变他们的"语言习惯"。Stern(1983)举过这样一个例子,"跟我们'结对子'的丹麦女孩儿让她父母送到英国在我们家学习英语,但她不上课的",说的也是这种情况。这是所谓在二语的环境里完全"自然沉浸"。另一种是学生进课堂学习汉语,但下课后可以沉浸在汉语的社会环境里,可以在日常生活中直接并大量地跟中国人交际,学了就用。比如,在一个个案研究中,研究者对一位意大利学生进行访谈,当问及在中国学习汉语跟在意大利学习有什么不一样时,这位学生脱口回答:"不一样(的)是我现在学习的时候,一学习就去外面练习,我可以马上知道我学好好地学习还是我不好学习(学得好不好),我马上试一试。"所以我们说环境对学生的语言习得和习得方式有很大的影响。

二 环境对词汇学习/习得的影响

王文宇(1998)调查了中国大学生学习英语时对词汇记忆的看法/观念(即"单词要背"和"单词可以自然习得"),结果发现,这些学生对"自然习得"的观念持否定态度,而非常赞同"背单词"。这跟一些西方学者主张通过广泛阅读自然习得单词的观点截然相反。王文宇认为这有两个原因,其中之一是这些学生受特定的学习环境的制约，难以自然习得单词。学生想要自然习得单词，就必须有一个能提供广泛阅读机会的学习环境，这样学生才能在一定的时间内频繁地遇到同一个单词，从而自然而然地记住它。可是，目前国内学英语的条件还比较落后，英文阅读材料的品种并不多。大部分学生，尤其是非英语专业的学生根本不具备广泛阅读各类英文书刊的条件。对有的学生来说，英文课本几乎是他们唯一的阅读材料。所以让他们相信通过多读多听可以自然习得大量单词是不太可能的。高越(2004)也有类似的调查结果。他指出，英语在中国是外语而非第二语言，在特定的语言学习环境下，大部分学生缺少足够接触各种英语语言素材的机会，故让他们相信通过多读多听便可自然习得词汇是不可能的。

我们国内关于对外汉语教学的研究大都是基于汉语作为第二语言教学的，对汉语作为外语教学没有多少研究。这跟我们国内研究英语教学是不同的，或者说正好相反，英语教学界是研究英语作为外语教学(TEFL)。尽管二语教学研究和外语教学研究有许多相通之处，但视角不同，研究的结果和得出的结论也不尽相同。

黄立、钱旭菁(2003)做了一个关于第二语言汉语学习者的生成性词汇知识的研究，试图通过考察第二语言汉语学习者(外国留学生)汉语写作中的词汇运用情况，了解他们的汉语词汇能力。他们的研究是让学生(33人)在学期初和学期末进行两次看图作文，通过统计词语的多样性、词语的密度(实词所占的百分比)、词语的新颖性、词语的复杂度(学习者对难词、低频词的掌握情况)和偏误率，看其词汇能力的发展。他们发现，经过一个学期的学习，学习者生成性词语的多样性、复杂度和偏误率有显著变化。其中复杂度指标显示，留学生第一次作文中乙级以上的词占6%，第二次作文乙级以上的词占9.7%，有显著进步。这个结果与Laufer(1991)研究以色列学生学习英语的结果是一致的，但略有不同的是，以色列学生的词汇复杂度在一个学期后并没有进步，而是在两个学期后才出现的。对此如何解释？黄立、钱旭菁认为是由于被试的语言环境不同造成的：Laufer所研究的学生是在外语环境下学习英语，而他们研究的学生是在目的语环境中学习汉语。在没有专门词汇教学的情况下习得词汇，输入量的多少是一个决定性因素——可能存在一个输入量阈限，达不到这个阈限的话，词汇能力就不可能提高，学生生成性词汇的复杂性也就不会提高。如果我们把他们的结论说得更明确一些，那就是外国学生在目的语环境下学习汉语，由于有社会环境的支持，其词汇输入量肯定大于没有环境支持、把英语作为外语来学习的以色列学生，因此，学习汉语的外国留学生其词汇复杂度能在短时间内有明显进步也就得到了比较合理的解释。

三 环境对学习策略的影响

"语言学习环境对学习是非常重要的，它通过影响学习者对学习策略的选择，从而影响学习的结果。"(江新，2000)吴勇毅(2008)在研究意大利学生的汉语学习策略时发现，在汉语作为外语的环境下，为克服学习环境的局限，比较优秀的汉语学习者，有一个突出的特点，或者说他们不约而同地采用了一个共同的社交学习策略，即"寻找和建立固定的语言伙伴"。为了学习外语而建立相对固定的语言伙伴关系，这种策略的突出运用，在我国英语教学界的英语作为外语(EFL)的学习策略研究中未见报告，对外汉语教学界也是第一次。

在这个案例中，有四位比较优秀的汉语学习者(分别记为 ML、XY、XC 和 HL)。ML 告诉研究者，有一个从中国北京来的女孩子在他住所附近的酒吧工作，他和她成了朋友，他几乎每个周末的晚上都去酒吧，跟她说汉语。XY 也有一个中国台湾朋友，她们在同一所大学学习，有一个学期住在一起，平时常说汉语。XC 陈述道，在他居住的城市里(一个有着许多来自中国福建的移民的小城)有一个"中—意中心"，中国孩子在那里可以学习意大利语，可以打篮球和乒乓球等，他就"去那儿和他们一起打和谈话"。另外他还有一个"非常好的朋友"，父母在中国曾是教师，他"就去他的家吃饭，跟他们一起谈话"。因为一个要练习说意大利语，一个要操练汉语，XC 跟他的中国朋友在一起时，一般是"他说意大利语，我说汉语"，即双方说各自的目的语(意大利语→←汉语)，说的时候他们互相纠正对方的语言错误。这实际上是采用一种“互为交际对象，又互相监控”的目的语学习策略。HL 则有几个比较要好的华人朋友，他们小时候就到了意大利，汉语和意大利语都很好，HL 常常跟他们见面，一起出去玩儿，去买东西什么的。HL 自陈：“他们会说意大利语，但是我们见面的时候，我一般试一试用汉语跟他们说（话）。……我说汉语，他们也说汉语。只有我不知道，我不明白，他们就，他们才第一次试一试用汉语解释解释，第二次我还不明白，他们就用意大利语。我觉得很有用。”显然，寻找以汉语为母语的人作为语言伙伴，建立一种相对固定的关系，一方面是为了交朋友，更主要的是为了学习和操练汉语。比如 XC 就认为，要使口语和听力有比较大的进步，就要跟中国人“说得很长时间”，这样才可以“提高得多”，而在意大利，不采用这种策略，就没有多少机会练习听说：“如果你没有中国朋友，嗯，机会没有。这是，我想这是我们的，我们到这里（中国）的水平，嗯，汉语水平那么低的原因。因为你，嗯，如果你只学习语法，或者汉字，你所有的规则，你知道，但是你不可以（不会）说。（如果）你说（汉语）的话，你（就可以）听他们的，他们的语法，他们的话，然后可以明白，可以学习。”

在汉语作为外语的环境下，也就是说在学习者自己的母语环境中，能够采用一种特殊的社交学习策略，与汉语为母语者建立某种相对固定的联系，是比较优秀的汉语学习者的一种具体表现，当然也与他们所具有的强烈的学习动机相关。

江新（2000）对来华留学生的学习策略调查显示，留学生在学习汉语的过程中，最经常使用的策略是社交策略、元认知策略、补偿策略，其次是认知策略，记忆策略和情感策略最不常用。她认为，这个特点与留学生所处的学习环境及其本身特点有关。留学生是在中国学习汉语，除了正式的课堂学习外，在自然交际环境中的非正式学习也是一个重要途径。他们在中国生活，随时要用汉语直接和中国人交际，为了达到交际目的，常常自觉不自觉地运用社交策略，如为了听懂而进行提问、对别人移情等。这不仅有助于实现交际的目的，而且有助于他们在运用语言的过程中学习语言。

第三节 汉语作为第二语言教学与汉语作为外语教学的差异

中华人民共和国成立以来的对外汉语教学，由于在教学和研究中不注意区分汉语作为第二语言教学和汉语作为外语教学，在汉语走向世界的今天，就带来了一系列的问题，有的甚至成为汉语国际传播和推广的“瓶颈”。因此，我们有必要特别研究汉语作为外语的教学，以充分认识和了解它不同于汉语作为第二语言教学的各种规律。我们从教师、教材和教学法三个方面简述汉语作为第二语言教学和汉语作为外语教学的差异。

一 教 师

根据教学环境，我们知道从事汉语作为第二语言教学的教师全都是以汉语为母语的人（native speaker，NS），而从事汉语作为外语教学的教师，他们中间有通过不同途径从中国派出任教的教师，也有当地的华人华裔，还有相当一部分不是以汉语为母语的人（non-native speaker，NNS）。就汉语本身来说，后一部分人掌握的程度也是不一样的。他们中间有的本身就是汉学家，对汉语或中国文化有很深的造诣；有的曾在中国留过学，获得了学士、硕士乃至博士学位；还有的是所在国本土培养的，或经过短期培训上岗的。这两年有越来越多的国家、政府组织和学校要求我们不仅要培养和培训以汉语为母语的 TCFL 教师，也要培养和培训汉语为非母语的 TCFL 教师。比如，华东师范大学就曾经受澳大利亚亚洲教育基金会委托培训了多批这样的澳大利亚公立中小学汉语教师；另外在国家汉办的支持下，每年泰国教育部（基教委或民教委）都派遣 20 至 25 名泰国本土教师到华东师范大学接受为期一年的培训。其实，在培训汉语作为外语教学的教师方面，我们自己并没有很多经验，以往我们更多地是以培养汉语作为第二语言教学的教师的方式去培训他们，传授的大多是在国内从事对外汉语教学的经验和方法。

这些年在接待国外代表团或洽谈合作交流项目时，教师培养和派出是一个非常重要的话题。会谈中，外方时常会问我们培养的教师（如对外汉语专业毕业的学生）是从事汉语作为第二语言教学（TCSL）的还是从事汉语作为外语教学（TCFL）的。言下之意（有的甚至直接就提出），他们需要的是TCFL的教师。坦率地说，目前国内培养的教师主要是TCSL的，我们培养出来的学生主要是在国内从事对外汉语教学。我们并没有或者说还没有形成一套完整的TCFL教师的培养计划或培养方案。2007年国家设置了汉语国际教育专业硕士学位，就是为了改变这种局面，目的是要培养大批能够胜任海外汉语教学的专门人才。

汉语作为第二语言教学和汉语作为外语教学对教师的要求是不一样的。这首先体现在对外语的要求上。不懂外语的人是不能当TCFL教师的。尽管我们也强调在TCFL的课堂上要尽量使用汉语，但实际上学生的母语是教学的主要媒介语言、工作语言（在国外工作过的教师恐怕都有这种体会），这是事实。比如，在英语国家的中小学教汉语，英语不好是根本不行的。欧洲许多国家大学的汉语语法课都是由汉语为非母语的本国教师担任的，课堂语言就是学生的母语而不是汉语。即使是大学高年级的汉语课也做不到完全不用学生的母语解释。所以说，要成为一名真正的TCFL的教师，尤其是在国外的中小学从事汉语教学，对外语（所在国的语言）有很高的要求。我们有的公派教师就是由于不懂外语或外语不好而不能很好地开展工作。担任汉语作为第二语言教学的教师和担任汉语作为外语教学的教师在外语要求上是完全不同的。举个具体例子来说：2006年7月29日《解放日报》、《文汇报》都在头版以较大的篇幅刊登了五名上海教师赴芝加哥教授中文，韩正市长与他们座谈，勉励他们当好传播中华文化的使者的消息。选拔教师赴美任教是上海与美国芝加哥友好城市的重要合作项目。这个项目具体的教师培训和选拔工作是在华东师范大学对外汉语学院进行的。芝加哥方面提出的先决条件是教师外语必须很好，而且有几年以上在中小学任教的经历。于是，上海各区县推荐上来一批有相当教学经验的优秀中小学英语教师（共31位），华东师范大学对外汉语学院根据要求有针对性地对他们进行了系统的汉语教学强化培训(共120小时),然后按照美方的要求把这些教师的各种材料寄到芝加哥方面指定的评估机构进行资格认定,有19位教师通过了评估。接着芝加哥方面又专门派考试官员来到上海对这些教师进行在芝加哥任教的(国际)教师都必须参加的英语考试,考试分两天进行,一天笔试,一天口试。最后只有5名教师通过了考试,"完全具备"了在美国芝加哥公立中小学任教的资格(qualification)。可见其对英语的要求之高。

从我们国家派出教师在海外从事汉语教学工作的角度说,教师还要具有很强的生存能力和适应能力。生存能力我们暂且不说,这里主要谈谈适应能力。有的外派教师在国内教得非常好,但出国以后有诸多不适应,不适应那里的教学环境和教学方法,个别外派教师甚至反复强调其在国内不是这样教的,埋怨别人这也不是那也不对,而自己却不去设身处地地想一想:那些"别人",尤其是国外那些有着多年汉语教学历史和经验的学校或教学机构以及教师为什么这样做?他们这样做有没有道理?我们认为,从某种意义上讲,这就是没有搞清楚汉语作为第二语言教学和汉语作为外语教学的区别。在海外从事汉语教学和中国文化的传播工作,需要转变观念,不仅要适应当地的社会环境和文化习俗,更要尊重、适应当地的教育体制、教学环境和教学传统;不仅要能自己开展教学工作和社会活动,还要学会跟当地的其他教师和行政人员相处。教师应具有较强的跨文化交际的知识和能力,这一点是非常重要的。

二　教　材

据统计,国内已出版了上千种的对外汉语教材,其中不乏一些优秀的教材,但为什么教材仍然成了制约对外汉语教学发展和汉语国际传播与推广的瓶颈呢?为什么许多专家学者反复强调要"突破教材开发瓶颈"呢?

(一)教材的针对性

目前对教材的评论和批评主要是从教材编写的原则出发,再涉及教材具体的编写形式和内容等。赵贤洲(1988)把针对性、实践性、趣味性和科学性概括为教材编写的“四性”原则,并认为科学性是针对性、实践性和趣味性的总和,起着统帅作用,是教材的灵魂和主心骨;刘珣(2000)则把教材编写与选用的原则概括为“五性”——针对性、实用性、科学性、趣味性和系统性。他认为针对性、实用性、趣味性、系统性也都属于科学性的范围,这“五性”不仅是编写和选用对外汉语教材要遵循的原则,也是评估对外汉语教材的标准。其他教材编写原则还有思想性、知识性、适度性(语言难度合适否)等(刘颂浩,2005)。

趣味性是这些年来讨论教材编写原则的一个热点(刘颂浩,2000;李泉,2002;吴小燕,2002;杜玲玲等,2004;刘颂浩,2005),其之所以会成为热点,是与我们更加关注学习的主体——学习者分不开的。林敏、吴勇毅(2005)曾提出一个以学习者为视角的对外汉语教材评估系统。针对性是讨论教材编写原则的另一个热点。近年讨论汉语教材的论文,无不认为针对性是编写的首要原则(佟秉正,1991;徐竹君,1992;王若江,2004)。针对性有许多含义,比如,针对不同的学习者(年龄、国别、文化程度),针对不同的学习目的(工作、旅游、学术),针对不同的学习起点(零起点、初中高级),针对不同的学习时限(长期、短期),针对不同的学习兴趣(口语、文化、商务、翻译),此外还有语料选择的针对性、语法项目的针对性、练习的针对性等(吕文华,1987;刘珣,2000;李泉,2004)。佟秉正(1991)指出:“目前仍然缺乏针对学习者本身特点如母语、年龄、文化程度等而编写的入门教材。基本上说多数教科书都是以汉语为本位的,未能从学习者的角度出发;对母语不同的学生,使用同一教材,尽管有时生词及注释的外语翻译有别,很少有针对学生母语与汉语的关系特别编写的。从这一点上看,国外编写的课本针对性较强,因为大多数是为其本国一类学习者的特殊目的编写的,而且多半有该国汉语专家参与或主持,能以其亲身学习汉语与教授汉语的经验看待问题,自然增强了教材的针对性。……我觉得在入门教材的编写上,中外联合开发更值得尝试。”

关于教材针对性的讨论,近期的焦点在编写针对不同国别或地域的教材上。杨庆华(1995)认为新一代对外汉语教材的基本特点是突出教材的针对性，尤其是供国外使用的教材，要考虑国别、民族、文化、环境的特点，提倡中外专家合编教材。教材有了针对性，才能有更好的适用性，才能有更高的实效性。王若江(2004)从语言环境、学习对象、文化三个方面讨论了法国汉语教材的地域性与针对性。赵金铭(2006)指出："教材要适应不同国家(地区)学习者的特点，特别要注意语言与文化两方面的对应性。不同的国家(地区)有不同的文化、不同的国情与地方色彩，要特别加强教材的文化适应性。……因此，编写国别教材与地区教材，采取中外合编的方式，是今后的发展方向。"

我们认为讨论教材的趣味性，更关注学习的主体，即学习者，无疑对提高教材的编写质量是有益的，这将改变教材只以汉语为本位、不从学习者的角度出发的状况；而关于针对性的讨论，尤其是编写供国外使用的教材——国别(地区)教材，则涉及一个更深层次的教材编写理论问题，即 TCSL 教材与 TCFL 教材的区别。为什么国内编的教材到国外会出现"水土不服"的现象？造成这种现象的重要原因之一，或者说其症结，就是因为过去我们一直不区分汉语作为第二语言教学和汉语作为外语教学。国内编的教材基本上都是汉语作为第二语言的教材，在国内好使，但在汉语作为外语，也就是海外的环境里自然就不那么好用了。因此，在教材编写的理念上，我们要有一个重要的突破，那就是在继续提高汉语作为第二语言教学的教材编写质量的同时，转而更加重视汉语作为外语教学的教材编写，加大力度编写出高质量的 TCFL 教材，为海外没有汉语社会环境支持的汉语学习者服务。TCSL 教材和 TCFL 教材有不同的编写原则和编写规律，要明确区分两者，"中外合编"、"中外联合"，其意重在开发 TCFL 教材。

法国的白乐桑(1996)在回顾法国 20 世纪 70 年代到 90 年代所使用过的汉语教材时指出："事实上，就法国 30 年来所用的教材来看，最受欢迎的汉语教材是两套本着字本位的原则而编的教材"①。王若江(2004)在评论法国汉

① 白乐桑这里所说的两套教材，一部是 John de Francis 所编的教材，另一部是白乐桑和张朋朋合编的《汉语语言文字启蒙》。

语教材时认为，Joel Bellassen（白乐桑）、张朋朋的《汉语语言文字启蒙》（1989），Monique Hoa（华卫民）的《汉语双轨教程》（1999）和 Isabelle Rabut（何碧玉）、吴勇毅、刘虹的《汉语入门》（2003）三部教材，是法国近 15 年（1989—2004）出版的汉语教材的代表。这也就是说，在近 40 年的时间跨度里，在法国所使用的有代表性的四部汉语教材，没有一部是在中国大陆编写出版的，尽管有两部是跟国内教师合作编写的。

（二）汉语作为外语教学的教材特点

汉语作为外语教学的教材有许多特点，这些特点体现在诸多方面。

第一，教材所设置的语言环境。澳大利亚的徐家祯（1997）认为，中国大陆编的初级汉语课本，在编写时就是打算给在国内学习汉语的外国学生用的，所以在内容上有些方面就不适合在海外学习汉语的学生。比如，在课文中适当包括重要而有名的中国地名是允许的，也是应该的，但如果出现很多对海外学生来说不重要、也无法了解的地名，就不恰当了。他举了“中关村”、“王府井”，还有从语言学院坐公共汽车去哪里哪里的例子。王若江（2004）分析了三部法国出版的汉语教材（参见前文）后发现，这三部教材所设置的语言环境不尽相同，大致可以分为两类：一是把语言环境确定为中国；一是语言环境不确定，既不指明在中国，但说的是中国的事，也没有明确说是在法国，不过体现着法国的地域，具体场景浮动在两者之间。第一种情况与国内教材相近，国内教材的区域性很明确，北京编写的教材到了上海或其他地方就不大好用。第二种情况所表现的这种不大确定的地域性，恰恰体现了它的针对性和实用性。她认为，第二种处理方法可能更符合分国别教材的情况。《汉语入门》采用的就是这种做法。

第二，教材的内容。我们一直主张在教材中导入中国文化的内容，不管是交际文化还是知识文化，这无疑是对的。但我们还忽视了一个重要的方面，那就是在 TCFL 的教材里是否要导入学生的母语文化，如果要导入，如何导入，导入哪些内容（吴勇毅，1993）。在海外教过汉语的教师都有一个体会，有时候学生会觉得所学的东西离自己很遥远。我们说学习一种外语，当然要学习这种外语的文化，但教材内容如果完全远离自己母语的社会生活、国情和文化，那么学生的学习积极性肯定要受到影响。在国外教学，这是一个很突出的问题。如果学生学习一种外语，所学的内容有一部分是自己所熟悉的，与自己母语社会、文化相关，他们的学习积极性和对所学语言的理解能力都会大大地提高和加强。比如，如何用汉语表达自己母语社会的人物和事物，如何用汉语来描述自己的社会文化和社会生活（日常生活），其中有很多肯定是独特的，是目的语社会所没有的或不同的。美国出版的《中文听说读写》(*Integrated Chinese*)（姚道中、刘月华主编，2005，第2版）里就有这种内容。另外，如果不区分这两种教材，许多跨文化交际的内容和文化对比的材料就较难进入教材。

第三，教材的表述语言。TCFL教材一般都是用学生的母语作为教学语言来表述和说明教学内容的，从前言、使用说明到语法解释、注释和练习指令等莫不如此，尤其是初、中级教材。如果我们说TCFL课堂的教学语言常常是学生母语的话，那么TCFL教材更是如此，这跟没有汉语和汉语学习的社会环境有很大的关系。教材用来表述和说明的语言，即学习者的母语，应该是很自然的、地道的、学生能接受的，而不是硬生生的"翻译"。在《中文听说读写》第二版的修订前言中，有这样一句话值得编教者好好体会：Grammar and phonetics explanations have been rewritten in more student-friendly language。

第四，教材的对比性。TCFL教材的教学对象常常是特定母语背景、特定国家或地区的，因此教材中始终贯彻着对比的精神，这种教材是"对比型"的（吴勇毅，1993）。John de Francis在《初级汉语课本》(*Beginning Chinese*)中指出："语言学习者首先的一个任务就是去发现他必须以何种方式修正自己母语的发音模式以便按照新的语言再生。"因此他在这本教材中完全是采用与英语（甚至还有其他语言）对比的方式来介绍汉语语音系统的（参见吴勇毅，1993）。John de Francis对句型的注释说明，也尽可能地和英语进行对比。《汉语入门》也是采用汉语与法语（不够时加德语）对比的方式来介绍汉语语音系统的。德国的柯彼德（1991）特别指出，在汉语作为母语教学语法体系的基础上建立起来的"汉语作为外语教学的语法体系"，一直到今天都受到汉语作为母语教学语法体系的束缚，没有从中脱离出来。由于它的影响，对外汉语教科书根本不采用汉外对比的方法来分析和描写汉语语法。这个语法系统不但不重视汉语作为外语教学的一般特点，而且忽视各国汉语师生在教学中也要采用对比方法的专门要求。李晓亮（1996）认为教材的问题，除了题材没有兴趣，语法解释缺乏英语翻译及中、英习惯用语的比较分析以外，语法讲解的方式是目前中文教科书的一大弊病，特别是大陆出版的许多教材，津津乐道于语法术语的讲解，再给每个术语下定义，常常是大类下面分小类，小类下面还有一、二、三。也许是拘泥于所谓语法的系统性、正轨性，忽视了实用性和可接受性。这样的定义，学生越看越糊涂。中文有许多语法现象，本来就众说纷纭。如果我们的学生并不研究汉语语言学，就应尽量避免术语、定义，从学生学习的实际出发，从最易于理解、掌握的方法入手。汉语是逻辑性很强的语言，许多所谓的语法点，把含义与英语做对比，一加以分析，就很容易明白，且易于记忆。白乐桑（1996）指出法国师生认为中国国内编的教材，内容单调，缺乏实用性，语法解释让人摸不着头脑。佟秉正（1991）把它归结为这是以汉语为本位，即只考虑汉语的系统，而不是针对学生母语与汉语的关系特别编写的。

第五，教材的练习。TCFL 教材有些练习非常具有针对性，这跟 TCSL 教材不同。比如，TCFL 教材一定有翻译练习，而 TCSL 教材一般都没有。通常的解释是，国内教的是“联合国”班，学生来自不同的国家，不可能进行翻译练习。其实在汉语作为外语的教学环境下，有翻译练习并非只是因为学生的母语是一样的，易于操作，而是因为学生没有语言环境可以操练学到的东西，翻译是他们的“拐棍”，通过翻译，在“把玩”和“品味”目的语的过程中，学生可以了解汉语跟自己母语相同或不同之处，从而掌握汉语的结构和用词特点。教师的批改也可以使学生知道自己的错误所在。

第六，教材与国外学时、学制的适应。赵金铭（1998）批评现行的对外汉语教材，一是教材内容没有意思，二是词汇太多。这后一条对汉语作为外语教学来说，尤其是致命的。由于没有目的语的语言环境，学制跟中国国内不同，学时相比在中国国内学习而言又少得多，因此教材对每篇课文的长度和词汇量都控制得比较严格，生词一般以二三十个为限，课文宁肯篇目多而短（教师可以选择，学生可当课外读物）。生词太多、课文太长，学生根本没法学。在汉语作为第二语言的教学环境下，学生课时多，一般是每周 20 学时，下课后又可以“沉浸”在汉语的社会环境里，找人辅导也很方便，因此在编教者的潜意识里，已经把环境的因素考虑进去了。我们应该清楚地认识到，TCSL 和 TCFL 的教学目标是不同的，学生所要达到的语言水平更是不一样的，因此教学要求（包括教材所设定的目标）也应做相应的调整。

第七，教材的编撰者。海外汉语教材的编写者主要是三种人：一是在国外工作过相当时间、有 TCFL 教学经验的、熟悉国外情况的国内教师；二是长期在国外工作、甚至在国外定居的以汉语为母语的教师；三是我们称之为“老外”的该国汉语教学专家或汉学家。三者各有所长，可以有各种组合，但第三种人的参与非常重要，一是他们在教材的语言表述上占绝对优势，因为那是他们和学生的母语，二是“能以其亲身学习汉语与教授汉语的经验看待问题”（佟秉正，1991），这是至关重要的。

另外，TCFL 教材的编写周期比较长，比如，《中文听说读写》1993 年开始编，1997 年第一版，2005 年第二版；《汉语入门》1998 年着手编，2003 年第一版。其中一个很重要的原因是教材要经过一段时间的反复试用，调研使用者的反馈并且修改，这跟国内很多教材编完就出版的做法不同。

三　教学法

在汉语作为外语的环境下从事汉语教学，在教学路子和教学方法上，跟在国内进行对外汉语教学有许多不同，加之各个国家和地域的文化差异以及教授汉语的历史不等，理念不同，于是就形成了各自不同的特点和风格以及教学法。以下举一些例子说明。

在韩国的教育传统中，是非常注重知识的传授的。韩国水原市梅滩高等学校黄谷宇在讨论韩国高中汉语教学的教法问题时指出：“韩国的教育传统倾向于教师的文化知识传授，这一教育传统也影响到韩国高中的汉语教学中，具体体现为教师上课‘满堂灌’，多采用以翻译法为主的教学方法。为了提高学生使用汉语进行交际的能力，鼓励课堂上使用交际教学法，韩国京畿道教育厅每年都会招中国籍汉语教师来做‘外教’，并将这些教师定位为‘会话指导’。

因此教学中经常采用中韩教师的‘合作模式’。”(《世界汉语教学学会通讯》2010年第2期)从她的论述中,我们可以注意到两点:一是韩国传统的汉语教学方法,二是中韩教师进行汉语会话教学的“合作模式”。这在中国国内的对外汉语教学中是见不到的。

德国人素来以严谨、有序著称,这一特性同样也影响到他们的学习方法和教师的教学法。“德国国民的严谨理性、条理性和有序性使得学生普遍对翻译这一学习技巧非常热衷,特别是在初期阶段。通过翻译,学生可以更好地了解汉语的结构形式,发现自己的母语和汉语之间的异同。”“在教学技巧方面,德国学生喜欢翻译这一技巧,对语法运用正确与否也比较关注。所以在初级阶段,老师可以适当运用学生母语将语法问题讲透,讲明确,清除他们的疑惑感,满足他们的严谨性。而到了中高年级,就应少用甚至不用德语翻译的方法。针对德国学生普遍都已掌握几门外语的情况,教师应该帮助学生发现几种语言的关系,总结学习语言的总体规律,同时也要发现一些对汉语学习带来干扰的语言经验,及时帮学生排除障碍。”(金怡,《世界汉语教学学会通讯》2009年第2期)可见,在德国进行汉语教学,汉语语法的讲授是非常重要的,而翻译和对比是其主要的手段和途径。

法国是一个特别重视汉字教学的国家,因为在法国人的眼里,汉语这种语言和文字是独一无二的(白乐桑,2006),尤其是汉字更具有独特的魅力。从某种意义上可以说,学汉语而不学汉字就不“文化”。重视汉字教学是法国汉语教学的特点与传统,白乐桑(1989)在《启蒙》这本教材提出了“字本位”教学观念,因此汉字教学在法国有着特别重要的地位。《汉语入门》这本教材就尤其强调字组字(字作为部件组成其他字)的能力和字组词(语)的能力,以及字义的联想作用。它从56个基本汉字起步,在每一课里,把某个字与本课其他字或以前学过的字的组合都标写出来供学生复习、“把玩”和拓展,其组合量之大为其他教材少有。教材还配有足量的不同形式的汉字练习(包括把繁体字转换成简体字的练习,以贯彻识繁写简的理念)。为了达到识字和写字的不同要求(“识”大于“写”)并降低学习难度,从学习者出发,教材还区分了“积极/主动字”(识写)和“消极/被动字”(识字),并采用了拼音先行、汉字滞后的做法。所以在课堂教学中，教师非常注重和强调汉字的训练，包括各种部件的组合、字与字组词、字义与词义的联想等，而且汉字教学要持续很长时间。

在法国有不少学校采用“语文分离”的教学模式，以拼音学习听、说，以汉字学习读、写。赵金铭(2006)指出：“在西方，在欧美，特别是在北美地区，因语言和文化传统差异较大，我们在国内采用的教学方法在那里很难适应，必须做相应的改变，入乡随俗，以适应那里的汉语教学。”这其实就是说，要从汉语作为第二语言教学转变到汉语作为外语教学。如果我们真的有更新更先进的教学理念和教学方法，那也应该在适应的基础上、在当地教师可接受的基础上再加以推行。

美国的 AP 中文(在高中设立的大学先修课程)是按照美国“21 世纪外语学习标准”(*Standards for Foreign Language Learning in the 21st Century*, 1999)设计的，它有两项内容，一是 AP 中文课程，一是 AP 中文考试。而“21 世纪外语学习标准”的核心是五大教学目标，即“五 C”，包括“交际/沟通”(Communication)、“文化”(Cultures)、“贯连”(Connections)、“比较”(Comparisons)和“社区”(Communities)。因此，AP 中文课堂教学的内容就必须与“五 C”相联系。而教学方法也必须按照它的三种交际/沟通模式(Three Communicative Modes)，即人际交流模式(Interpersonal Mode)、理解诠释模式(Interpretive Mode)、表达演示模式(Presentational Mode)来训练听、说、读、写四项技能。课堂教学法主要是建立在交际语言教学理论或者说交际法的基础之上的，但有其自己的理念和做法(详见第五章)。

思考

1.留学生在中国的自然环境中完全沉浸式习得的“马路汉语”有什么特点？在母语环境中的外语课堂上学习获得的“课堂汉语”有什么特点？试从环境角度分析形成这些特点的原因。

2.你认为要成为一名优秀的汉语作为外语的教师，需要具备哪些必不可少的技能和素质？

3.有人认为，在外语课堂上学习有利于提高语言的准确性，而在目的语的自然环境中学习则有利于提高语言的流利度，你同意这种看法吗？你认为教师在学生的母语环境下教学，有哪些是可以提高学生外语流利度的有效方法？

4.国外的汉语教学课程一般以"综合课或语法讲解＋操练课"的形式居多，而国内课程多以听、说、读、写分技能的形式设置，请从环境因素分析造成这种差异的原因，并谈谈你对这两种不同的课程设置方式的看法。

任务

1.对两个欧美留学生和两个亚洲留学生进行访谈，了解他们对本国外语或汉语教学主要方法的感性认识，并请他们评论一下本国教师的教学方法。

2.采访一位有过一年以上国外汉语教学经历的教师，请他谈谈在国外教学和在国内教学最大的区别与感受。

3.国外出版的汉语教材多具有鲜明的国别性和针对性，如美国出版的《中文听说读写》(姚道中、刘月华主编，2005，第2版)，法国出版的《汉语语言文字启蒙》(Joel Bellassen、张朋朋主编，1989)、《汉语双轨教程》(Monique Hoa 主编，1999)、《汉语入门》(Isabelle Rabut、吴勇毅、刘虹主编，2003)等，请找一部国外出版的汉语教材，从编排、情景、内容、语法解释、词汇、练习等多个角度分析教材的国别性特点。

4.调查几位留学生，看看他们在中国学习汉语时常用的学习策略有哪些。回忆一下你自己在中国学习英语时的学习策略有哪些。比较两者的异同，并分析造成这些异同的可能原因。

第三章　第二语言/外语能力标准

作为第二语言/外语教学的语言政策和总体设计的一个重要组成部分，世界上许多国家都已经制订或正在开发各种语言能力标准。它对第二语言/外语教学的作用是显而易见的，这一点从《欧洲语言共同参考框架：学习、教学、评估》这部著作标题中的三个词"学习、教学、评估"就可以看出：语言能力标准是学习的目标、教学的依据、评估的手段。

第二语言/外语能力标准可以是针对某一种语言的，如"国际汉语能力标准"，也可以是多种语言共同的，如"欧洲语言共同参考框架"。近年来，有学者提出要建立我国统一的甚至亚洲统一的外语能力标准和语言等级量表（杨惠中、桂诗春，2007；方绪军等，2008）以规范外语教学，"使语言教学组织更科学、语言测试更透明"（方绪军等，2008）。

第一节　第二语言/外语教学的基础工程

第二语言/外语能力标准是对使用者或学习者掌握和运用某种第二语言/外语的能力的描述，是衡量使用者或学习者语言（交际）能力或语言水平的一种手段。它依据不同的理论或语言实际，把语言（交际）能力划分为不同的等级并加以详细描述，既可视为学习目标，又可用来界定已经达到或拥有的语言能力或水平。因此，制订能力标准是第二语言/外语教学的一项基础工程。

第二语言/外语能力标准是制订教学大纲、编写教材、开发评估测试工具的基础和前提，是第二语言/外语教学和学习的“现实”目标。不同的第二语言/外语教学政策，不同的理论指导，不同的语言教学和学习环境都会对语言能力标准的制订产生影响。

从表面上看，制订第二语言/外语能力标准似乎并不难，但实际上它是一个颇为复杂的系统工程，也牵涉许多理论问题。首先什么是“语言能力”，从乔姆斯基（Chomsky，1965）的语言能力是一种天生的能力，是固有的、不言而喻的知识，或者说语法规则体系，到海姆斯（Hymes，1972）提出“交际能力”的概念至今，争论就从来没有停止过。其次，第一语言的语言能力与第二语言/外语的语言能力相同吗？如果相同，为什么每个人的（第二语言/外语的）语言表现却如此不同？如果不同，这两者之间又是一种什么样的关系？目前，大多数人都同意第二语言/外语教学的最终目的是培养学习者的语言交际能力（也有人提是综合运用语言的能力），那么交际能力的具体内涵是什么？卡纳尔和斯温（Canale and Swain，1980；Canale，1983）把交际能力分解为语法能力、社会语言能力、语篇能力、策略能力四个部分。如果我们可以接受的话，那么从制订语言能力标准的角度看，在操作层面上，我们又应该从哪些维度来对这四种能力进行描述，并且根据哪些指标来对这四种能力划分等级呢？

由于标准制订者的理念不同，对事物的观察角度和制订标准的目的不同，因此在制订标准时考虑的因素和侧重点也就会有不同，如语言能力具体分几级、怎么分、依据什么分等。《汉语水平等级标准和等级大纲》（参见本章第二节）根据语言教学的“三要素”，即话题内容、语言范围、言语能力来划分等级，用量化的语言指标来描述听、说、读、写、译各项语言技能在不同水平上的表现。《国际汉语能力标准》（参见本章第二节）则以“能做什么”为等级划分的出发点，从口头交际能力（口头理解能力、口头表达能力）、书面交际能力（书面理解能力、书面表达能力）两个方面进行描述；“能做什么”是以“任务”来体现的，但没有量化的语言指标。《欧洲语言共同参考框架：学习、教学、评估》（参见本章第三节）“以行动为导向”，描述能力时考虑到个人的综合能力、语言交际能力、语言活动、领域/环境场合、任务、策略和文本等因素，具体来说，在衡量口语能力时，是从广度、准确性、自如度/流利性、互动性和连贯性五个方面来描述各等级之间的差异的。而美国《ACTFL 语言能力等级标准》(参见本章第四节)则是以"综合任务"为基础,结合"语境"、"内容"(话题)、"准确性"和"语篇类型"等其他方面的因素来考量语言能力的。

语言能力标准的制订既要考虑到目的语的特点,也要考虑到学习者母语的情形,两者之间的距离会影响学习的时间和效果。语言能力标准是一个总的学习目标,具体的语言教学项目要依据这个总目标来制订具体的教学大纲和课程标准;语言能力标准也是衡量学习者语言能力或水平的重要依据,而每个人的语言能力是要通过其具体的语言表现才能测量出来的。下面几节我们介绍和分析几种主要的第二语言/外语能力标准。

第二节 从《汉语水平等级标准和等级大纲[试行]》到《国际汉语能力标准》

一 《汉语水平等级标准和等级大纲》

20 世纪 80 年代对外汉语教学作为一门新兴的学科开始步入发展的轨道。为了适应学科建设和发展的需要,使对外汉语教学逐步走向"科学化、标准化、规范化",1987 年,中国对外汉语教学学会成立了汉语水平等级标准研究小组,研制开发"汉语水平等级标准和等级大纲",并于 1988 年颁布《汉语水平等级标准和等级大纲[试行]》(北京语言学院出版社)。这是汉语作为第二语言教学界第一次发布等级标准,具有开创性的意义。1996 年经过修订后的《汉语水平等级标准与语法等级大纲》(高等教育出版社)正式发表,它与 1992 年出版的《汉语水平词汇与汉字等级大纲》(北京语言文化大学出版社)形成配套,即"一套标准三个大纲"①。《汉语水平等级标准》把汉语水平或者说能力划分为三等五级,从语言教学"三要素",即话题内容、语言范围、言语能力出发来描述读、听、说、写、译(三级以上)五种言语技能应达到的不同水平。它的主要内容如下:

① 按说应该是"一套标准五个大纲",但"功能—意念等级大纲"和"文化等级大纲"由于种种原因,未能研制出来。关于"大纲",参见第四章。

表 3—1:《汉语水平等级标准》的总框架和主要内容

		话题内容	语言范围	言语能力
初等水平	一级	最基本的日常生活、有限的学习活动和简单的社会交际	普通话全部声、韵、调，甲级词 1033 个，甲级汉字 800 个，甲级语法 129 项	具有初步的读、听、说、写能力
	二级	基本的日常生活、学习和一定范围内的社会交际活动	普通话全部声、韵、调，甲乙两级词 3051 个，甲乙两级汉字 1604 个，甲乙两级语法 252 项	具有基本的读、听、说、写能力
中等水平	三级	一般性日常生活、学习和一定范围内的工作	普通话全部声、韵、调以及轻声、儿化，甲乙丙三级词 5253 个，甲乙丙三级汉字 2205 个，甲乙丙三级语法 652 项点	具有一般性的读、听、说、写能力，基本具备在中国高等院校入系学习的语言能力
高等水平	四级	中国报刊、电台和电视台的一般新闻，较高层次的学习（如进入中国大学本科学习与进修），各种社会交际活动和一般性工作（如旅游、体育、商贸、文化、外交等）	普通话全部声、韵、调以及轻声、儿化，甲乙丙三级词及丁级词的一半共约 7000 个左右，甲乙丙三级汉字及丁级汉字的一半共约 2555 个左右，甲乙丙三级语法及丁级语法的一半共约 910 项点	基本符合汉语的规范性，初步体现汉语的多样性，初步显示汉语运用的得体性，基本适应不同语体的不同需要。对所学汉语的“文化背景”和语义内涵应有一定的了解和初步运用的能力
	五级	中国报刊、电台和电视台的各类新闻，较高层次的学习和社会交际活动，带有一定专业性的实际工作（如教学、科研、商贸、文化、外交等）	普通话全部声、韵、调、轻声、儿化以及语气、重音，最低限为甲乙丙丁四级词的 8822 个，甲乙丙丁四级汉字 2905 个，甲乙丙丁四级语法 1168 项点	具有从事较高层次的学习、社交活动和带有一定专业性工作的能力。言语互动符合汉语的规范性，体现汉语的多样性，显示汉语运用的得体性，适应不同语体的不同需要。对所学汉语的“文化背景”和语义内涵应有较深的了解和活用的能力，并初步具备运用汉语进行思维的能力

从这个总框架可以看出，《汉语水平等级标准》是与《语法等级大纲》和《汉语水平词汇与汉字等级大纲》的各级体量相对应的，有清晰的总量指标。不仅如此，《汉语水平等级标准》还对各等级的读、听、说、写、译技能做出了明确而又具体的数量界定，如关于初等水平一级的读、听、说的数量指标是这样规定的（表3—2）：

表3—2

<table>
<tr><th></th><th></th><th>读</th><th>听</th><th>说</th></tr>
<tr><td rowspan="2">初等水平</td><td rowspan="2">一级</td><td>同课文类似的记叙文：长度400—500字，速度100字/分，理解90%以上</td><td>课堂上：同课文类似的材料，长度300—400字，语速160字/分</td><td>听写已学过的简短语段，速度10字/分，汉字准确率90%以上。抄写速度15字/分</td></tr>
<tr><td>含1%生词的同类短文：速度80字/分，理解80%以上</td><td>实际交际中：内容熟悉的简短问答，语速150字/分</td><td>模仿课文写300字以内的记叙文</td></tr>
</table>

《汉语水平等级标准》规定了教学应达到的标准和水平，其主要用途是："1.作为对外汉语教学总体设计、教材编写、课堂教学和课程测试的主要依据。2.作为中国汉语水平考试（HSK）的重要参考。3.作为我国少数民族汉语教学、中小学语文教学及方言区的普通话教学的重要参考。"（《汉语水平等级标准与语法等级大纲[试行]》，1988：2）尽管《汉语水平等级标准》声称是面向世界汉语教学的，但它主要是"以我国对外汉语教学作为总依据和总参照系"的。

《汉语水平等级标准》为对外汉语教学的科学化和规范化做出了很大的贡献，它对教学的引导性是非常明显的。

二 《国际汉语能力标准》

2005年以首届"世界汉语大会"的召开为标志，世界汉语教学进入了一个快速、蓬勃发展的新时期。为适应世界各国汉语教学的需求，国家汉办组织几十位专家学者进行研制，同时借鉴CEFR（欧洲语言共同参考框架）和CLB（加拿大语言等级标准）等，于2007年底颁布了《国际汉语能力标准》（外语教学与研究出版社，2007）。这个标准把汉语能力分为五级，从口头交际能力(口头理解能力、口头表达能力)、书面交际能力(书面理解能力、书面表达能力)两个方面进行描述。下面是《国际汉语能力标准》中,关于"汉语总体能力"、"汉语口头交际能力"和"汉语书面交际能力"的一般描述(表3—3、表3—4、表3—5):

表3—3:汉语能力总体描述

等级划分	能力描述
一级	能大体理解与个人或日常生活密切相关的简单、基础而又十分有限的语言材料。借助肢体语言或其他手段的帮助,能用非常有限的简单语汇介绍自己或与他人沟通。
二级	能基本理解与个人或日常生活密切相关的熟悉而简单的语言材料。能就常见话题以较简单的方式与他人沟通,介绍自己或他人的基本情况,有时需借助肢体语言或其他手段的帮助。
三级	能理解与日常生活和工作相关的以及在一般交际场合中遇到的基本的语言材料。能就熟悉的话题与他人进行沟通和交流,能对与这些话题相关的基本情况做简单描述。
四级	能理解在一般社交场合或在工作、学习等场合遇到的表达清晰、内容熟悉的语言材料,抓住重点,把握细节。能就熟悉的话题与他人进行交流,表述清楚且有一定连贯性,会使用基本的交际策略。能描述自己的经历,表达自己的看法,给出简单的理由或解释。
五级	能理解多种场合、多种领域(包括个人专业领域)的普通语言材料,能够把握重点,进行概括和分析。能使用多种交际策略较自如地参与多种话题,包括专业领域一般性话题的交流和讨论,表明自己的观点和态度,并能对各种意见进行阐释,表达连贯,基本得体。

表3—4:汉语口头交际能力

等级划分	能力描述
一级	能大体听懂与个人或日常生活密切相关的熟悉、清晰、简单并十分简短的话语,说话者常需借助肢体语言或其他手段的帮助。能用最简单的语汇传达关于个人的基本信息,话语中可能夹杂母语,或借助肢体语言表达自己的意思。
二级	能基本听懂与个人或日常生活密切相关的熟悉而简单的话语,抓住相关信息。能用非常简单的语汇介绍自己或他人的基本情况。能十分简单地就日常生活中非常熟悉的话题与他人沟通。

（续表）

等级划分	能力描述
三级	能听懂日常生活或一般场合下的交谈或简短发言，明白其大意，把握基本情况。能就与此相关的熟悉话题用简单的话语与他人进行沟通和交流，或做简单描述。
四级	能听懂一般场合下关于熟悉话题的交谈或发言，抓住主要内容和关键信息。能使用基本的交际策略就这些话题与他人进行交流，表达基本清楚，且有一定的连贯性。
五级	能听懂多种场合下的正式或非正式的交谈或发言，包括与自己工作或学习相关的讨论，能抓住要点，把握基本情况，明白说话人的目的和意图。能在多种场合下与他人就具体或抽象的话题进行有效的沟通和交流，并能就自己感兴趣的话题进行描述或论证，表达清楚连贯，详略得当。

表 3—5：汉语书面交际能力

等级划分	能力描述
一级	能识别与个人或日常生活密切相关的简短信息类材料中的少数单字或短语。能抄写简单的字词，用非常简单的基本词汇填写与个人生活密切相关的信息或极简短地书面回答相关问题。
二级	能识别个人或日常生活中常见简短信息类材料中的主要信息。能用简单的语汇填写与个人生活密切相关的信息或简短地书面回答相关问题。
三级	能阅读日常生活、工作或学习中常见的简短书面材料，了解大意，识别基本信息。能填写与个人生活或工作密切相关的信息，回答相关问题或介绍相关情况。能用最基本的语汇或句子就一般场合下熟悉的话题进行简单的书面交流。
四级	能看懂一般场合下浅显、真实的书面材料，获取主要内容和关键信息。能对所读或所听的材料做简单记录。能就熟悉的话题，包括自己的经历，做简单描述或说明，语句基本通顺，表达基本清楚，且有一定连贯性。
五级	能理解工作、生活或学习等场合中有一定长度、普通、真实的书面语言材料，抓住大意，掌握重要事实和细节，了解文本的结构。在理解书面或口头材料的基础上，能根据要求，就一些具体话题或常用的抽象话题与他人进行书面交流，或发表个人的意见与看法，言之有物，语句通顺，语篇连贯。

具体每级的口头(理解、表达)或书面(理解、表达)的语言能力则是以"能做某事"为出发点,按照"能力描述"和"任务举例"的方式进行描述,如汉语口头理解能力一级(表3—6):

表3—6

能力描述	任务举例
●能听懂与个人日常生活密切相关的简单词语。 ●能听懂所熟悉的环境中基本的数字和最常用的关键词语。 ●能听懂他人的问候或招呼。 ●能明白基本的指示话语或要求。 ●能明白要求重复和澄清的简单话语。 ●常需会话对方重复、解释或借助手势等。	●听基本个人信息。 ●听商品数量、价格。 ●听简单的指令。 ●听表示抱歉的话。

同《汉语水平等级标准》相比,《国际汉语能力标准》并没有关于听、说、读、写、译方面的量化指标要求,可见两者依据的基础理论是不同的。

《国际汉语能力标准》是一个指导国际汉语教学的"纲领性"文件,"面向汉语作为外语的学习者"[①],是"衡量汉语学习者语言能力的重要依据",它可以作为"制订国际汉语教学大纲、编写教材和测试汉语学习者能力的参照标准"。

第三节 《欧洲语言共同参考框架:学习、教学、评估》

一 《欧洲共同框架》的核心理念及其用途

《欧洲语言共同参考框架:学习、教学、评估》(以下简称《欧洲共同框架》)的英文名称是 *A Common European Framework of Reference for Language: Learning, Teaching, Assessment*/CEFRL,法文名称是 *Cadre européen commun de référence pour les langues*/CECRL,于2001年正式公布,它"是欧洲理事会制订的关于语言学习、教学及评估的整体指导方针与行

① 标准设定的对象与《汉语水平等级标准》不完全相同,具有"外向型"的特点。

动纲领，是对几十年来欧洲语言教学理论与实践的系统总结。新型的语言政策和标准体现了欧洲现代语言教学及学习的新理念，对‘共同参考框架’进行探讨有助于把握21世纪语言教育的新方向”（中译本“出版说明”，《欧洲语言共同参考框架：学习、教学、评估》，外语教学与研究出版社，2008）。

《欧洲共同框架》是按照欧洲理事会（Council of Europe）的政策原则制订的，是为了“实现成员国之间更加紧密的团结”而“在文化领域采取的统一行动”，这些原则是：（1）多样的语言和文化是欧洲丰富的历史遗产，是欧洲人珍贵的共有资源。必须加以保护和发展，必须下大力气发展教育，让人们认识到，欧洲多样的语言和文化特性非但不是交流的障碍，而是相互理解和互为补充的源泉。（2）讲不同母语的欧洲人唯有更好地学习现代欧洲语言，才能方便他们之间的交流与交往，才能消除彼此的偏见和歧视，进而实现自由流动、相互理解和团结合作。（3）欧洲理事会各成员国通过制定和发展本国的现代外语教学政策，包括开展与其他欧洲国家经常性的合作和长期保持相互间政策的协调性，终将能实现全欧洲范围的一致。很显然，《欧洲共同框架》的制订是为其核心利益服务的。国际化进程的加速、经济一体化的发展、科技进步的日新月异使得欧洲人意识到必须加强各国之间的交流与沟通去面对挑战以维护自身的发展，而掌握承载着不同文化的语言并运用其交流沟通就成为重要的条件和基础。白乐桑、张丽（2008）指出：“总之，欧洲的政治、经济、文化、教育等多方面因素、目标及政策，共同推动了语言教学、学习及评估的统一规划与整合，‘全面、一致、透明’的‘欧洲框架’应运而生。”

《欧洲共同框架》提出了许多新的语言教学和语言学习理念。首先是关于plurilingualism①。“多元语言能力”或者说“语言多元化”与“多语”或“多语言化”不同。《欧洲共同框架》认为，“多语”或“多语言化”可以通过简单地增加开设语言的门数，鼓励学生多学几种外语等手段来实现，但“多元语言能力”或者说“语言多元化”则不同，它“注重个人语言经验在其所处环境中不断增长的事

① 白乐桑、张丽译为“多元语言能力”，刘骏、傅荣译为“语言多元化”以相对于“多语言化/multilingualism”。

实，即从家中语言到社会大部分人所说的语言，再扩大到其他国家和民族的语言。无论是在学校中学习，还是生活中直接接触，这些语言在学习者心里并没有被分隔孤立开，而是共同建立一种由经验组成的沟通能力。这种能力会促进语言间的联系和交流”（白乐桑、张丽，2008）。可见语言教育的目的不再仅仅是孤立地掌握一种甚至几种语言，努力做一个所谓的“理想的说母语者”，而是发展一个语言库（a linguistic repertory），各种语言能力都居其中。

其次，《欧洲共同框架》是“以行动为导向”的（an action-oriented approach）。尽管它声称在目前关于语言习得的性质及其与语言学习的关系的理论争论中不采取任何一方的立场，也不遵循任何一种特定的语言教学法或教学路子，但我们仍然可以看出它推崇的是任务教学法的教学理念。以行动为导向，“其含义在于把语言使用者和学习者首先定性为社会人，他们需要在某一具体的社会行动范围内，根据特定的条件和环境，完成包括语言活动在内的各项任务。如果说言语行为是通过语言活动实现的话，语言活动本身则是社会环境作用下的产物。正是社会环境赋予了语言活动充分的含义。一个或几个行为主体策略地运用其掌握的能力，去实现某一特定的目标。这就叫行动，或者叫‘任务’。所以面向行动的教学法理念也会重视作为社会人的学习者所拥有并运用的认知力、情商和意志力”。白乐桑、张丽（2008）评论道：“交际任务法从此从书架上走下来，从图书馆走出来，从研究领域走到了实践领域，出现于语言教育政策之中。‘框架’之所以被称作是语言教育的一场‘革命’，原因之一便在于此。”

《欧洲共同框架》把语言使用和语言学习中各种相互关联的因素归结为：个人的综合能力（general competences of an individual，包括知识、技能、个性特点、学习能力等），语言交际能力（communicative language competence，语言能力、社会语言能力、语用能力等），语言活动（language activities，包括接受、产出、互动和媒介，后者主要指口译和笔译），领域（domains，即环境场合，包括公共领域、个人领域、职场、教育领域等），任务、策略和文本（tasks、strategies、texts，指交际和学习任务、交际和学习策略、口笔语文本），并以此为基础详细描述语言使用的环境和各等级的相关能力及策略。

《欧洲共同框架》的主要用途如下：一是制订外语教学大纲。这样的教学大纲会考虑学习者先前已有的知识，会考虑不同阶段教学大纲的衔接性，特别是从小学到大学，直到成人继续教育之间的相关性。这样的教学大纲还包括教学目标和教学内容。二是通过考试和正面的测评标准，制定外语水平等级证书。三是建立自主学习体系，也就是培养学习者准确定位自己的应知应会能力，善于确立有价值和务实的学习目标，懂得选择学习材料，学会自我评估等。

二 《欧洲共同框架》的语言能力等级划分

《欧洲共同框架》把语言能力划分为三等六级，即初学阶段（Basic User）的入门级（Breakthrough）A1 和初级（Waystage）A2；独立阶段（Independent User）的中级（Threshold）B1 和中高级（Vantage）B2；精通阶段（Proficient User）的高级（Effective Operational Proficiency）C1 和精通级（Mastery）C2。其总体能力分级描述如下（表 3—7）：

表 3—7：语言能力/水平总的等级

精通阶段 Proficient User	C2	能轻松理解几乎所有读和听的内容，能连贯地概述各类口、笔语信息，不漏内容及其论据。表达自如、精确、流畅。能把握复杂主题中细微的含意差别。
	C1	能理解广泛领域的高难度长篇文章，并能抓住文中的隐含之意。表达自如、流畅，几乎无需费心遣词造句。在其社会、职业或学术生活中，能有效、灵活应用语言。对复杂主题表述清楚，结构合理，表现出对篇章的组织、衔接和逻辑用词方面的驾驭能力。
独立阶段 Independent User	B2	能理解一篇复杂文章中的具体或抽象主题基本内容，包括学习者专业领域的技术性讨论课题。能比较自如流利地跟讲本族语的人进行交际，双方都不感到紧张。能清楚、详细地谈论广泛领域的话题，能就时事发表自己的观点，并能对各种可能性陈述其利弊。
	B1	对工作中、学校里和休闲时遇到的熟悉事物，能理解别人用清楚和标准的语言讲话的要点。在目的语国家和地区旅游时，能用所学语言应对遇到的大部分情况。能就一些熟悉的主题和自己感兴趣的领域发表简单而有逻辑的看法。能叙述一起事件、一次经历或者一个梦。能介绍自己的期待和目的，并能对计划和想法做简单的解释和说明。

（续表）

初学阶段 Basic User	A2	能理解最切身相关领域的单独句子和常用词语，如简单的个人与家庭信息、购物、四周环境、工作等。能就自己熟悉或惯常的生活话题完成简单而直接的交流。能用简单的词语讲述自己的教育经历、周边环境以及切身的需求。
	A1	能理解并使用熟悉的日常表达法和一些非常简单的句子，满足具体的需求。会自我介绍和介绍他人，并能向他人提问，例如：住在哪里、认识什么人、有些什么东西等等，也能就同样的问题作答。在对话人语速慢、口齿清楚并且愿意合作的情况下，能与之进行简单的交谈。

《欧洲共同框架》从广度（range）、准确度（accuracy）、自如度/流利性（fluency）、互动性（interaction）和连贯性（coherence）五个方面来描述各等级的口语能力（表3—8）：

表3—8：口语能力等级

	广度	准确度	自如度	互动性	连贯性
C2	能非常灵活地运用不同的语言形式重述自己的思想，能准确表达细微区别，强调重点，会消除疑义。能熟练掌握各种惯用语和通俗表达法。	在复杂的语境中，始终保持相当程度的语法准确性，即使注意力分散，比如正在打腹稿，或者在观察他人的反应。	能自然、自如地发表长时间的演讲，知道规避表达难点，或者会灵活补救，以致不为对话者所察觉。	能比较轻松地发现和利用非语言提示与对话人进行自然、灵活的互动交流。交谈中，能完全自如地遵守话轮，会旁征博引、旁敲侧击。	能发表语言考究的连贯讲话，遣词造句丰富多样、完整得体，善用很多关联词语和其他衔接词。
C1	熟练掌握各种篇章讲话，懂得从中选择利于自己清楚而得体的表达方式，谈论各种一般性话题，如教育、职业、休闲等。思想表达不受语言的限制。	能经常保持相当程度的语法准确度。口误少而不易发现，并且通常能自行纠错。	能自如流畅地表述，基本不费力，除非是遇到比较概括性的话题，可能对连贯流畅的表达造成障碍。	会用常见的话语功能词恰如其分地开篇讲话、要求发言，维持话语权和争取时间。	讲话条理清晰、语言流畅、结构完整，显示出相当的语言表达和对上下关联词语的掌控能力。
B2+					

（续表）

	广度	准确度	自如度	互动性	连贯性
B2	语言知识广泛，足以使自己的表述清楚明确，能发表并阐述自己的观点，几乎不需要费心遣词造句。	熟练掌握语法，所犯口误不会引起误解，并且通常能自行纠错。	能用比较正常的语速较长时间地发言。虽然在选择表达法和句型时略有迟疑，但停顿很短。	能在必要时抓住时机，主动发言，并能适时结束讲话，尽管结语可能不优美。善于推动讨论在自己熟悉的领域延续，比如会示意自己已经理解，会邀请他人继续发言等。	会运用数量不多的衔接词连接句子，使发言清晰连贯，但长篇讲话时，可能有"短路"的现象。
B1＋					
B1	掌握足够的语言手段和词汇量，能谈论家庭、休闲、兴趣爱好、工作、旅游和时事等话题，但表达时有迟疑或者用迂回法。	在一些可预知的交际场景中，能比较准确地运用句型和常用的平常"套路"进行交际。	讲话能理解，但较长时间自由发言时，因寻找措辞和纠错出现的停顿非常明显。	能就熟悉的话题和个人感兴趣的话题主动进行面对面的简单交谈，并知道如何继续和结束谈话。能重复别人讲过的相关内容，以此来确认相互的理解。	能将一系列简短和独立的词语串成连贯的线性要点。
A2＋					
A2	能在简单的日常和现实情境中，运用现成的基本句型，背诵的表达法、词组和固定短语等进行有限的信息沟通。	能正确运用简单的语句，基础性错误不断。	简短讲话时能理解，但有明显的重复、停顿和开口说话错误。	能回答问题，并回应简单的叙述。只能表明自己在努力跟着对话人，很难做到全部理解，更无法主导谈话内容。	能用"和"、"但是"、"因为"等简单连词衔接词组。

（续表）

	广度	准确度	自如度	互动性	连贯性
A1	拥有涉及特定具体场合的系列简单词汇和表达法。	能有限掌握记忆范围内的简单句法结构和语法形态。	能用简单、孤立，并且多数是刻板的表述应对交际，但说话经常停顿，因为需要寻找措辞、拼读不熟悉的单词和补救交流障碍。	能回答问题，并就个人详细情况提问。能进行简单的交流，但完全有赖于重复、慢语速、重述和纠错。	能用"和"、"然后"等非常基础的连词衔接字词和词组。

《欧洲共同框架》的一个显著特点在于它除了有上述关于语言能力的总的等级划分与描述以外，还根据上节所说的语言使用和语言学习中各种相关因素，如领域（公共领域、个人领域、职场、教育领域等）、语言交际活动（接受、产出、互动和媒介）和策略等，对语言使用的场景和交际/学习策略进行了详细的描述，并制订了各种语言交际活动的具体的各级能力测评标准，尤其是对语言使用的外部环境的描述和尝试对交际策略制订分级标准是别具匠心的。尽管《欧洲共同框架》对"文化作为重要的能力却没有给出能力分级标准，这是该'框架'的重要欠缺之一"，但仔细思考一下当初《汉语水平等级标准和等级大纲[试行]》的"文化等级大纲"为什么"难产"，也就不难理解了。

三　《欧洲共同框架》与汉语教学

《欧洲共同框架》发布后，欧洲各国的外语教育逐渐开始按照《欧洲共同框架》的原则和标准"改造"自己的外语教学，并努力使原先本国制订的各种能力标准与其兼容或并轨。但汉语并非欧洲理事会成员国的"国语"和成员国之间相互学习的语言，而是真正的"外来语"，具有跟印欧语完全不同的特点。随着中国在世界舞台上扮演的角色越来越重要，欧洲各国也越来越意识到汉语学习的重要性，汉语热的出现、汉语教学的快速发展需要建立一个与《欧洲共同框架》相匹配相兼容的能力标准，于是如何根据汉语和汉字的特点，而不是照搬照套《欧洲共同框架》的内容建立一个汉语的等级标准就摆在了欧洲各国的面前。法国的汉语教学界在这方面做了有益的尝试。白乐桑、张丽(2008)主张以《欧洲共同框架》为根本依据,根据汉字的特殊性设立一个"识字门槛"(500 左右常用字,书写能力达到 A2 水平)作为衡量书面言语活动能力的依据和条件,并以此为基础建立一个与《欧洲共同框架》相对应的汉字等级标准(表 3—9):

表 3—9:"识字门槛"具体汉字数量及等级划分

级别	汉字数量(约为)
C2	3000 字以上
C1	2200 字
B2	1500 字
B1	800 字
A2	500 字
A1	250 字

这个具体汉字数量及等级划分已被应用到各个级别的"法国汉语教学大纲"中。

国家汉办于 2007 年颁布了《国际汉语能力标准》,并以此为依据研制开发了"新 HSK"(新汉语水平考试)。"新 HSK"也在尝试与《欧洲共同框架》接轨。"新 HSK 最大的变化是从对考生语言知识的考查转变为对汉语学习者运用汉语进行实际交际能力的评估,且与《欧洲语言共同参考框架》的语言能力标准相对照。"(国家汉办考试处《解读新汉语水平考试(HSK)》,《世界汉语教学学会通讯》2010 年第 2 期)下表(表 3—10)是其对应关系:

表 3—10

<table>
<tr><th>新 HSK 笔试</th><th>新 HSK 口试</th><th>词汇量</th><th>国际汉语能力标准</th><th>欧洲语言框架(CEF)</th></tr>
<tr><td>HSK(六级)</td><td rowspan="2">HSK(高级)</td><td>5000 及以上</td><td rowspan="2">五级</td><td>C2</td></tr>
<tr><td>HSK(五级)</td><td>2500</td><td>C1</td></tr>
<tr><td>HSK(四级)</td><td rowspan="2">HSK(中级)</td><td>1200</td><td>四级</td><td>B2</td></tr>
<tr><td>HSK(三级)</td><td>600</td><td>三级</td><td>B1</td></tr>
<tr><td>HSK(二级)</td><td rowspan="2">HSK(初级)</td><td>300</td><td>二级</td><td>A2</td></tr>
<tr><td>HSK(一级)</td><td>150</td><td>一级</td><td>A1</td></tr>
</table>

白乐桑等(2008)指出:“建立符合汉语、符合汉语教学、面向全球汉语教育的‘标准’与‘框架’是全世界汉语教学工作者共同的心声。”从这个意义上说,汉语能力标准究竟能否真正与《欧洲共同框架》兼容,后者对国际汉语教学究竟会产生什么样的影响,目前下结论还为时尚早。

第四节　美国《ACTFL语言能力等级标准》与OPI

一　《ACTFL语言能力等级标准》的等级划分

《ACTFL语言能力等级标准》(*The ACTFL Proficiency Guidelines*)是美国外语教学学会(The American Council on the Teaching of Foreign Languages/ACTFL)制订的一套语言能力等级划分的标准(1986),包括听(Proficiency Guidelines • Listening)、说(Proficiency Guidelines • Speaking)、读(Proficiency Guidelines • Reading)、写(Proficiency Guidelines • Writing)四项语言技能,从交际功能、词汇范围、准确度、灵活性等方面对不同等级学习者的能力进行了详细的描述。《ACTFL语言能力等级标准》是用来衡量学习者整体的语言能力或语言水平的,也就是学习者能做到什么或做不到什么(can and cannot do)(这也是等级划分的原则之一),而不管你是在何地、何时、用何种方式学习或习得的。由于它不直接与课堂教学或学业成绩考试相关联,所以它也不是建立在某种特定的语言理论或教学法基础之上的。

作为一套全国公认的语言能力等级标准,影响力最大的可以说是其中的“口语能力等级标准”(ACTFL Proficiency Guidelines • Speaking)(1999修订版),因为它是“ACTFL口语能力测试”(the ACTFL Oral Proficiency Interview/OPI)的基础,而后者是公认的比较科学的、信度较高的一种口语测试工具,在中国的对外汉语教学界也很有影响。

《ACTFL语言能力等级标准》把语言能力划分为四个等级(Rating Scale):最高级(Superior)、高级(Advanced)、中级(Intermediate)和初级(Novice)(听力和阅读还有第五级“杰出级(Distinguished)”)。以“口语能力等级标准”为例，其划分的依据是“综合任务”(Global Tasks)，也就是“能用所学语言做什么”(表 3－11)：

表 3－11：综合任务等级划分

最高级的考生	● 能完全有效地参与正式或非正式场景下的谈话，话题既可以是实用的，也可以是专业或学术性的； ● 在较长的篇章内能用结构性的论证来为某个观点做出解释或辩护； ● 既能从具体的、又能从抽象的层面来讨论问题； ● 能在不熟悉的社会语言环境中正常发挥； ● 保持高度的语言准确性(无定势性错误)； ● 能满足职业和学术方面的语言要求。
高级的考生	● 在大多数正式和某些非正式的场景下，能就本人和公共关心的具体性话题进行积极的交流； ● 能对过去、现在、将来的事件进行描述和叙述； ● 能以合适的准确性和自信维持以段落为单位的谈话，且围绕主旨； ● 能有效地处理许多交际场合中事先无法预知的复杂情境； ● 能满足工作/学校场景的语言需求。
中级的考生	● 能就事先可能猜出的、和日常生活与本人环境密切相关的一般性的话题进行简单和直接的谈话； ● 能通过提问和回答来获取或提供信息； ● 能开始、维持并结束一些不复杂的基本交流，而且往往是在一种被动的状态下； ● 能够生成语言，能靠不成段的句子或句群让有同情心的对话者理解自己的意思； ● 能在目的语环境中生存，可以满足简单的个人需求和社会要求。
初级的考生	● 能回答关于最日常生活方面的简单问题； ● 能用不成句的词、词组、死记硬背的短语和一些自己重新组合出来的词组或短语，使自己最基本的意思能被习惯听非本族人说话的对话者理解； ● 能满足一些很有限的最基本的生活需求。

(引自《ACTFL 口语能力测试测试员培训手册》，中译本，柯传仁、孔玫译，1999：10)

在四个等级的基础上，最高级以下的三级又细分为若干次级：高级包括高高级(Advanced High)、高中级(Advanced Mid)、高低级(Advanced Low)，中级包括中高级(Intermediate High)、中中级(Intermediate Mid)、中低级(Intermediate Low),初级包括初高级(Novice High)、初中级(Novice Mid)、初低级(Novice Low)。这样就形成了一个四等十级的层级系统,而从上到下的各级之间具有蕴涵关系。

二　《ACTFL语言能力等级标准》的等级描述[①]

这里,我们仅以口语能力等级中的中级(Intermediate)为例看其等级描述的具体内容和方式:

(一)中高级

在应付中级的日常功能任务和社交场景时,他们能自如、自信地进行交谈;尽管可能有明显的语误和不连贯,他们还是能成功地处理许多不复杂的功能任务,能应付需要进行简单信息交流的社会情境,这些信息交流可以是有关工作、学校、娱乐、个人的特别兴趣和专业兴趣的。他们能完成属于高级的任务,但不能在所有话题上保持这一水准。

他们能以段落篇章的形式对过去、现在、将来的事加以叙述和描述,且具有一定的可持续性。然而,他们在执行这些属于高级的任务时,会出现至少一次语言滑坡,比如句子与句子之间不合逻辑,错用关联词,词汇面不够宽,用词不当,迂回表达变质为累赘的表达,出现太多的迟疑停顿。

他们一般能使不习惯与非本族人打交道的母语使用者理解自己的话,但是母语的影响还是相当明显,如字面上的直译、间或冒出非目的语的词、逐字逐句的对译、同源词的误用(如用日语中的"手信"代替"礼物")等;另外,谈话也可能出现停顿。

(二)中中级

他们能处理一系列在简单的社会环境中的不复杂的功能任务,谈话主要

① 参阅《ACTFL口语能力测试测试员培训手册》(中译本),柯传仁、孔玫译,1999,第75—76页。

局限于那些具体的、可预见的话题内容，而且还是在目的语的文化环境中生存所必须面对的，其中包括有关自己、家庭、日常活动、个人爱好，还有物质和社会方面的需求，如饮食、购物、旅行、住宿等。

他们倾向于被动反应，如回答直接问句的问题，回复有关咨询，不过，在必要时，他们也能问问题或提要求，如问价、问路、要求提供服务，以取得简单的信息来满足基本生活的需要。在处理高级的功能任务和话题时，他们能说出一些来，但很难连贯地表达思路，不能准确运用动态助词，不能运用像迂回这样的语言策略。

他们能创造话语进行表意，有时靠把测试谈话中听来的语料和自己已知的语料加以组合或重新组合，连成句子或句群。为了找到更准确的词汇或表达方式，他们的话语中可能有停顿、重新再说、自我更正的现象。他们的词汇、发音、语法、句法结构会有不准确之处，会导致一些误会，但总的来说，他们能让有同情心的对话者理解自己的意思。

（三）中低级

他们能用自己的语言，成功地处理有限的一些在简单的社会语境中不算复杂的功能任务，会话局限于一些具体内容的交流和在目的语文化环境中的基本生活所必需的一些可预见性话题内容，这些话题内容可包括个人、家庭、一些日常行为、个人爱好，还有像点菜、购物这样的基本生活需要。他们基本上只能被动地而且勉强地回答直接问句和咨询，不过，也能进行一些较得体的提问。

他们把自己知道的语料和刚从对话者处听来的语料组合起来，以此表达自己的意思；他们会努力寻找合适的词汇和表达方式，但是他们的话语中常常出现犹疑停顿和不准确之处；另外，频繁的停顿、无效的重说、自我更正也是他们话语的重要特点。他们的语音、词汇、句法都受到母语的强烈影响，不过，尽管需要不断地重复或改换表达方式，他们总的来说还是能够让有同情心的对话者理解自己的话，尤其是那些习惯和非本族人打交道的人。

从“口语能力等级标准”对中级口语能力三个级别的描述中，我们可以注意到，功能任务、语境、话题内容、准确性、流利程度、语篇（句子复杂度）、理解、主动、被动等描写的“关键词”。此外，中高级水平是向高级水平的过渡，而“口语能力等级标准”对这种过渡的描写和表述是独特的，也是符合语言实际的。比如，在“中高级”中有这样的表述：“他们能完成属于高级的任务，但不能在所有话题上保持这一水准”，“他们在执行这些属于高级的任务时，会出现至少一次语言滑坡”等，这些话要传达的底层意思是，语言能力从中级水平到高级水平的发展是一个动态的连续统，中级水平的学习者有时也能完成一些高级的任务，但他们不能一直“保持这一水准”（如果能一直保持，就是高级水平了），而且语言会出现“滑坡”（语言能力尚不足以完全应付），这种动态的描述在其他语言能力标准中是少见的。“ACTFL 口语能力测试（OPI）”的操作程序与此直接关联，比如，考官在口语测试中既要“摸（考生的）底”，又要“探（他们的）顶”，以了解考生语言能力的“强处”和“弱点”。

三 口语能力测试（OPI）的评价标准

ACTFL 的口语能力测试（OPI）是在“口语能力等级标准”的基础上开发出来的，它是一种口语运用能力的测试，可依据“口语能力等级标准”和一套完整的测试程序来测试各种外语口语能力，汉语 OPI 是其中之一（柯传仁、柳明，1993；张和生，1996）。这里我们不讨论 OPI 的操作程序，而是看看它评估考生汉语口语能力/水平时的标准（表 3—12）。

前面讨论《ACTFL 语言能力等级标准》的等级划分时，介绍过口语能力等级划分的主要依据是“综合任务”，即“能用所学语言做什么”（表 3—11），这当然也是评估考生口语能力的主要依据，但是在操作层面上，或者说在具体考试评估时，仅有这一个指标是不够的，评定一个考生的口语能力属于哪一等，还要参考其他标准。从表 3—12 中我们可以看到，“语境”、“内容”（话题）、“准确性”和“语篇类型”也是其考量的因素。后者是指考生的语言表现形式，是只能说些单词和短语，还是可以说句子（但连贯性或许有问题）、段落或是连贯的话语。我们要特别关注的是“准确性”，其内涵很丰富，它包括流利性（Fluency，语速和连接词语的使用）、语法（Grammar，词法和句法规则的使

表 3—12:口语评估标准

能力等级① Proficiency Level	综合任务及功能 Global Tasks and Functions	语境/内容 Context/Content	准确性 Accuracy	篇章类型 Text Type
最高级	能充分展开地讨论话题,支持观点;能处理从未遇到过的语言情境任务	绝大多数正式和非正式场合/广泛的普遍性话题和一些专业领域话题	在语言的基本结构中不出现定势性的错误;语误不影响谈话,也不会分散对话者注意力	扩展段落
高级	能叙述和描述,能处理预料不及的情境	绝大多数非正式场合和一些正式场合/普遍性话题和说话人感兴趣的话题	能使不习惯与非本族人打交道的人很容易地听懂	段落
中级	能创造语言,能用提问、问答的方式开始、保持并结束简单的对话。	一些非正式场合和少量的事务性处理的情境/可预料的、熟悉的日常生活话题	在有些重复的情况下,能让习惯与非本族人打交道的人听懂	不成段(彼此无逻辑联系)的句子
初级	能用照搬的现成语料进行最低限度上的对话	最常见的非正式场合/最常见的日常生活话题	即使习惯与非本族人打交道的人,也可能难以听懂	单词和短语

(引自《ACTFL 口语能力测试测试员培训手册》,中译本,柯传仁、孔玫译,1999:28)

用)、语用能力(Pragmatic Competence,使用不同类型话语传递信息和语言不足时的补救能力)、语音(Pronunciation,发出正确的音段与超音段特征的能力)、社会语言能力(Sociolinguistic Competence,在某一特定文化的不同情境中得体地使用不同话语方式的能力和使用典故、习语的能力)以及词汇(Vocabulary,词汇量及词语使用规则的掌握)等。比照《欧洲共同框架》,我们会

① 只有在功能、内容和语境、准确性以及篇章类型上的表现都能维持如一的情况下,所评定的等级才能成立。

发现两者对口语能力的评价重点有很大的差异。

思考

1.比较《汉语水平等级标准和等级大纲[试行]》和《国际汉语能力标准》的差异，并分析它们各自的理论基础。

2.《欧洲语言共同参考框架：学习、教学、评估》没有对“文化”给出分级标准，《汉语水平等级标准和等级大纲[试行]》的“文化等级大纲”也“难产”，你认为制订“文化等级大纲”的难点有哪些？

3.如果要你参加一个开学时对留学生进行的分班口语测试，测试方式为教师与学生的一对一对话，你会运用哪些标准对学生的口语能力做出一个大致的快速评定？这些标准之间是否具有优先级，如有，请用一个饼状图来表示百分比的分配。

4.比较《国际汉语能力标准》、《欧洲语言共同参考框架：学习、教学、评估》和《ACTFL语言能力等级标准》对口语能力的评估标准，并分析其异同点。

任务

1.关于“语言能力”的定义，至今依然众说纷纭，请找出几种不同的定义，并分析它们的不同点。

2.如果请你为初级、中级、高级三个班级各20名学生分别设计一份汉语口语能力测试试卷，考试时间各班均为90分钟，你会分别设计哪种/些题型？依据哪些标准进行评判？

3.录制几份不同学生口头成段表达的样本或寻找几篇不同学生的作文，分别对照《国际汉语能力标准》、《欧洲语言共同参考框架：学习、教学、评估》和《ACTFL语言能力等级标准》中对口语能力或写作能力的评判标准，对这些样本做出级别评判，并说明具体理由。

4.在我国的外语教学界，对中国学生的英语能力制订过哪些标准或大纲？将它们与《国际汉语能力标准》比较，分析异同之处。

第四章　教学大纲

教学大纲是教学的纲领性文件，是教学总体设计的体现，为教材编写、课堂教学及测试评估提供指导。

教学大纲有不同类型。有的着眼于分析，有的着眼于综合；有的以结构为纲，有的以功能为纲，有的以情境为纲，有的以任务为纲；有的着重关注教学结果，有的着重关注教学过程。

针对典型的教学类型和教学模式，国家教育部门需要颁布框架性、指导性的通用教学大纲；针对特定的具体教学项目，不同的教学单位需要制订规范性、操作性的专用教学大纲。在教学中，我们往往既是大纲的使用者、执行者，又是大纲的制订者。

第一节　教学大纲的性质、类型和作用

一　教学大纲的性质

关于"教学大纲"(syllabus)，有不同的理解，它与"课程设计"、"教学方法"既相联系又相区别。

一般来说，课程设计(curriculum)所指的范围比"大纲"更宽泛，它指的是一个教育体系，是一个教学项目的教学目标和教学内容及其实施方案的总体设计，包括课程的性质、目标、资源配置、实施过程、评估和管理等方面的规定和描述。

教学大纲主要是指遵循一定的语言理论、语言学习理论和语言教学理论并根据特定学习需求和课程目标所制订的教学方案。从狭义上说，教学大纲主要是关于教学内容的规定和分级描述，是课程设计的一部分。从广义上说，教学大纲包括以下内容：关于教学对象、教学性质和教学总体目标的描述，关于学习者学习策略、交际策略、跨文化交际能力等方面培养目标的描述，听说读写技能目标的分级描述，语法、词汇、文字、功能、话题、文化教学目标的分级描述，教学途径，教学原则，教材编选建议，测试和评估方式等。在这个意义上，大纲接近于课程设计，有些学者认为，课程设计和教学大纲没有区别。

根据对教学大纲的传统理解，教学大纲区别于教学方法。教学大纲描述的是事先设定的要达到的教学目标，而教学方法是达到这一目标的途径。教学大纲向我们指明了目的地，而教学方法就是到达目的地的路线图。

然而，正如一些学者所指出的那样，随着交际语言教学的发展，教学大纲与教学方法之间渐渐变得难以区分。与产品式大纲相对的过程式大纲（见下）的提出意味着在大纲设计上趋于更宽阔的视野——整合教学内容和教学方法，把大纲看作内容和方法的统一、目标和途径的统一。这种由单一追求结果（目标）到强调在过程中实现结果的转变是第二语言教学/外语教学的一个新发展。

二　大纲的类型

（一）立足使用范围和适用对象的分类

教学大纲是依据学生的学习需求和课程目标而确定的。从大纲的使用范围和适用对象来看，教学大纲包括：

1.通用大纲和专用大纲。

通用大纲是针对某一教学类型的指导性、框架性大纲，它适用于该教学类型的所有教学对象。但是，如果进一步分析，这些教学对象内部其实还是有区别的，针对其中的特定教学对象的大纲就是专用大纲。通用和专用是相对而言的。比如，假如我们制订出一份“对日来华留学生汉语长期进修教学大纲”，它相对于“来华留学生汉语长期进修大纲”而言是专用的，而相对于某个教学单位的某个特定的对日来华留学生汉语教学项目而言是通用的。因为教学机构还需要根据这一特定教学项目进行需求分析，制订专门针对该项目的操作性的教学大纲，这才是真正“专用”的。本章下面两节所介绍的都是通用大纲。

2.教学等级大纲和课程大纲。

教学等级大纲是一个基本纲，对总体教学目标和教学内容做出规定，并进行分阶段描述。但是，在教学过程中，这些教学内容可能不是一门课程独立承担的，而是由听力、口语、阅读、写作等多种课程互相配合、互相补充来实现的，而且，在不同的学习阶段，课程设置也会有所变化，这就需要由课程大纲来对各门课程的教学目标和教学内容进行具体描述。比如，对于基本纲中规定的中级词汇，就需要把它们恰当地分配到中级阅读课、中级听力课、中级口语课、中级写作课教学中去，不同的课程着重培养的语言技能不同，教学中选择词语的侧重点不同，要求也不同。

（二）立足教学理念和教学法的分类

教学大纲必然反映了大纲制订者关于语言和语言学习本质的认识，它总是与一定的教学理念相联系。从教学理念和教学法的角度，大纲总体上可以分为：

1.综合性大纲和分析性大纲。

综合性大纲（Synthetic Syllabus），就是把语言分为语音、词汇、语法、意念、功能等部分，每个部分都由大大小小的单位组成，这些单位按照使用频率、难度等标准排序（但往往是凭一种直觉），在教学中作为语言点以离散的方式呈现给学习者，由学习者累积、逐步综合而构成语言系统，以用于交际。教学材料和教学过程是为了展示和训练大纲所规定的语言点。这里所谓“综合”，是指由学习者自己最终综合形成语言系统，或者说把握整个语言系统，事实上，语言现象的教学恰恰是以离散的方式进行的。目前世界上的大部分第二语言或外语教学，还是采用综合性大纲（其中又以结构大纲为主）。

与之相对立的，是所谓分析性大纲（Analytic Syllabus）。分析性大纲是把语言材料以“自然板块”（natural chunks）的形式展示给学习者，这里所谓

"分析"，是指假设学习者能潜意识地分析输入材料(语料)，而输入材料恰恰是综合形式的，大的自然板块甚至可以是句子以上的单位。分析性大纲按照学习目的以及由目的决定的语言行为来组织大纲，因此强调自然的、基于内容的学习，认为语言习得过程有其自身的规律，教师的作用是帮助学习者发展其"内在大纲"，而不是强加给他们一个外在的大纲。

从这个意义上说，结构大纲和功能意念大纲其实是同样的教学理念的产物，都是一种综合性大纲。它们都是把语言分析为一个个部件/单位——结构单位或功能单位，认为当学习者掌握了这些单位之后，也就掌握了整个语言系统。结构大纲和功能意念大纲的区别只在于，前者是把语言的结构项目抽象、概括出一个清单，后者则是把功能意念项目抽象、概括出一个清单。而任务大纲则是一种分析性大纲。它由一系列的难度不同的任务构成，但对于其中涉及的语言要素等并不加以系统描述。

显然，单纯运用某个结构也好，单纯运用某个功能意念项目也好，是不可能完成一次交际活动的。教学的最终目标是语言交际能力。语言交际能力包含了关于语言结构、意义、功能的各种知识，但远不止于此。语言交际能力涉及结构、意义、功能在实际语境中的千差万别的、动态的、复杂的关系，这些关系是无法在一个大纲中充分描述的。所以，综合性大纲在描述教学目标方面的作用是有限的、不全面的。但是，结构大纲或者功能意念大纲毕竟就语言的某一方面提供了具有概括力的全面系统的描述，对于我们系统地设计教学材料是有帮助的，对于学习者获得比较全面的语言知识和语言能力是有帮助的。事实上，在实际教学中，我们并不是孤立地教学某个结构或者功能，我们总是把结构和功能跟一定的情境结合起来。从这个意义上说，分析性大纲和综合性大纲并不对立，而是互补的。问题在于，我们需要寻找特定的结构、功能、意念、情境的匹配关系，寻找这种匹配关系在任务中的恰当的实现方式。

2.产品式大纲和过程式大纲。

从另外一个角度来看，我们可以把大纲分为产品式大纲(Product Oriented Syllabus)和过程式大纲(Process Oriented Syllabus)。产品式大纲对语言教学的目标进行比较详细的描述，但它只关注语言教学的最终结果，而较少关注如何达到这一结果。所谓“产品”包括：语言要素方面的目标，如语音、词汇、语法以及文字等；语言技能方面的目标，如听、说、读、写技能等；语言功能意念方面的目标，如表示问候、询问数量等；有时还包括文化意识方面的目标，如“了解中国人的日常交际礼仪”；学习能力、学习策略方面的要求，如“学会查词典”、“通过网络获取学习资源”等。

结构大纲、功能大纲、情境大纲等都是产品式大纲。结构大纲罗列了一系列语言结构，功能大纲罗列了一系列功能，情境大纲罗列了一系列典型情境及其典型情境下的典型话语，这些结构、功能或典型情境中的典型话语，都是作为教学的最终目标，也就是学习者要掌握的目标来描写的。

而过程式大纲则对教学过程中的参与者及其关系、教学活动的内容和方式等进行详细的描述，它主要关注学习的过程和教学的程序，关注教学的方法，而不是着眼于让学习者最终掌握哪些语言点（词汇、结构等）。一般认为，任务大纲就是一个过程式大纲。确实，如果我们的教学目标是让学习者具有实施现实语言交际行为的能力，而我们的教学过程就是对这些真实交际行为的模拟和演练，那么，内容和方法基本上得到了统一，结果和过程也基本上得到了统一（尽管演练的方式和过程恐怕还得进一步设计）。这样的大纲，其实既是产品式大纲，也是过程式大纲。

但是，这样一个大纲的前提是学习者的学习目标非常有限，因而其需求分析也非常简单。这才有可能在课堂上充分地演练这些任务，从而实现内容与方法的统一。如果学习目标比较宽泛，那么具体的目标任务必然是无穷多的，是无法完全罗列的，在教学中也不可能把学习者的目标任务在课堂上全部演练一遍，至多也只是演练典型的目标任务中的一部分或大部分。目标任务和教学任务就不是完全一致的。即使是作为产品式大纲，其罗列的任务也是不完整的，只是若干典型任务而已。作为过程式大纲，更是与教学过程的多样性、灵活性相违背的。

在大多数情况下，不同的教师、在不同的场合、针对不同的对象、为不同的教学目标，选择的任务必然是有差异的。它不是一成不变的。甚至，它是由教师和学生一起协商决定的，它是随着教学对象、教学条件等的变化、教学过程的进展而随时调整的。因此，真正意义上的过程式大纲，必然具有专用性、动态性、可选性的特点。甚至，在一定程度上是“回溯性”的，是事后的总结，而不是事先的计划，因为它是在教学过程中由师生双方随时协商、随时调整的。

其实，过程式大纲与产品式大纲应该是相互补充的。过程式大纲并不排斥产品式大纲，而是为产品式大纲提供一个课堂实现的框架。反过来说，产品式大纲可以为过程式大纲提供一个目标参照。

三 大纲的作用

教学大纲是教学的纲领性文件。教学大纲为教材编写、课堂教学、教学管理和评估提供指导。

（一）教学大纲对教材编写的指导作用

教学大纲对于教材的指导作用体现在：一是对教材编写理念和组织结构的影响。比如，一本功能型的教材自然是遵循功能大纲的产物，而一本任务型教材自然需要一个任务大纲的指导。二是提供内容选择和难度等级方面的依据。比如，一本初级教材的语法项目应该包括哪些、词语应该选择哪些，自然要参照相应的语法等级大纲、词汇等级大纲。

当然，教材在遵循教学大纲的前提下，必然需要一定的灵活变通。首先，教材编写者的教学理念不一定完全与教学大纲保持一致，可以有一定的倾向，有相当的折衷。其次，教材所遵循的尽管是通用性教学大纲，但教材往往更具针对性，在教学类型、教学对象、教学目标等方面更加明确，因此，教材需要对教学大纲中规定的教学内容在广度和深度上有所调整。再次，教材在课文主题选择上的局限性和内容的相对完整性决定了教材不可能完全遵循教学大纲所规定的词语、语法等级，难免有些“纲内”的内容会“漏网”，也难免有“超纲”的内容会“潜入”。当然，教材应该把这两方面的现象控制在最小范围内。

（二）教学大纲对课堂教学的指导作用

在通用教学大纲的指导下，就特定的教学项目而言，我们需要制订专门的教学大纲，以规范教学过程。教师对教学大纲应该有透彻的理解和全面的把握。不同层次的教学大纲为教师更自觉、更主动地使用教材提供指导，使教师能更好地理解教材、处理教材，更好地判断学生的学习情况。否则，教师的教学行为就难免在一定程度上陷入盲目、随意、低效的境地。

对于有经验的教师来说，一个有弹性的大纲是更受欢迎的，因为教师可以在大纲的范围内根据学生的情况灵活调整教学内容和教学目标。而对于大部分教师来说，可能更希望得到一个详细的教学清单，以便按部就班地遵照执行。

（三）教学大纲对教学管理和评估的指导作用

教学大纲为教学管理、教学评估提供了依据。通用大纲为同类型教学的课程设置、教学目标、教学容量、教学进度、测试确定了基本规范，为大规模教学质量评估提供了参照标准。而各类专用教学大纲则进一步为各类教学项目做出了具体规定，保证了项目的质量和规范化管理。

同时，教学大纲对学习者自我评估也具有指导作用。学习者也可以对照大纲，更好地确定自己的学习目标，监控自己的学习，对自己的学习进行自我评估。

第二节　第二语言教学大纲介绍与分析

根据大纲的基本结构单位的差别，可以把大纲分为语法大纲/结构大纲、情境大纲、功能—意念大纲、任务大纲等。这些不同的大纲代表了不同的教学理念和教学流派，大纲的更替也反映了第二语言教学理论的发展。

一　语法大纲/结构大纲

语法大纲（Grammatical Syllabus），也叫结构大纲（Structural Syllabus），是一种传统的语言教学大纲类型。它是一种综合性大纲，也是一种产品式大纲。语法大纲的基本特点是：以语法点或语法项目作为大纲的基本结构单位，按照语法结构的难易度排序。语法大纲以传统的语言学理论(主要是结构主义语言学)和语言学习理论为基础,即,认为语言的核心是语法结构,一种语言的语法结构规则是有限的,掌握了一种语言的词汇和语法规则系统,就能理解各种各样的句子,就能按照规则说出不同的句子,满足语言运用的需要。学习者能够循序渐进地逐项掌握语法规则,并把这些语法规则综合成为语法系统。语法大纲在语言教学历史上具有重大的意义,在目前的第二语言教学中仍有广泛的影响和重要的价值。

语法大纲有其自身的优点。首先,语法大纲指导下的教学有助于学习者有系统地学习语法规则,而有系统的学习相对于零散的、杂乱的学习无疑具有更好的效果。其次,语法大纲指导下的教学对培养学习者具备系统的关于语言结构的基础知识、提高学习者语言表达的准确度具有重要意义。特别是在基础阶段,语法结构的系统学习,可以为以后语言水平的进一步提高打下扎实的基础。

语法大纲也存在一定的问题。首先,语言教学的实践证明,仅仅通过掌握语法结构规则并结合词语就能具备语言运用能力的观点是不全面的。许多在语法大纲及其相应的教材和教法下培养出来的学生,他们确实具有非常全面、扎实的语法知识,能够应对高难度的语法知识测试,但是实际的语言交际能力并不理想,在真实生活中,有时甚至不能顺利地完成最基本的交际活动。其次,语法结构在语言中不是孤立存在的,语法结构与交际活动的对应关系是复杂的,学习者并非像语法大纲所假设的那样,能够自动地把离散的语法项目综合成语法系统,并运用于交际活动。再次,仅仅由语法结构的难易度来决定语言教学内容是不够的。况且,语法大纲中语言结构难易度排序往往仅凭教师的教学经验来主观判断,并不能充分反映学习者的习得规律。

在汉语作为第二语言教学方面,《汉语水平等级标准与语法等级大纲》(高等教育出版社,1996)中的“语法等级大纲”就是一个典型的语法大纲。

二 情境大纲

情境大纲(Situational Syllabus)以学习者在真实语言交际中涉及的情境作为大纲的基本组织单位。情境大纲需要预测学习者可能会遇到的种种场景，如在饭店、在机场、在邮局、在学校、在火车站购票处等。把场景作为选择和呈现语言内容的基础，以教授典型情境下的典型话语。情境大纲的语言学理论出发点是，语言不是一个抽象的结构系统，而是一个社会性过程。语言的意义是由使用语言的环境所决定的，而语言形式的选择也会受到情境的制约，语境对于语言运用至关重要，离开了特定的语境就无所谓语言。情境大纲在相当长的时间里与语法大纲共存，并在20世纪60年代盛行一时。根据情境大纲编写的教材有*Streamline English*、*Access to English*等。

情境大纲强调口语实践，注重在一定的自然情境下学习词语和结构，重视教学内容的真实性和实用性，有“就事论事”的功效，有助于更有针对性地满足学习者的交际需求。相对于语法大纲而言，情境大纲更多地考虑了学习者因素。如果说语法大纲只是关注如何合乎规则地使用语言的问题，那么情境大纲关注的是如何在特定的情境下恰当地使用语言的问题。

人们对情境大纲的批评主要有：第一，由于情境大纲以典型情境为基本组织单位，因此，语言形式方面的教学必然是不系统的，从而增加了学习的难度。第二，什么样的情境是典型的，有哪些典型情境，选择哪些情境进入大纲，这些都是情境大纲遇到的难题。事实上，对于不同的学习者，典型情境必然是不同的。第三，情境大纲只是提供了特定情境下的语言使用的范例，然而，同一情境下参与者不同、交际目的不同、文化背景不同，其语言使用的具体情况是大相径庭的，情境与语言的使用功能也不存在一一对应关系。在现实生活中，一旦遇到教材中没有呈现过的情境或教材所呈现的情境中没有涉及的交际活动，学习者是否能够举一反三地使用语言，是令人怀疑的。

当然，我们可以把情境大纲看作一种分析性大纲，即，假设学习者可以通过一个个情境活动的学习，在潜意识中概括、推导、掌握语言的结构形式系统，并发展出一般的语言能力。这是一个需要进一步研究和证明的问题。

事实上，情境大纲也具有相当的灵活性，让我们有可能以情境大纲为基础，把它与语法大纲、功能—意念大纲结合起来。在实际教学中，以情境大纲编写的教材对于二至八周的短期学习或以快速进入汉语社会生活为目的的学习是相当有效的。

三 功能—意念大纲

功能—意念大纲(Functional-Notional Syllabus),也叫意念—功能大纲。在英国功能语言学派理论、社会语言学理论以及人本主义心理学的影响下,有关语言功能的观念逐渐为语言教学界所关注。威尔金斯(D. A. Wilkins)1972年初步提出功能—意念大纲的设想,1976年正式出版《意念大纲》,为交际法的发展奠定了基础。1975年,由范埃克(J. A.Van Ek)主持,为欧洲文化委员会制订的《入门水平英语》(*Threshold Level English*)正式出版,标志着功能—意念大纲的问世。此后,范埃克与亚历山大(L. G. Alexander)主持研制了《英语初阶》(*Waystage English*,1977),威尔金斯提出了"结构加功能"模式(1976),布鲁姆菲特(C. Brumfit)提出了"以结构为核心的功能螺旋上升"模式(1980),阿伦(J. P. B. Allen)提出了"结构—功能—工具"模式(1980)。功能—意念大纲对于交际教学法的产生和发展起到了巨大的推动作用。根据功能—意念大纲编写的教材,最有代表性的有 *Follow Me* 等。

功能—意念大纲的倡导者认为,像情境大纲那样仅仅关注何时、何地使用语言是不够的,而更应该关注语言的本质,即交际——人们用语言来表达什么、满足什么样的交际目的。因此,就需要分析学习者的需求,以及学习者在不同环境下的不同交际类型,并由此确定语言教学的内容。相对于情境大纲,功能—意念大纲在语言使用的描述上具有更强的概括力。

所谓功能,就是人们使用语言的交际目的。《入门水平英语》把言语交际分为六个主要范畴:传递和寻求事实信息、表达和了解理性态度、表达和了解情感态度、表达和了解道德态度、让别人做事、社交活动。再把每个范畴加以细化,得到共68个功能项目的语言功能表。所谓意念,就是人们用语言表达的概念意义。《入门水平英语》把意念分为一般意念和具体意念。一般意念包括实体意念、性质和特征意念、关系意念。具体意念则是与话题相关的。这是一个具有普遍性的系统,至于具体到特定语言,需要列出与语言功能、一般意念、具体意念相对应的特定的语言形式,包括结构/句型和词语,这正是具体的教学内容。以英语为例:

expressing capability and incapability/表达能与不能	NP＋can＋VP NP＋cannot＋VP NP＋be able to＋VP NP＋be not able to＋VP NP＋be unable to＋VP

功能—意念大纲并不排斥语法结构教学的必要性，而是强调以交际为核心，语言形式是为一定的功能意念表达服务的。功能—意念大纲明确以培养学习者的交际能力为教学目标，重视学习者需求分析，强调教学内容的交际价值，强调语言材料的真实性，致力于把语言功能和语言结构结合起来，主张教学过程交际化，在教学内容和教学方法上带来了全面的革新。

功能—意念大纲的主要难点在于：第一，如何根据交际需求选择功能意念项目。目前的选择往往是主观筛选的结果。第二，在交际中，功能意念不是孤立地存在并运用，而是相互组合的。这种组合关系还缺乏清晰的描述。第三，功能意念必须通过一定的语言形式来表达，功能意念与语言形式不是简单的一一对应关系。如何实现功能意念和结构的有机结合，如何建立功能意念和语言表达形式的全面的匹配关系，还需要深入研究。第四，语言的功能和意念本身无所谓难度，功能—意念大纲的难度指的是表达相应的功能意念的语言形式的复杂度。如何选择适合学习者水平的语言形式，同样是功能—意念大纲设计者的难题。

在汉语作为第二语言或外语教学方面，纯粹以功能—意念大纲为指导编写的教材极少，《说什么和怎么说?》(邱质朴，江苏人民出版社，1990)是代表。而在功能意念与汉语结构结合方面做得比较好的是《汉语入门》(*MÉTHOE DE CHINOIS*)(Isabelle Rabut, Wu Yongyi, & Liu Hong, Paris: L'ASIATHÈQUE, 2003)。

四　任务大纲

与以往的大纲不同，任务大纲(Task-Based Syllabus)是一种分析性大纲，也是过程式大纲。任务大纲不是依照语言教学内容的呈现和操练来组织大纲，而是设计一系列特定的活动，通过这些活动来促使学习者使用语言，至于这些活动可能涉及哪些确切的语言特征，一般不予考虑。

任务大纲的理论基础是功能主义语言学、人本主义心理学和建构主义学习理论，但是，相比于功能—意念大纲，任务大纲更多地体现了语言习得理论的最新成果。任务大纲主张在以内容为核心的前提下兼顾语言形式，认为语言是在使用中逐步完善的，因此，在课堂上应该设计各种有意义的活动——任务，让学习者在运用语言的过程中学习语言的运用，在互动中实现语言的发展。

任务型语言教学的研究始于 20 世纪 80 年代。当时，珀拉胡（N. S. Prabhu）在印度南部的班加罗尔（Bangalore）进行了一项强交际法的实验（the Bangalore Project），主张让学生“在用中学”，课堂教学活动用任务形式呈现。这一教学实验，是把任务作为课堂设计单元的第一次尝试，并形成了任务型教学的雏形，引起了第二语言教学界的关注。随着研究的深入，任务型教学于 20 世纪 90 年代在理论上逐步成熟。

一般认为，任务就是以内容为核心的语言教学活动，如：

（A）五人一组，一人为服务员，四人为顾客，在饭店点菜。

顾客看菜单讨论并点菜，然后再决定喝什么饮料，最后决定要什么点心。服务员可以做一些推荐和介绍。最后，服务员把点的菜、饮料和点心记下来。

全班交流。看哪一组点的菜最合适，如，是否恰当地考虑到菜的类型（冷菜与热菜，荤菜和素菜，汤）、菜的价格、菜的总量等。

附：一本菜单。（略）

（B）两个学生一组，学生甲看右边的图，尽可能准确地说给乙听。学生乙根据甲的叙述把图画出来。如有不清楚的地方可随时问甲。

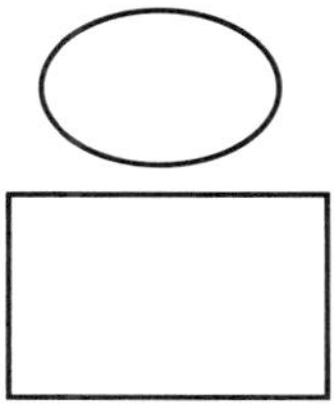

任务大纲把大纲的重心从产品转向了过程，明确地提出以任务为课堂教学中组织交际活动的基本单位，以任务贯穿教学过程的始终，更强调了语言的工具性，强调学习者需求分析和目标任务分析，强调以学习者为中心。

任务大纲存在的主要问题有：第一，任务的定义问题。关于究竟什么是任务，各家的说法差别很大。第二，任务的难度问题。关于任务的难度，可以从许多不同的角度来判断，但是，就具体操作而言，如其中的认知难度，本身涉及的面很广，只能做主观性较强的粗略分析。第三，如何处理好任务型教学中的准确度、流利度、复杂度的平衡，语言活动的过程与结果的平衡，语言教学中的语言形式与表达内容的平衡，仍然是需要不断探索的问题。

在任务大纲设计上，存在着两种类型。一种是基于目标任务分析的大纲设计，教学任务就是对目标任务的模拟，教学过程就是对现实交际行为的演练。这就实现了目标和途径的统一、产品和过程的统一。另外一种是把教学任务作为达到培养语言能力的手段，任务的根本价值在于促进互动，而互动是实现语言习得的关键。这时候，目标和途径仍然是分离的。任务只是途径，而不是最终目标。

五 折中大纲

没有一种大纲是十全十美的，但是每一种大纲都体现了对语言教与学的某些方面的深刻认识。也许，明智的做法是采用折中的大纲，结构、功能、情景、任务、技能，都应该纳入大纲设计的视野。事实上，目前的大部分教材尽管都以交际法为旗号，但事实上都尽量兼顾到上述各方面因素。

所谓折中大纲（Eclectic Syllabus/Mixed or Multi-Strand Syllabus），关键是要解决语言教学中的几个根本问题：输入和输出的统一、结构和功能的统一、形式和内容的统一、产品和过程的统一。但是，我们仍然需要思考一个问题：何者优先？对于这一问题的回答不能脱离特定的教学对象和教学目标，在实际的课程设计中，不可能、也不应该片面地追求理想化的平衡，而往往会偏重于某一方面。比如，对长期进修教学而言，语法结构的系统性方面可能是更重要的；对短期速成教学而言，以功能意念为纲兼顾结构可能是更合适的；对面向有限目标的语言教学而言，任务型教学可能更易见效。另一方面，不同的学习者由于其文化背景不同、个人的学习风格不同，有的适合于强调结构系统性的教学，有的更适合于突出功能意念的教学；有的更愿意接受综合性大纲，有的更愿意接受分析性大纲。不同的国家、地区长期形成的教育理念、教学模式也是重要的影响因素。

第三节 汉语教学大纲介绍与分析

一 《汉语水平等级标准和等级大纲》、《汉语水平等级标准与语法等级大纲》和《汉语水平词汇与汉字等级大纲》

1987 年，中国对外汉语教学学会成立“汉语水平等级标准研究小组”，1988 年，研究小组完成了“汉语水平的等级划分与描写”、“语法等级大纲”、“词汇等级大纲”三大部分（“功能—意念等级大纲”、“文化等级大纲”暂缺）。《汉语水平等级标准和等级大纲[试行]》于 1988 年由北京语言学院出版社出版，这是我国对外汉语教学历史上具有开创性的工作。

汉语水平等级标准的基本框架结构是三等五级，即，初等水平（1—2 级）、中等水平（3 级）、高等水平（4—5 级）。每个等级从话题内容、语言范围和言语能力三个方面进行描述，每个等级又从读、听、说、写、译（3 级以上）五个方面确定具体的标准。

1996 年，国家汉办汉语水平考试部发布了《汉语水平等级标准与语法等级大纲》（高等教育出版社），其中的《语法等级大纲》与《汉语水平等级标准》相对应，将汉语语法 1168 个语法点/项分为四个等级：甲级语法 129 项，乙级语法 123 项，丙级语法 400 点，丁级语法 516 点。甲乙级语法具有比较完整的系统性，对应于初等水平标准的语法内容，丙级语法对应于中等水平的语法内容，丁级语法对应于高等水平的语法内容。

《汉语水平词汇与汉字等级大纲》由北京语言学院出版社于 1992 年正式出版。《汉语水平词汇与汉字等级大纲》是规范性的水平大纲，收录总词汇

8822个,其中甲级词1033个,乙级词2018个,丙级词2202个,丁级词3569个。对汉字的选择和分级以词汇总量和分级为基础确定,共2905个,包括甲级字800个,乙级字804个,丙级字590+11个,丁级字670+30个(其中丙级和丁级的41个附录字为表示姓氏和地名的字)。

这一系列大纲的颁布标志着对外汉语教学向着标准化、规范化、科学化迈出了一大步。这些大纲为对外汉语教学的课程设计、教材编写、课堂教学、测试评估提供了重要依据,尤其是作为重要的参照物,对各种教材的编写和研究产生了巨大的影响。

二　《高等学校外国留学生汉语教学大纲》

国家汉办1998年至1999年组织专家编制了《高等学校外国留学生汉语教学大纲》,1999年7月完成并通过专家鉴定,2002年由北京语言文化大学出版社出版。它是针对来华进修学生汉语教学的特点制订的框架式的教学大纲,包括《高等学校外国留学生汉语教学大纲(长期进修)》和《高等学校外国留学生汉语教学大纲(短期强化)》两个文件。

对来华留学生进行的半年以上、三年以下的汉语作为第二语言的教学属于对外汉语长期进修教学。《高等学校外国留学生汉语教学大纲(长期进修)》明确了对外汉语长期进修教学的性质、特点和基本教学原则,并对长期进修教学的课程设置、学时安排、班次编排、教材编选和测试评估提出了建议。《高等学校外国留学生汉语教学大纲(长期进修)》的最大特点是提出了三等十级的长期进修教学等级结构,即初等四级、中等四级、高等两级,并从语音、语法、词汇、汉字等语言要素以及听说读写等技能方面进行了描述。这一等级结构框架遵循"细化级次、循环深化"的精神,较好地体现了汉语长期进修教学的特点。《高等学校外国留学生汉语教学大纲(长期进修)》附有分级描述的《词汇表》、《汉字表》、《语法项目表》、《功能项目表》。

汉语短期进修教学的周期一般为8周(160学时)或4周(80学时)。《高等学校外国留学生汉语教学大纲(短期强化)》明确了汉语短期教学的性质、特点和教学原则,描述了汉语短期强化教学的总体教学目标和初、中、高分级目标。对课程设置、课时安排、教学实践活动等提出了具体建议。《高等学校外国留学生汉语教学大纲(短期强化)》的最大特点是参考了任务型教学理论,确定以交际任务为基本单位对各级教学内容进行描述。《高等学校外国留学生汉语教学大纲(短期强化)》附有《汉语交际任务项目表》。根据该表,初级交际任务共26项,覆盖基本交际类、生存类、社会生活类、个人信息类、综合信息类等方面。中级交际任务共21项,覆盖基本交际类、生存类、个人信息类、社会活动类、综合信息类等方面。高级交际任务共20项,覆盖基本交际类、社会信息类、文化信息类、媒体信息类等方面。从某种意义上说,《汉语交际任务项目表》是对外汉语教学界的第一个"任务大纲"。

三 《国际汉语教学通用课程大纲》

在由对外汉语教学向汉语国际教育转变的大形势下,国家汉办组织研制了《国际汉语教学通用课程大纲》(外语教学与研究出版社),2008年颁布。该《大纲》"旨在为汉语教学机构和教师在教学计划制订、学习者语言和能力评测以及教材编写等方面提供依据和参照标准"。总目标是"使学习者在学习汉语语言知识与技能的同时,进一步强化学习目的,培养自主学习与合作学习的能力,形成有效的学习策略,最终具备语言综合运用的能力"。这是一个通用大纲,它最大可能地兼顾到小学、中学、大学及社会人士等不同的使用者,因此,使用者可以根据实际教学情况,参考、选择并增加所需要的相关内容,制订出个性化的教学大纲或教材编写纲目。

《国际汉语教学通用课程大纲》参照国家汉办制订的《国际汉语能力标准》(外语教学与研究出版社,2007),将课程内容分为五个等级,对每个等级从"目标"、"语言知识"(语音、字词、语法、功能、话题、语篇)、"语言技能"(综合技能、单项技能——听、说、读、写)、"策略"(情感策略、学习策略、交际策略、资源策略、跨学科策略)、"文化意识"(文化知识、文化理解、跨文化意识、国际视野)五个方面进行描述。还提供了《汉语教学话题及内容建议表》、《汉语教学话题及内容举例表》、《中国文化题材及文化任务举例表》、《汉语教学任务活动示范表》、《常用汉语语法项目分级表》、《汉语拼音声母、韵母与声调》、《常用汉字

800 字表》、《常用汉语 1500 高频词语表》等。

《国际汉语教学通用课程大纲》是一个面向世界汉语教学的纲领性、指导性的文件，具有重要的参考价值。它把培养学生的“语言综合运用能力”（而非“交际能力”）作为终极目标，并对其做出了清晰的定义：“语言综合运用能力由语言知识、语言技能、策略、文化意识四方面内容组成。其中语言知识和语言技能是语言综合运用能力的基础；策略是提高效率、促进学习者自主学习和发展自我能力的重要条件；文化意识则是培养学习者具备国际视野和多元文化意识，更得体地运用语言的必备元素。”

四 《汉语国际教育用音节汉字词汇等级划分》

作为国家语言文字规范（GF 0015—2010），《汉语国际教育用音节汉字词汇等级划分》（北京语言大学出版社，2010）由中华人民共和国教育部、国家语言文字工作委员会于 2010 年 10 月 19 日发布，2011 年 2 月 1 日起实施。《汉语国际教育用音节汉字词汇等级划分》给出了汉语国际教育用分级的音节表、汉字表、词汇表，体现了三维基准体系（汉语音节、汉字、词汇三要素并行）。根据该文件说明，“音节等级划分”适用于对汉字教学无要求的汉语国际教育、教学活动，尤其适用于用汉语音节进行汉语口语和听说教学。包括一级音节 608 个，二级音节 300 个，三级音节 163 个，三级附录音节 39 个，共计 1110 个。“汉字等级划分”包括一级汉字 900 个，二级汉字 900 个，三级汉字 900 个，三级附录汉字 300 个，共计 3000 个。“词汇等级划分”包括一级词 2245 个，二级词 3211 个，三级词 4175 个，三级附录词 1461 个，共计 11092 个。

这一等级划分规范具有以下特点：倡导通俗化、大众化、普及化；设立“最低入门等级”；将汉语音节引入新标准；调整字词筛选顺序、比例与等级；创建三维基准新体系；探寻多维平衡理念和方法途径；运用现代科技手段，吸收常见常用结构；关注等级质量，与未来发展接轨。

作为一项新颁布的国家语言文字规范，其实施的实际效果如何目前还无法得知，但可以预见的是，它将对汉语国际教育产生重要的影响。

第四节 教学大纲的制订与实施

一 通用教学大纲的制订

教学大纲由教学研究者和实践者共同制订。大纲的教学目标、教学原则、教学途径、教学内容的确定，是基于特定的教学理论和学习理论，在对教学对象、教学类型、教学性质进行全面分析的基础上确定的。

教学内容及其安排是教学大纲的主体部分。一个针对某一教学类型的通用性教学大纲，教学内容的选择及其安排需要建立在以下基础之上：

一是目的语分析。通过对目的语大型语料库分析，全面、准确了解目的语的使用情况，并充分吸收现有的语言研究成果，为确定教学内容及其排序提供目的语使用者语言生活方面的客观依据。

二是学习分析。通过对中介语语料库的分析，全面、准确了解学习者的学习难点、习得过程，为确定教学内容及其排序提供习得规律方面的依据。

三是学习者分析。通过对学习者的学习动机、目标情境分析，为教学内容及其排序提供学习需求方面的依据。

在上述基础上，根据一定的教学理论和教学方法的指导，多维平衡，才有可能合理系统地确定教学内容及其安排。

二 专用课程大纲的制订

专用课程大纲的制订应该在以下两个大框架下进行：一是课程设计的总体框架的指导，二是相关通用教学大纲的指导。

（一）专用课程大纲的制订应接受课程设计总体框架的指导

就一个特定的教学项目而言，首先要进行的是课程设计，分析学习者的学习需求、学习方式、已有基础，以及教学环境、教学条件，确定教学目标、教学原则，课程设置等等。在课程设计的总框架下，明确特定课程的地位和目标、与其他课程的关系，从而明确该课程的教学内容、教学材料、教学途径、测试方式等。举个例子来讲：

中国某大学举办的一个短期商务汉语项目，面向的学生为具有经济、商务专业背景的美国大学生，其汉语水平为中级以上，进修时间为六周。学生希望通过六周的进修，真实地了解中国当代社会和企业文化，学习与中国有关的商务知识，参加商务实践，同时进一步提高汉语的实际应用能力。由此，该项目确定的教学的基本原则为：课堂教学与社会实践相结合，专业知识教学、中国文化教学与汉语能力培养相结合。该项目包括以下几种课程：当代中国都市文化——高级汉语课程，商务案例分析，孙子兵法与商务战略，商务实践。在这样的课程总体设计框架下，其中的“当代中国都市文化——高级汉语课程”也确定了相应的教学原则、途径、内容（见下面的“课程大纲例一”）。

（二）专用课程大纲的制订也离不开通用大纲的指导

专用大纲在教学理念上与相应教学类型的通用大纲往往是一致的，在教学内容和难度等级上也需要不同程度地参照通用大纲。在我们的常规教学中，在总体课程设计的框架下，系统的课程设置一般总是有相应的系统的教材配置，而该教材系列一般来说是基于特定的通用大纲编写的。这样，一门课程的教学大纲的内容，基本上就是所采用的教材的既定内容（有时会有一定的调整）。这样的教学大纲，其实就是一个通用大纲指导下的具体课程的教学计划。比如，下面的“课程大纲例二”就是基于特定教材的基本内容所制订的教学计划。

（三）课程大纲的基本框架

课程大纲的基本框架包括：课程描述，如课程的性质和地位、教学目标和要求、教学原则和方法；内容描述，包括基本教学内容及其课时安排；教学材料，包括课本、其他教学资源等；评估方式。

下面是两个课程大纲的实例。

课程大纲例一：

课程：当代中国都市文化——高级汉语

(一)教学对象：

具有中级或以上汉语水平的学习者，对中国当代社会文化、特别是都市文化有兴趣者。

(二)教学目标：

了解中国当代都市的社会文化现象的主要方面，并能做出初步的分析评价。同时，进一步提高学习者的汉语水平和实际运用能力。

(三)教学途径：

以任务为单位，在完成任务的过程中实现教学目标。任务主要包括：听读有关新闻通讯报道，开展讨论，设计并进行社会调查。

(四)课时：

6课时/周，共36课时。

(五)主题系列：

- 大学生就业
- 都市"负翁"
- 城市里的外来工
- 城市发展与环境保护

(六)教学环节：

每个主题用6课时完成。

- 1—2课时

围绕一个主题，请大家谈谈各自所知道的情况。

教师概括介绍本课主题的要点。为将用到的主要语言项目做好铺垫。

教师提供3份相关材料，指导学生听、读。这些材料取自近期报刊、网上报导或电台、电视台节目。要求学生听/读后能说出大意，做出评价。

- 3—4课时

针对上述材料中的语言重点，进行操练。

学生4人一组，在教师指导下设计调查表。

> ➢ 课外活动
>
> 走上社会进行采访调查。
>
> 分组总结采访调查结果，轮流由一人执笔，写出调查报告。
>
> ➢ 5—6 课时
>
> 每组轮流派一名代表做主题报告，向全班汇报调查结果，接受提问。
>
> 教师就主题报告中的内容和语言问题进行讲评。
>
> ➢ 课外作业
>
> 学生修改调查报告。
>
> 提交书面报告。
>
> （六）评估方式：
>
> 课堂发言：30％；主题报告：30％；书面报告：40％。

课程大纲例二：

> 课程：汉语长期进修生综合课教学大纲——第二级
>
> ➢ 课程性质
>
> 本课程是为来华长期进修汉语的外国留学生开设的基础汉语课程，旨在培养学生听说读写的综合技能。
>
> 本课程课时为 18 课时/周，共 144 课时。
>
> ➢ 教学对象
>
> 本课程的教学对象为通过汉语第一级考试，或与之相当水平（掌握约 400 个词语、300 个汉字，具有初步的汉语语法知识）的外国留学生。
>
> ➢ 教学要求
>
> 提高发音、书写的正确程度和流利程度，继续学习汉语基本语法知识，扩大词汇量；能听读、说写简单的语段，理解、表达基本正确，具有最基本的汉语交际能力。

➢ 教学内容

正音教学、语调教学和汉字书写教学。

掌握本级约 550 个词语和 400 个汉字(见教材)。

掌握重点语法项目:动作的状态、各类补语、时量和动量的表达、比较法、“是……的”句、“把”字句、“被”字句等。

➢ 教学安排

第一周:

第一课“最近在忙什么”。语法:动作的状态(复习),主题句。

第二课“京剧我看过”。语法:“了”、“过”和“是……的”比较(复习),动词性结构的连用。

第三课“我现在不抽烟了”。语法:表示变化的“了”。

第二周:

第四课“他介绍得一点儿也不对”。语法:情态补语,形容词重叠。

第五课“我家北边是山,南边是河”。语法:“有”字句和“是”字句。

第六课“他出去了”。语法:趋向动词。

……

第八周:

第二十课“祝你们生活幸福”。

复习。

测试。

➢ 教学原则

注重交际性和实用性,提倡教学方法的多样化和现代化。

精讲多练,注重互动,激发学生的学习积极性和主动性。

注重学生各项语言技能的平衡发展,关注学生学习目的的多样性和文化背景的差异性。

坚持课程教学语言的规范性和可接受性,仅在个别情况下使用学生普遍接受的某种媒介语。

➢ 考核方式

平时成绩占30%;中期考核一次,成绩占30%;学习结束时考核一次,成绩占40%。考核内容应注意课本内容的覆盖面,采用笔试加口试形式,时间为2小时。

➢ 教材

《拾级汉语》第二级"综合"课本,北京语言大学出版社。(*该教材按照《高等学校外国留学生汉语教学大纲(长期进修)》编写)

三 教学大纲的实施

我们首先应该明确,无论是通用大纲还是专用大纲,都有其适用范围和条件,不能盲目照搬。特别是针对特定项目的专用大纲,教学对象、教学环境变了,教学大纲必然需要做出相应的调整。

通用大纲应该突出指导性和框架性,并在一定时期内力求稳定,否则就失去了一般指导意义。但是,即便是指导性、框架性的通用大纲,也需要不断修订,因为语言生活在变化,语言在发展,语言研究和语言教学研究的成果在不断丰富、深化,语言教学的现实情况也在发生变化。而专用大纲则应该突出规范性和操作性。课程大纲应在课程开始之前向教师和学生公布。课程大纲一经公布,原则上应严格遵照执行,不能随意改动。当然,教学大纲必然是简明、概括的,在具体的教学内容和方法上,需要教师根据实际情况对教学材料加以恰当的处理。

教学大纲往往侧重于不同的角度,有以结构为纲的,有以功能为纲的,有以情境为纲的,有以主题为纲的,有以任务为纲的,等等,在实际教学中,需要教师有开阔的视野,综合平衡。有的大纲是产品式的,只是明确了教学内容,并没有体现教学过程。在实际教学中,我们需要进行课堂教学环节的设计,以实现大纲所规定的教学目标。有的大纲具有一定的过程式大纲的面貌,已经在一定程度上体现了教学过程,但是在实际教学中,我们仍然需要结合实际,细化教学环节设计,而且还需要根据教学过程的具体进展和学生情况,逐步明确、适当调整我们的教学要求和教学设计。

思考

1.怎么理解产品式大纲和过程式大纲？你觉得两者如何统一？

2.怎么理解“结构、功能、文化相结合”的教学原则？

3.词语的使用频率是词汇等级划分的唯一依据吗？为什么？

4.你觉得该如何对汉字等级进行划分？

5.你觉得要确定任务的难度等级，需要考虑哪些因素？

任务

1.从《高等学校外国留学生汉语教学大纲（长期进修）》的附件《语法项目表》中选择一个重点语法项目，看看是如何分级描述的，你觉得这样的分级是否合理。

2.比较并分析《高等学校外国留学生汉语教学大纲（长期进修）》、《高等学校外国留学生汉语教学大纲（短期强化）》、《国际汉语教学通用课程大纲》、《汉语国际教育用音节汉字词汇等级划分》各自的特点。

3.找出一个具体的汉语教学项目，并分析相关的教学需求和课程目标，起草一个教学提纲。

第五章　教学模式

关于教学模式的研究，在教育学领域通常以美国学者乔伊斯等的《教学模式》(*Models of Teaching*,1972)为标志；在国内，“1995 年出版的《中国大百科全书·教育》还没有收入‘教学模式’这个词条。这说明，‘教学模式’于此之前在我国还没有作为一个科学的概念为人们所认识。自 80 年代中期以来，为了解决教学理论与教学实践相互脱节的问题，对教学模式的研究开始成为国内教学论研究的一个‘热点’”(张志勇，1996)。对外汉语教学界直到 20 世纪末才逐渐开始重视汉语作为第二语言/外语教学模式的研究，不少专家学者在总结以往教学模式的同时，也开始尝试教学模式的改革和创新。作为教学理论与教学实践的“中介”和“桥梁”，一个好的教学模式能对提高教学质量和教学效果产生重要的作用。

第一节　什么是教学模式

“模式”一词《现代汉语词典》的解释是“某种事物的标准形式或使人可以照着做的标准样式”。所谓“标准形式”或“标准样式”就是“可以作为典范的形式或样式”，也即“范式”。从这个解释中，我们可以得知，“模式”是可以学习模仿的，具有可复制性，且可以推广，为他人所用。这些特点，对我们后面讨论教学模式具有重要的意义。

什么是教学模式？乔伊斯等(2000)认为，“教学模式就是学习模式”，“一种教学模式就是一种学习环境。这种环境有多种用途，从如何安排学科、课程、单元、课题到设计教学资料，如：教材、练习册、多媒体程序、计算机辅助学习程序等”。强调教学模式就是学习模式，是为了使教学模式的设计者和一线教师更加清楚地明白，研究和建构教学模式所要思考的是“怎样让学生学会更快、更有效地学习”，“在什么程度上可以使全体学生更有效地学习”。乔伊斯等实际上是把教学模式看成一种“**教学设计**”，设计的内容从不同学科的课程安排、教学内容、教材选择、教学手段到课堂教学活动，涉及两个层面，即教学整体设计和课堂实际教学（张皎雯，2010）。

在我国教育学领域，关于什么是教学模式，尽管讨论了多年，但大家仍然莫衷一是，主要是由于认识上的差异和/或强调的重点不同。有人认为教学模式是一种比较稳定的**教学范式或范型**，如：“教学模式就是在一定的教学思想指导下，围绕着教学活动中的某一主题，形成相对稳定的、系统化和理论化的教学范型”（李秉德，1991）；“所谓教学模式是指在一定教学理论的指导下，通过对教育教学实践经验的概括和总结所形成的一种指向特定教学目标的比较稳定的基本教学范型”（褚远辉、辉进宇，2003）。有人认为教学模式是一种**教学结构或教学框架**，如：“教学模式是指在一定的教育思想、教学理论和学习理论指导下的、在某种环境中展开的教学活动进程的稳定结构形式。……这四个要素（指教师、学生、教材和媒体）在教学过程中不是彼此孤立、互不相关地简单组合在一起，而是彼此相互联系、相互作用形成一个有机的整体。既然是有机的整体就必定具有稳定的结构形式，由教学过程中的四个要素所形成的稳定的结构形式，就称之为‘教学模式’”（何克抗，1997）；“教学模式实质上是一种教学结构，必须蕴涵特定的教学理论或教学思想；要有利于达成教学目标，促进学生主动学习；能提供可参考的有一定操作性的教学活动结构或程序；具有与之相配套的基本教学方法”（韩龙淑，2006）。也有人强调教学模式就是**教学程序**（达到教学目标的步骤和过程，操作程序）和/或**教学方法/教学策略**，如：“教学过程的模式，简称教学模式，它作为教学论里一个特定的科学概念，指的是：根据客观的教学规律和一定的教学指导思想而形成的，师生在教学过程中必须遵循的比较稳固的教学程序及其实施方法的策略体系。它包括教学过程诸要素的科学组合方式,教学活动内容与步骤的时间序列构成及相关因素的效应策略”(柳海民,1988);“我们认为,教学模式是在一定思想理论指导下,为实现特定教学目标而设计的比较稳定的教学程序及其实施方法的策略体系”(李雁冰,1994);“教学模式就是:在一定教学思想指导下建立起来的,比较稳定的教学活动的基本程序和方法”(赵学谦,2006)。还有的人把教学模式视为更加宏观的**方法论体系或策略思想**,如:“教学模式是在教学实践基础上建立起来的一整套设计和调控教学活动的方法论体系,它由教育(哲学)主题、功能目标、结构程序及操作要领构成”(杨小微,1990);“教学模式是在教学理论和教学实践的发展中形成的,用以组织和实践具体教学过程的相对系统的稳定的一种策略思想”(余小明,2003)。

在上述关于教学模式的定义中,粗体字是关键词,可以看出各种定义的侧重点和对教学模式的认识。叶丽新(2003)对教学模式的内涵做了如下归纳:其一,教学模式蕴涵着特定的教学思想;其二,教学模式提供参考性的教学活动结构或教学程序;其三,特定的教学模式需要具有与其相匹配的基本教学策略或方法。这个归纳可谓简单、明了、易懂,其背后也包含了教学设计。仔细揣摩上述各种定义的侧重点及其各部分之间的关系是很有意思的,它可以加深我们对教学模式的理解和认识。

所谓“结构”通常指“各个组成部分的搭配和排列”。关于组成教学模式的结构要素,有所谓“四要素说”、“五要素说”和“六要素说”等。李如密(1996)认为理论基础、功能目标、实现条件、活动程序四个要素构成了一个完整的教学模式的基本结构。“理论基础”就是教学理论或思想,“功能目标是人们对教学活动能在学习者身上产生‘什么样的’和‘有多大的’效用所作的预先估计”(杨小微,1990),“实现条件”是能使教学模式产生作用的因素,“活动程序”是操作步骤。李雁冰(1994)认为一个完整的教学模式主要由相互影响、相互作用的五个因素构成:指导思想、教学目标、策略(指完成目标的一系列途径、手段和方法体系)、程序(指完成教学目标的步骤和过程)、评价(指依照教学模式的评价方法和标准,对教学过程及结果进行评估)。(又可参见马箭飞,2004:理论基础、教学目标、操作程序、实现条件、评价。)郝志军、徐继存(2003)则认为“任何教学模式都包含着教学思想(或教学理论)、教学目标、操作程序、师生组合、条件和评价等要素。这些要素各占有不同的地位,具有不同的功能,它们之间既有区别,又彼此联系,相互蕴涵、相互制约,共同构成了一个完整的教学模式”。“四要素说”、“五要素说”、“六要素说”之间的差别在于是否把“师生”和“评估”的因素加入进来。我们认为,在构成教学模式的各个要素中,教学目标是纲,其他都是围绕着教学目标而设计和组合的,是如何有效地实现教学目标的途径和方式等。

汉语作为第二语言/外语教学界对教学模式的研究起步较晚,对教学模式,进而说对对外汉语教学模式的看法也不尽相同。比如,陈莉(1997)认为,“教学模式,是教学法的具体体现,教学法是理论性的,而教学模式是描写性的,是把教学活动与教学过程用一系列概念、术语明确描述下来的一种相对固定的形式,它能使人们很快了解其教学方法和教学特点,可供其他教师参照模仿,使教师明确应该如何进行教学”。崔永华(1999)则认为,“‘教学模式’,指课程的设置方式和教学的基本方法。如现在国内通行的基础汉语教学模式可以称作‘分技能教学模式’,这种教学模式根据技能项目设置课程,教材采用结构—功能法安排,课堂教学采取交际法和听说法结合的方式”。马箭飞(2004)把教学模式看成是“具有典型意义的、标准化的教学或学习范式”,而“对外汉语教学的教学模式就是从汉语独特的语言特点和语言应用特点出发,结合第二语言教学的一般性理论和对外汉语教学理论,在汉语教学中形成或提出的教学(学习)范式。这种教学(学习)范式以一定的对外汉语教学或学习理论为依托,围绕特定的教学目标,提出课程教学的具体程式,并对教学组织和实施提出设计方案。它既是一种形而上理论的反射体,又具体落实到教学中的一招一式,是细化到课堂教学每个具体环节、具有清晰的可操作性的教学范式”。赵金铭(2007)指出,“所谓对外汉语教学模式,就是从汉语、汉字及汉语应用的特点出发,结合汉语作为第二语言教学理论,遵循大纲的要求,提出一个全面的教学规划和实施方案,使教学得到最优化的组合,产生最好的教学效果。这是一种把汉语作为第二语言教学的特定的教学范式”。史有为(2008)则把教学模式视为教学程序或教学框架:“我们认为,教学模式是指在支撑广义教学法的理论背景下由课程设计组织、教学程序和操作方法以及人际间关系（含教师间和师生间）所共同形成的一种总括性的教学程序或教学框架。教学模式具有整体性、系统基础上的程序性和简明性及可操作性等特点。”

从上面的引述中，我们可以看到“设计说”、“方法说”、“范式说”、“结构说”、“程序说”的不同解释；既涉及宏观的教学规划（包括课程设置）设计，又具体到课堂的教学安排、操作程序和步骤，乃至教学方法；从教学模式到对外汉语教学模式，突出的是汉语、汉字及汉语应用的特点。以往对传统的对外汉语教学模式的讨论，主要是围绕课程设置、教材配合、语言知识和技能之间的关系展开的，包括“语”、“文”之间的关系等，以及由此而形成的“范式”，这其实是在汉语教学的“设计”层面，在设计层面“搞定”后，也会涉及具体的课堂教学模式，而后者更是与我们的具体教学息息相关。

第二节　汉语作为第二语言/外语教学模式的演变与发展

一　传统的对外汉语教学模式

我们追溯一下中国国内传统的对外汉语教学模式的演变。从 20 世纪 70 年代初（1973）到 80 年代中期（1986），中国的对外汉语教学采用的基本上都是“结构驱动的（以结构为纲的）综合教学模式”（关于 20 世纪五六十年代教学的情况，参阅吴勇毅、徐子亮，1987）。这种教学模式的特点可以概括为“一套教材、一门课、四种技能综合训练”，“听说读写全面要求，突出听说，读写跟上”。所谓“一套教材”是指（在最初阶段）只使用一套综合性的通用教材，不分什么听力、口语、阅读、写作教材；所谓“一门课”是说不把四种技能分成四门课来上，而是以一贯之（“一门课”即“综合课”，也称“精读课”）。课堂教学时，一位教师上句型（语法），另一位教师上课文（带操练），或一位教师上句型、课文，另一位教师则负责操练/练习（各校做法略有不同）。依靠一套教材、一门课，把四种技能的全面训练综合承担起来。① 鲁健骥(2003,2009)根据当时北京语言学院具体教学实际，把它概括为“复习—讲练—练习”模式。② 对一个班来说，就是一本书、两个教师、三门课(复习、讲练、练习)。三门课其实是四节课的运作，由两个教师分担，主讲教师上讲练课(二、三节)，另一位教师上复习、练习课(一、四节)。而这里的三门课，其实只是一门课，复习、练习课都是为讲练课服务。这种模式后来逐渐演变成“讲练—练习”模式(两节两节配置)。

“突出听说，读写跟上”包括两个方面：一是在四种技能中，“听说”的地位应先于“读写”，即以听说带读写；二是在具体的每堂课教学中，学生可以不看书，先进行听说训练，再进行阅读或写作训练。教学目标是培养学生语言的准确性和技能的熟练性。这个模式并不注重考虑正确的语言形式和熟练的技能能否顺利完成各种交际任务。教学模式(课程、教材、技能之间的关系展示)如下图(图 5—1)。

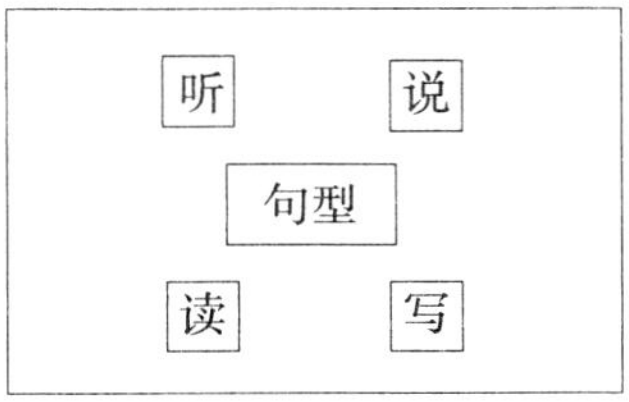

图 5—1

20 世纪 80 年代中期(1986 前后)至今，中国的对外汉语教学采用的主要是“技能驱动的分技能教学模式”。跟前一种模式不同，这种模式首先考虑的是如何进行语言技能的训练，然后按照语言技能训练的要求组织和编排教学内容。其最初的形式可以概括为“一套三本(也有一套四本的)、三门课、四种技能分摊训练”。所谓“一套三本”是指教材是一套有“共核”的三本书，包括读写、听力、说话三种单项专用教科书；“三门课”是读写、听力、说话课(所谓按语

① 经过相当一段时间的教学之后，再使用不同的教材，分口语、听力、阅读、写作等课程，以加强单项技能的训练。

② 他认为“讲练—复练”模式的说法不准确，因为从教学进程说应该是先复习，而后讲练(新内容)，再练习才对。

言技能划分课型）；四种技能分摊在三门课中（参见吕必松，1990）。[1] 这种教学模式可以说一直延续到今天，仍然占主导地位，尽管21世纪开始后出现了一些变化。教学模式见下图（图5—2）。

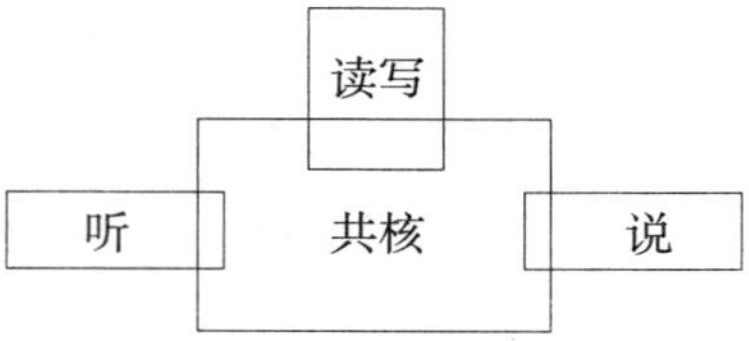

图5—2

后来有了许多变式，但都是以“分”为主，即按语言技能分设课程。由于三种教材和四项技能训练要相互配合和衔接（如词汇和语法点，哪些是共有的，哪些是独有的或可以扩展的），于是“共核”变得尤其重要，最后“精读课”或称“综合课”被确定为核心，“精读课的教学内容被假定为整个单元的共核”（崔永华，1999）。这种按语言技能划分课型、设置课程的主要理由是：第一，不同的语言技能要通过不同的方法来训练。听、说、读、写是四种不同的语言技能，习得方法也不同。过去的精读课虽然要求对听、说、读、写进行全面训练，但在实际教学中并不是同时训练四种技能。第二，精读课的训练方式实际上是口语和书面语不分（吕必松，1985，1990）。这种教学模式把语言交际技能的培养设定为自己的教学目标。

吴勇毅、徐子亮（1987）曾从交际双方在实际交际过程中的角色（既是信息的发出者同时也是信息的接收者）讨论技能的不可分割性，并对这种教学模式提出过不同的看法。崔永华（1999）也认为，这种教学模式有三个方面的不足：一是这种模式不利于学习者对语言项目的掌握。教学设计者希望每个单元都以精读课的内容为共核，其他课程在对精读课的内容进行复练和巩固的基础上，发展到分技能的运用。但是迄今为止，还没有看到能够很好地体现共核的教材。特别是现在，除个别学校在固定使用完整的系列教材，多数学校都是多种教材搭配使用，各课型包含的内容差异越来越大，已远离了模式设计者的初

① 打头课程开始出现了读写课领先的形式，即先读写后听说，并被认为“可能更符合汉语教学的规律”，但以听说打头的形式依然存在。

衷。二是按技能分课型未必是学习语言技能的最佳途径。三是现行模式的重大弱点是它对近些年来语言学、教育学、心理学，包括对外汉语研究的新成果，反映甚微。

二 汉语作为第二语言/外语教学模式的发展

进入21世纪以来，汉语作为第二语言/外语教学模式有了新的发展。有的教学模式比较成熟，已经在推广使用；有的还在摸索尝试之中；还有的只是提出了理论框架，期待实践检验。这当中有几个模式值得我们关注。

(一)词汇集中强化教学模式

陈贤纯(1999)认为，目前的汉语教学中初级阶段的语音教学基本上是成功的，而最成功的是句型教学，但句型阶段以后的路子走错了。基本句型以后教学重点应该转移到词汇上去，而词汇量不足是学生汉语交际时遇到的最大困难。目前"以课文为核心的方法不可能迅速扩大词汇量"，"精读课的错误在于它太倾向于把语言知识作为陈述性知识来传授"。他主张取消"精读课"，把中级阶段的教学任务确定为词语的集中强化教学，目标定在两万词语(初、中级阶段的两个学年)，把这两万词语按照语义场进行分类，分三个循环进行集中强化，按词语的出现频率分配到一至三个循环里。每一个循环里，一个语义场(250个词语)为一课，一课学一个星期，共二十周。教学过程中要通过各种手段来强化学生的词汇记忆，比如，学生强记时要听录音，教师要利用构词法以及对比、联想、连接等方法帮助学生记忆，再通过语境强化等方式来巩固记忆等。其设计如下页表(表5—1，引自陈贤纯，1999)。

按照这个设计，教材编写要先做词表再选课文，课文必须重现词表上的词语，而且要多次地重现。这跟目前教材编写的做法"整个儿颠倒了"(其实这是非常难操作的)。这个模式被称为"词汇集中强化教学模式"，《汉语强化教程》(陈贤纯等，北京语言大学出版社，2005)体现了这一思路(陈贤纯，2005)。它是一个以强调语言要素(词汇)学习为核心的模式。

表 5—1

<table>
<tr><td>初级阶段</td><td>语音句型强化</td><td colspan="2">教学时间：一个学期（约 2000 词语）</td></tr>
<tr><td rowspan="7">中级阶段</td><td rowspan="7">词语强化</td><td colspan="2">总目标 18000 词语</td></tr>
<tr><td>第一循环</td><td>目标：5000 词语　教学时间：一个学期</td></tr>
<tr><td rowspan="3"></td><td>第一课　第一个语义场　目标：250 词
教学步骤：
1.强记词表 再认练习 回忆练习（包括默写）
2.进入语境 单句 听读 信息在语境中训练 再认提取
3.表达运用 说写 信息在语境中练习 回忆提取
4.总结 再次做词表再认与回忆练习</td></tr>
<tr><td>第二课 第二个语义场 目标：250 词 教学步骤同上</td></tr>
<tr><td>第三课 第三个语义场 目标：250 词 教学步骤同上</td></tr>
<tr><td>第二循环</td><td>目标：6000 词语　教学时间：一个学期</td></tr>
<tr><td>第三循环</td><td>目标：7000 词语　教学时间：一个学期</td></tr>
<tr><td colspan="2">高级阶段</td><td colspan="2">各种专门目的的训练（略）</td></tr>
</table>

（二）"口笔语分科，精泛读并举"模式

鲁健骥（2003）针对分技能教学模式的不足，提出了一个改进模式，称为"口笔语分科，精泛读并举"。所谓"口笔语分科"是把综合技能课分为"口语"和"笔语"两门课，进行重新设计。"口语课以功能为纲，包括外国学生在中国生活的主要话题，可考虑有两个循环：第一个循环用一个学期的时间，解决最基本的日常会话；第二学期上升一个循环。口语课还承担语音教学、口语句式、交际文化项目的教学任务。第一年口语课始终都是通过对话体的课文进行教学，因此应该进行语篇中对话规律的训练，如开头、结尾、话轮交替、打断、插话、转换话题等。当然也要包括得体性的训练。笔语课则侧重汉语书面语的教学，大致可以说，在语言技能上，是对读写能力的训练，特别是读的能力；在语言知识上，则以语法为重点，进行词法、句法、语义、语用的教学。强调'字'的教学，汉字的书写和认读，要尽量使学生掌握汉字的规律，理解汉字的理据；在语法的范围里，'字'的教学

则体现在语素教学之中。课文的形式和内容都从口语的‘共核’开始，逐步发展到书面语，以至带有较多文言成分的现代文的阅读。在写作方面，在一年级应以应用文为主，以后发展到说明文和论说文，直至论文的写作。即使在初级阶段，也应该有语篇的教学，这一阶段主要是有意识地教授衔接与连贯规则。与以上两门课配合的课，有听力课（和现在的模式一样，听力训练仍要给予突出的地位），第二学期再加上泛读课。‘精泛读并举’是从第二学期开始的。笔语课发展为精读，语法开始第二个循环，要增加语篇、语体、风格、修辞等方面的训练。泛读要落实，要先编出泛读材料再开课。……到了中级，还要加上报刊阅读、文言阅读、快速阅读等课程，同时还要根据教学对象的情况开设语言学特别是汉语语言学基础课程、文学课程等，语言课要和这些知识课配合，为它们打好语言基础。”这个改进了的分技能模式，突出了“泛读”的作用，强调“话语”（discourse，口语）和“篇章”（text，笔语）规律的教学，“字”的教学有所加强。

另外，杨惠元（2000）提出要改革以精读课/综合课为主的教学模式，其思路是“从听入手，在一年内给学生输入一万个汉语词汇，解决学生的日常交际问题，达到‘最低职业技能’水平”。设计的课程配比是 3∶2∶1，即每天“听力课三节∶语音课两节∶会话课一节（第 1 周）”，“听力课三节∶汉字课两节∶会话课一节（第 2 至 10 周）”，“听力课三节∶读写课两节∶会话课一节（第 11 周以后）”。这是一种立足于语言输入、强调听力技能训练的做法。

（三）“语文分开，语文分进”模式

传统的对外汉语教学模式在处理口语与书面语的关系上，虽有过多种尝试（钟梫，1979；赵金铭，2011），但“语文一体”、“语文并进”最终成为主流。张朋朋（2007）对“语文一体”、“语文并进”的解释是：“语文一体”是指在教材编写上语言材料用文字来书写。“语文并进”是指在教学方式上一边教“语言”，一边教“文字”，“语”和“文”同步进行。这种教学模式不区分“汉语”和“汉字”，认为“汉字”包含在“汉语”之中。而他认为“语”和“文”是相对独立的，“语言能力”和“文字能力”是相对独立的，“语言单位”和“文字单位”是相对独立的。因此，依据不同的教学理念，他提出了“语文分开，语文分进”的教学模式。所谓“语文分开”，是指

在教材编写上把“语言”和“文字”分开，编写专门教语言的教材和专门教文字的教材。而“语文分进”是指“语言教学”和“文字教学”分开进行，分别使用不同的教学方法教授各自的内容。跟不少中外学者的意见一致，张朋朋(2007)强调，汉语(“语”)和中文教学(“文”)不适合采用“语文一体”，原因是汉字不是拼音文字，使用“语文一体”的教材，非拼音的汉字起不到英文的作用。“语文一体”的结果使“汉语”和“汉字”教学相互阻碍，既不利于“语”的教学，又不利于“文”的教学。

语文分开、语文分进模式在课程设置上，首先是分为“汉语课”(培养语言听说能力)和“中文课”(培养文字读写能力)；时间分配上，初期“汉语课”时间多、“中文课”时间少，后期逐渐过渡到“汉语课”时间少、“中文课”时间多。“中文课”又分“写字课”(字形教学)和“识字课”(阅读写作教学)，先教写字，后教识字。在教材编写上，“汉语课”的教材用汉语拼音书写，以拼音辅助发音，按照由听到说、先听后说的步骤，大量进行听说“句子”的练习，培养听说能力，配套的教材是《口语速成》(华语教学出版社，2001)。“写字课”主要是“字形教学”，教汉字的结构和构件的组合系统，使学生获得分析和摹写汉字字形的能力，配套的教材有《常用汉字部首》(华语教学出版社，2001)、《部首三字经》(北京语言大学出版社，2002)。“识字课”主要是进行阅读和写作教学，对于识字教学，张朋朋认为应借鉴中国传统的行之有效的识字教学法，让学生多识字，在识字的基础上讲“构词法”，通过“以字构词”的方式快速提高学生的中文阅读能力，《集中识字》(华语教学出版社，2001)是其配套教材。在阅读的基础上进行写作教学，从抄写句子到抄写课文，逐渐过渡到写文章。由于“语”“文”松绑，可以使其学习相互促进。“先语后文”、“语文分离”的尝试在国内外已有不少实践，设计的模式和做法也各有不同，尤其是在欧美(赵金铭，2011)，

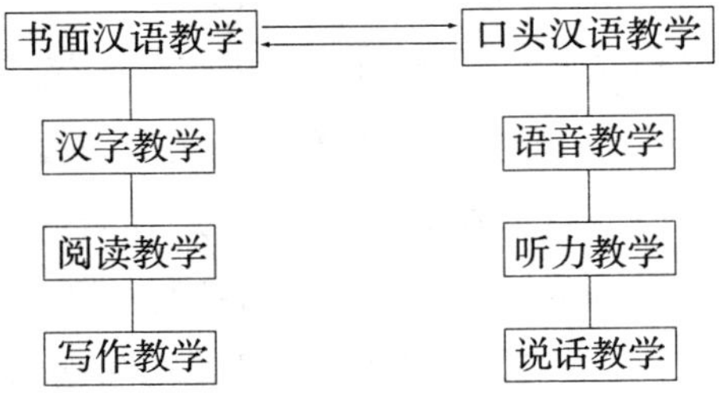

图 5—3

尽管争议仍然很大。这种思路的教学模式大致可概括如上页图(图 5—3)。

(四)"基于任务"的教学模式

近年来,另一种"'基于任务'的教学模式"已成为汉语教学界不少学者探索的热点。马箭飞(2000)构建了一个以"交际任务"为基础的汉语短期教学新模式。在研制交际任务大纲的基础上,他提出了课程设计:"此类教学模式的课程应为一个以不同类别、不同等级的交际任务为主课,以语音、汉字、语法等为辅课,以各种文化知识讲座为补充而组成的课程体系。"这是一个三大块课程的组合。另外他还提出了主课的课堂教学设计(见下节讨论)。其他一些学者也在尝试建立不同的"'基于任务'的教学模式"。吴勇毅(2005)提出,在教材编写和课堂教学时,不再像以往那样,分成课文和练习两大板块,而是以任务统领全课的活动,形成一个任务链,"课文"已不是传统意义上的(学习)"样板"(model),而是任务链中的一环。"学生在执行或完成这些任务的过程中接触语言、学习语言和使用语言"(程晓堂,2004)。汉语是完成任务的工具,可以采用听说读写等不同的方式去完成任务。这类任务类似真实世界(学习、生活、工作)的活动,是学生在学校或进入社会很可能要做的事,材料也完全是真实的(如来自生活、报刊、广播、影视等),有多种语言技能的参与。它以集体/小组活动为主,也有个人独立完成的事情。活动中有信息差(information gap)、意见差(opinion gap)和推理差(reasoning gap),任务完成后有一个结果(outcome)。教学模式如下图(图 5—4)。

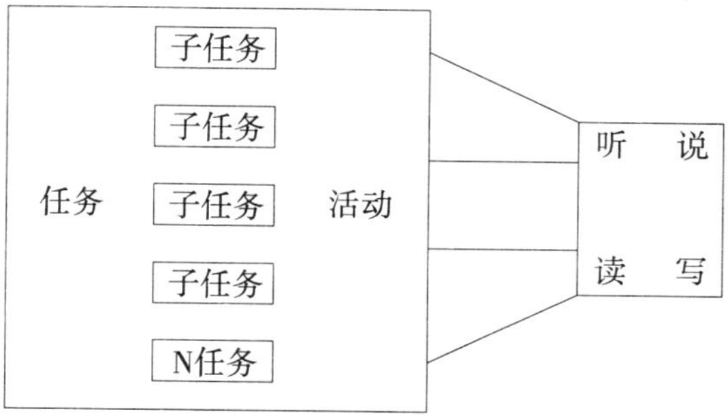

图 5—4

除了上述这些教学模式,国内汉语教学界值得注意的还有"汉语语感培养教学模式”(周健,2010)等。

(五)美国的AP中文模式

这是一个汉语作为外语的教学模式,教学对象是美国的高中学生。美国的AP中文可以概括为“一二三四五”,即:一个大学先修课程项目(Advanced Placement Program);两项内容——AP中文语言与文化课程(AP Chinese Language and Culture course),AP中文语言与文化考试(AP Chinese Language and Culture exam);三种交际/沟通模式(Three Communicative Modes)——人际交流模式(Interpersonal Mode)、理解诠释模式(Interpretive Mode)、表达演示模式(Presentational Mode);四项语言技能(Four Language Skills)——听、说、读、写;五大教学目标(Five Goals)——交流/沟通(Communication)、文化(Cultures)、贯连(Connections)、比较(Comparisons)、社区(Communities),简称5C。曾妙芬(2007)把5C诠释为:学生必须具备运用中文沟通的能力、认识中国多元文化、贯连其他科目、比较语言文化之特性并应用于国内及国际多元化社会。5C中,“交际/沟通”是核心,而人际交流、理解诠释和表达演示又是核心中的核心,“交际/沟通”是通过这三种交际模式来实现的。

AP中文不是把听说读写按不同技能分成不同的课型来分别培养,而是综合的。但跟以往不同,它们是在第一个C下,被三种交际模式重新组合了:听、读(理解诠释模式),说、写(表达演示模式),听、说、读、写(人际交流模式)。教学模式见下图(图5—5)。

图5—5(引自NAEP)

AP中文是一种新的汉语作为外语的教学模式，是为高中学生学习汉语而设计的。它是交际法/交际语言教学理论的一种具体运用。跟AP中文教学相配的还有AP中文考试。

影响汉语作为第二语言/外语教学模式形成的因素很多，如汉语自身的特点（句法、词汇、汉字等）、教学的环境（汉语作为二语还是作为外语等）、教学的对象（孩子、成人等）、教学的目标、教学的时间等，而更重要的是语言观和语言学习观，在不同的语言观和语言学习观下会形成不同的教学模式。而我们评价一种语言教学模式的优劣，不仅要看它能否达到具体的教学目标，培养了学习者的汉语能力和汉语交际能力，而且要看它能否提高学习者的学习能力，让他们掌握学习方法，使他们成为终身的汉语学习者。

第三节　汉语课堂教学模式

上一节我们所讨论的汉语作为第二语言/外语教学模式主要涉及汉语教学的设计层面，而课堂教学模式更多地是涉及操作层面。课堂教学模式展现了一个完整的教学过程及教学结构，包括可供实施的教学程序和步骤、教学方法和策略以及教学活动的组织等，它要考虑如何处理师生之间的关系、如何处理教学活动与教材之间的关系、如何配置教学资源等。它是一种具体的“标准形式”，具有程序化的特点，是大家可以照着做的。这一节我们介绍几种课堂教学模式（课堂教学模式和教材编写模式有很大的关联性），但不是面面俱到。这些模式有的比较传统，但容易上手操作；也有的比较新颖，但需要教师去细心体会和把握。

一　综合课教学模式

3P或PPP模式是目前第二语言/外语教学、也是汉语教学采用做多、最普遍的课堂教学模式。所谓3P是指Presentation（展示）—Practice（练习）—Production（表达/产出）。它是一个课堂教学的结构，包括教学的内容、方式和程序(阶段)。Willis 等(1996,转引自吴中伟等,2009)把 3P 的过程概述为:展示——教师突出展示某个特定的语言形式。为了体现其意义,展示的时候在一定程度上是结合语境的。教师鼓励学生在教师的严格控制下说出该形式,直至比较熟练。练习——教师开始放松控制。教师通过让学生互相提问,或者利用图片,来引导学生说出相应的语言形式。表达——当教师确信学生可以说出该形式以后,教学便进入表达阶段,或叫自由阶段。这一阶段常常采用角色扮演、讨论、解决问题等活动形式,而这些活动往往都是需要采用该语言形式的。这一阶段很重要的一点是学生不再置于教师的严格控制之下。这一阶段的焦点据说是在于语言运用,教师鼓励学生在一定语境中的意义协商,该语境要求使用相应的语言形式。

展示阶段是从形式到意义,即先给出语言形式,但最好是结合一定的语境展示,不要孤零零地给出一个句型;展示后进行的是机械练习,如替换练习等,此时教师要严格控制,尽可能不让学生出错,对语言形式的掌握要尽可能做到熟练,最高境界是能脱口而出。在机械练习的基础上,教师开始减少控制,可以给出一些特定的、规定的语境"逼"学生说出(使用)所学的语言形式,练习多为半机械的。在自由阶段,教学活动的形式大都是集体的,这样容易使"交际真实化";在活动中有信息差、意见差和推理差等才会有所谓意义协商和比较真实的语言运用。由于这个阶段的语言活动大都是以意义为中心的交流和互动,学生会不会使用所学的语言形式并不受控(别忘了,表达同一意思的语言形式可以是多样的),因此教师对活动内容和语境的选择一定要考虑到能确保使用所学的语言形式,以防"天马行空"。

显然这个模式是以教师为核心的,教师控制着整个教学过程,因此对教师来说比较容易上手操作。"教师教—学生练—学生用"(吴中伟等,2009)三阶段非常清晰明了。3P 模式可用于一个语法点/语言点的教学,也可以作为整个综合课的教学模式,因为综合课的任务之一就是句型/语法点/语言点的教学。综合课教材的编写,大都由课文、生词、语法/注释、练习几个部分组成,教学环节可以是"生词—语法—课文—练习",也可以是"生词—课文—语法—练习"。吴中伟等(2009)把综合课的"展示—练习—表达"(大 3P)的教学过程大致概括如下：

A.生词教学：展示生词——练习生词

B.语法教学：展示语法——练习语法——（表达）

C.课文教学：展示课文——练习课文——（表达）

D.练习甲：单项练习

E.练习乙：综合练习

其中A、B、C大致是展示阶段，D是练习阶段，E是表达阶段，但在每个阶段内部又可以包含3P（小3P）。他们举了一个"情态补语"（语法）教学的例子：

A.展示。

a. 结合课文，或者结合语境导出情态补语句（如"他跑得很快"、"他来得很早"、"他骑自行车骑得很快"等）。

b. 让学生把课文里含有情态补语的句子找出来。

c. 概括情态补语的三种格式"V得C"、"VOV得C"、"OV得C"，板书，分别举例。

d. 讲解情态补语的意义。

e. 强调在使用情态补语时需要注意的几点。

B.练习。

a. 完成句子，如：他说汉语说得____。/他跳舞跳得____。/……

b. 组词成句，如：他　起　床　得　早　很　起

c. 看图说话，要求对图片中的行为做出评价或描述。

d. 改错，如：*他每天睡觉得很晚。

练习的方式可以是多种多样的。

C.表达。

如：请用情态补语句描述你的一个朋友。

3P基本上是一个以语言形式为核心的课堂教学模式，在课堂教学中，教师注意力主要集中在学生对语言形式的掌握上，而非表达的意义和内容上，为此吴中伟等（2009）提出可以在"展示"和"表达"阶段引入任务以加强活动的真

实性和交际性，改进3P模式。

另一种与PPP模式相对的是PACE模式，即Presentation（展示）、Attention（注意）、Co-construction（师生共建）、Extension（扩展）。这是一个首先让学生通过情景关注意义/内容，再到形式构建的模式（可参阅陕倩倩，2010；郭晓冬，2011）。

二 听力课教学模式

（一）听后理解

通常听力课采用的教学模式都是"听后理解"，也就是说教师先通过录音或朗读等方式展示所听语言材料（也有的先学生词，接着听录音），语言材料可以是句子、对话、短文等，然后学生根据自己听后的理解完成不同的练习，包括判断正误、选择正确的答案、填空、回答问题等。如：

（1）我想去办个信用卡，今天下午你有时间吗？陪我去一趟银行？（录音）

他打算下午去银行。（√）

（《新汉语水平考试模拟试题集》（四级），北京语言大学出版社，2010）

（2）从我看到她的第一眼，我就坠入爱河了。

问：通过这句话，我们可以知道什么？（录音）

A.他掉到河里了　　B.他爱上别人了（√）

C.他很喜欢游泳　　D.他救了一个人

（《HSK（初、中等）真题及分析》，北京语言大学出版社，2006）

一般来说，展示语言材料可以放一两遍录音，待学生做好练习，可再放一遍让学生核对一下答案（考试时情况不同）。"听后理解"的目的是帮助学生逐步提高对语言材料（词语、句式、句子和段落意义）的理解能力，最终形成语感，也"训练或培养学生的预测、选择、联想、猜测、推断等理解策略"（谭春健，2004）。采用这种模式教学，有时学生会因为某个词语不懂或缺乏背景知识和语境支撑而在听的过程中"卡壳"，无法对输入的信息根据自己的"已知"在大脑中进行有效的分析、整合、匹配、推测等进而完成解码，于是有学者就提出在听力教学中应该注意引导学生利用、调用大脑中已有的旧知（已理解的、先理解的）去帮助理解所听材料（未理解的）（吴勇毅，2003）。在听之前先建立起与当下语料相关的背景知识，会有助于克服听力障碍。

（二）理解后听

与“听后理解”相对的是“理解后听”的教学模式（谭春健，2004），即教师先给学生展示、讲解一段新语料（重点在“形式—意义”的匹配），让学生在理解语料意义的基础上，仔细听辨此种“形式—意义”的匹配是通过怎样一种声学层次上的定式传递的。换句话说，就是让学生头脑中已建立起的“形式—意义”的匹配再和汉语的语音匹配起来，建立起学生关于汉语的声音感应和定式。课堂上学生的主要活动方式是“理解—听—内化—形成定式”，通过这种方式逐步提高学生的听力水平。“理解后听”的教学分成四个步骤（引自谭春健，2004）：

1.展示、观察、理解。

教师通过多媒体技术或板书向学生展示情景、语料及语料的结构形式，使学生观察、理解所展示的语料和结构形式，体会这些形式是如何传达某种意义的，此时学生的注意力集中于语言形式和意义的匹配上。

2.听觉输入。

此阶段主要引导学生听辨某种意义是如何在语流中运用和表达的。注意声调、语调、重音、停顿、语气等声学层次上的因素。

3.反复操练。

学生有机会反复操练他们在前一阶段所观察到的和所理解的语言形式。对此可进行正常语速输入/非正常语速输入、标准音输入/非标准音输入、男音输入/女音输入、老人音输入/儿童音输入、杂音相伴输入/无杂音相伴输入等。这一阶段学生将进一步体会在不同的语调、语速以及杂音相伴下如何通过语段范式来理解规约意义，充分发挥学生的认知主体作用。

4.语段框架负载新信息，边听边理解。

在这个阶段，向学生输入已掌握的语言形式所负载的新信息，使学生有机会对所掌握的语言形式和节奏感加以证实和运用。如框架“……对……着迷，……从……的时候，就开始……了”可以负载新信息如下：“我对唱歌很着迷，我从小学的时候，就开始唱歌了”、“李先生对喝酒很着迷，他从大学的时候，就开始喝啤酒了”，让学生进行听辨。

采用这种“理解后听”的教学模式，从训练的角度看可能比较有效，但在某种程度上与真实的交际过程不够吻合，这是我们要注意的。

三 口语课教学模式

语音训练是口语课最基本的任务，它“不仅要让学生掌握词语的声、韵、调，还要掌握音变、轻重音、儿化及韵律，否则语言生硬，或洋腔洋调”（孙雁雁，2009）。针对汉语学习者在语流中容易出错的情况，孙雁雁（2009）提出基于多媒体初级口语课堂的教学模式：把多媒体引入口语课堂，在传统方法的基础上，配合虚拟场景，把不同音质、音长、音强、音高的发音都在情景句中充分展示给学生，使学生视觉与听觉共用，扩大学生句子音学习范围，帮助学生理解不同音高、音长、音强所包含的不同意义，最后由学生自己的发音器官将不同的句子表达出来。其教学步骤举例如下：（1）给出所要学习的句子的读音，如“在右边的第四个房间”。首次给出的读音没有任何主观感情，也没有任何句重音。（2）待学生大都能准确地说出后，开始进入不同情景进行不同句重音、不同语速的练习。先将场景设在居住区，借助 Flash 交代主人公小王及其邻居们，然后向小王的邻居们打听小王的住址。第一个邻居正急匆匆地走着，似乎有急事，他的回答很快，每个字都像快速落下的雨滴；第二个邻居是楼长，他对每个住户的情况都了如指掌，而且他觉得回答这样的问题是他分内的责任，因此他答得清楚、干脆，“右”、“四”这两个字发音加重；第三个邻居是个退休老人，刚提着鸟笼悠闲地走出家门，他的回答很耐心、很清楚，“右”、“四”这两个字发音加重，尾音拖长；第四个邻居刚搬来没多久，还不是很确定，但很热心，他边想边说，速度较慢，除了“右”、“四”这两个字发音加重外，句尾音上扬。（3）同一个句子，给出四种不同的发音并经过一定量的师生互动集体操练后，再通过设备给学生提供单独消化的机会。学生可以随时自己录音并与课件发音进行对照，也可以替代录音中的不同邻居进行模拟会话练习。在这一过程中教师要对学生的发音进行监听，并在与学生的一对一互动中及时个别纠正。(4)进行课堂分组实际操练，达到学生之间在互动中自如控制发音器官，自如选择相应的句子发音。在以上师生集体互动、师生一对一互动、生生互动等多种互动过程中，学生不是在机械模仿练习，而是通过不同的情景理解不同的句子音并将自己融入其中，替换情景中的不同角色进行虚拟意义的交际，在有意义的一次次虚拟交际中掌握不同句子的发音，从而逐渐获得汉语的语音感觉，最终达到语境中正确自如发音。

许多汉语口语教材都是以“话题”为纲编写的，杨惠元(2007)主张根据单元练习话题，一个单元一个话题，同一话题设计出不同情景的课文，从简单到复杂，而且细化交际的目的、场合和对象，设计的情景越具体越便于学生模仿。我们以话题“请客”为例，来展示这种课堂教学模式的操作步骤(引自杨惠元，2007)：

话题“请客”(请客的目的是联络感情还是有求于对方，是请客人来家里还是去饭店，请的人是老师还是朋友，是男女朋友还是普通朋友，客人接受邀请还是拒绝邀请等等。先给学生示范课文，然后学生模仿示范课做练习)：

(一)学习示范课文，教师讲解、领读，学生两人一组对话、理解和记忆。

1.话题：请客

情景：A是日本学生，打电话请B老师吃饭。B同意去。

功能：邀请/接受邀请。

A：请问，是张老师吗？

B：我是。你哪位？

A：我是长岛，您明天晚上有空儿吗？

B：有事吗？

A：我想请您和您的夫人吃晚饭。

B：不要破费了吧。

A：您别客气，我太太从日本来了，她也想见见您和师母。

B：在哪儿？

A：明天晚上6点，我们在香味餐厅门口等您。

B：好，我们一定去。

2.话题：请客

情景：A是外国人，B是中国人，他们是普通朋友，A请B吃饭，B不能去，改天另约。

功能：邀请/婉言谢绝。

A：小王，明天晚上你有空儿吗？

B：什么事儿？

A：我想请几个朋友聚一聚，吃顿便饭。

B：实在抱歉，明天我得去医院看我叔叔，他病得很重，明天晚上轮到我守护。你们聚会吧，我就不参加了。

A：你不参加多没意思啊！我还没通知别人，改天另约吧。

B：这样也好，以后再约。

A：再见。

B：再见。

3.话题：请客（以下略）

（二）学生练习，两人一组根据下列情景准备，然后汇报表演，教师和其他学生评判、纠错。

话题：请客

1.情景：你打电话邀请老师吃饭，顺便请教学习方法。老师同意去。

2.情景：你请中国朋友吃饭，他不舒服，不能去。

3.情景：中国朋友请你去他家吃饭，你很高兴。

4.情景：你的生日邀请同学参加你的生日晚会，他愿意参加。

5.情景：你请同班同学星期天去公园，他同意。

6.情景：你请同班同学星期天去公园，他不同意。

杨惠元认为，通过这样的单元训练，学生对“请客”的话题就能掌握得比较扎实，说出话来恰当得体，能很好地完成交际任务。

在社会生活中，人们的交际活动往往是为了完成某个“任务”。吴勇毅(2005)提出了一个跟以往完全不同的、任务型口语教材编写和课堂教学模式。在这个模式中不再有课文和练习两大板块之分，而是以任务统领全课，“课文”已不是传统意义上的“样板”(model)，而是任务链中的一环(输入的语言材料)。“学生在执行或完成这些任务的过程中接触语言、学习语言和使用语言”(程晓堂，2004)。下面是他举的一个例子：

主题：招聘(财务类)

目标：聘用一位公司会计(做出一个决定)

语言输入(语言材料)：9封报纸上刊登的求职个人自荐——求职信(见附件)

语言现象的处理：(略)

完成任务的形式：小组活动为主(组成类似各个公司的人事部)

任务(各种“子任务”构成“任务链”，形成总任务)：

(1)讨论确定公司的招聘要求。

(2)阅读求职信。

(3)讨论分析比较求职人员的情况，再对照公司的招聘要求，从9人中挑选3—4位面试。

(4)打电话通知他们在何时来公司面试，如人不在，电话留言。

(5)举行面试，招聘双方自我介绍与互相提问。

(6)汇总面试情况，讨论决定聘还是不聘，聘的话，哪一位是最佳人选。聘与不聘都要说出理由。如有意见分歧，要尽量说服他人，形成一个决议。

(7)由一两人汇总小组的意见，写出一份报告。

(8)各小组代表向全班口头报告各自的招聘决定，并申述理由(类似向总经理或董事长汇报)，可提问和解释说明。

(9)电话通知本人。

延伸任务：根据自己的志向，写一封类似求职短信(可出一个墙报)。

附件：

XM113791 女，37 岁，本科，会计相关证书全。从事各行业会计 15 年，敬业且责任心强。熟中小私营企业全套会计记账纳税申报工作，擅税务策划和财务分析。诚觅中小私营企业兼职会计，薪低。136 ********
XM113792 女，52 岁，退休。从事会计工作近 20 年，任主办会计多年，能独当一面，独立完成全套财务处理，懂电脑。会网上申报、电脑开票等。觅私企专兼职企业会计。拒保险推销。139 ********
XM113793 女，38 岁，英语、日语流利，本科注册会计师，熟悉外企、代表处及进出口贸易会计，准确领会外国投资者对会计报告的需要，诚觅外资公司、代表处、进出口公司兼职会计和财务顾问。135 ********
XM113794 女，45 岁，内退，持相关证书，从事会计工作 10 年，能独立完成整套财务处理、报表编制、纳税申报，电脑开票。觅专兼职财务工作。住漕河泾地区。免四金。138 ********
XM113795 女，26 岁，沪籍，未婚。财大本科，英语六级，会计师。胜任进出口会计主管，熟税金减免、私营、外企、进出口会计等税务申报，熟人事政策，会电脑，可代办四金缴纳。觅兼职会计和人事。131 ********
XM113796 男，34 岁，本科会计师。长期为各类企业提供全盘财务处理、纳税申报、成本分析、税收策划服务。精最新财税政策法规，与工商税务有良好沟通协调能力。薪 3000 元起。拒保险。133 ********

XM113797 男,33 岁,本科助会。十余年工商财务经验,熟整套财务处理、各类报表及纳税申报。熟内控制度及成本核算,熟财务、办公软件。熟税收法规及财务分析,能出差,觅相关职位。常驻外地亦可。139 ********
XM113798 女,51 岁,退休。历任会计主管,财务总监。通晓税务法规,精全套财务,熟电脑操作,自有用友软件,财务经验丰富,能合理避税。诚信敬业。觅商贸企业专兼职会计或财务顾问。浦东新区尤佳,拒保险。139 ********
XM113799 女,46 岁,协保,助理会计,从事财务工作二十余年,经验丰富。熟相关财务法规,精通整套会计账务处理。能会计电算,证件齐。诚信敬业,品貌端正,善沟通。觅专、兼职会计。137 ********

这个任务类似真实世界的活动,是学生离开学校进入社会很可能要做的事(或是作为求职应聘者,或是作为招聘录用单位),材料也完全是真实的,来自报纸。有多种语言技能的参与,但主要是口头交际和表达。它以集体/小组活动为主,也可以有个人独立完成的事情。活动中有信息差、意见差和推理差,任务完成后有一个结果(outcome),即要做出一个录用决定。

四　以"交际任务"为基础的短期教学的课堂模式

马箭飞(2000)在编写交际任务大纲的基础上,提出了以交际任务为基础的课堂教学模式,下面以交际任务项目"了解或说明某旅行安排"为例,介绍这一模式的操作步骤。

(1)准备活动

明确任务目标——了解旅行安排

猜想该项任务可能涉及的范围——旅行线路、价格、景点、时间等

激活自己与该项任务有关的经验——曾参加过的一次旅行

(2)**概括性活动**

提出或找出大意——该项旅行安排的基本内容

理清程序——旅行安排涉及的各项内容的顺序

提出或找出各程序的结论或小结性论述——旅行安排中各项内容的大意

(3)**细节性活动**

确定专项信息——该次旅行经过的每个地点

信息分类与组合——旅行中吃住行等的具体价格

产生结果——完成一份旅行计划表

(4)**语言性活动**

找出语体特征——广播旅行广告或旅行布告

句法特征——将来发生的动作行为的表示法

词汇特征——表示饭店设施的类义词、表示景点的形容词等

(5)**结尾活动**

做决定——参加旅行或放弃旅行

对提出的问题进行讨论或辩论——旅行价格过高

表演与复述——复述该旅行安排的主要内容

扩展到其他任务——向朋友推销该项旅行,说服朋友参加

对任务的进一步探索——讨论旅行的好处

马箭飞强调,根据交际活动或交际任务类型的不同,完成课堂交际活动的步骤也是不同的,进行课堂活动时不可能强求一致。

五 远程教学模式

现代科学技术的发展,尤其是通讯技术的突飞猛进,使我们可以打破时空的限制,超越时空进行远距离汉语教学。郑艳群(2004)、黄荣荣(2005)介绍了日本早稻田大学开发的"Tutorial 汉语远程教学模式"(Tutorial Chinese Distance Instruction,简称"TCDI 模式"),它是一种结合传统课堂的远距离课堂教学模式。

这个模式的课堂形态一般是一名教师加上 4—5 名学生，进行小班化“异地、同步、实时”的口语教学。师生分处两地，如教师在北京，学生在日本境内，通过网络及视频设备——英特网以及网络可视交流系统（Polycom ViaVideo，电话会议系统）实施教学。课后，师生在网上交流、互动（如学生提交作业、提问，教师批阅作业、解答问题等），网站内部设立的电子公告栏（BBS）和 E-mail 也是师生交流的园地。参加课程的学生一般有一定的发音和词汇量的基础。上课时，教师与学生在屏幕上可以实时地看到对方的影像并自由地交谈，如图所示（图 5—6）：

图 5—6

其教学流程如下（图 5—7）：

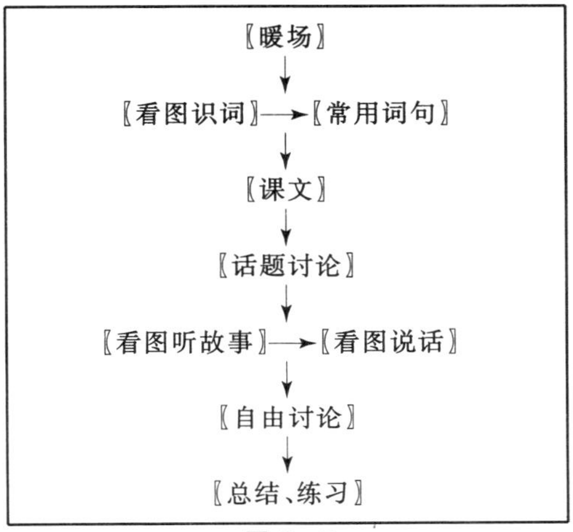

图 5—7

TCDI是口语强化课程，对教学的要求是：教师必须是以汉语为母语的人，而且课堂上只能使用汉语；上课时不能依赖教材，教师要用启发、推想和引导等教学方法完成语言交际任务；以完成交际任务为主，不计较语音、语法等小问题。

TCDI模式以培养和提高学习者的汉语口语交际能力为主要教学目标，使用以话题为纲编写的教材《Tutorial汉语课本》，课本按照社会生活（交际任务）分为22个主话题（教学内容），每个话题一课，包括自我介绍、兴趣爱好、打工、气候、风俗文化、居住、穿着、旅游、购物、饮食、大学生活、暑假的回忆、我的理想、体育运动、出事、手机、养宠物、医疗卫生、政治、经济、国际关系、新闻与媒体。上课前，教师须将每课的主话题预先进行细化，设置出适合学习者水平的、匹配教学时间和进度的子话题。比如，话题“饮食”，教师在实际教学中设置并使用了四个子话题和一个交际任务：

(1)你一般会在什么地方吃饭？

(2)比较食堂、餐馆和在家吃饭的不同。

(3)中国菜和日本菜有什么不同？

(4)在你们国家的饭桌上有什么讲究？

(5)交际任务：使用给定关键词表演一次请客吃饭。（附近，点，请客，正宗，喝，结账，服务员，饮料，菜单）

四个子话题逐个递推，难度也逐渐加大，而学习者会顺着教师所设置的“梯子”，一步一步地深化自己的汉语表达。由于是小班，教师可以结合话题充分进行个别化教学；又由于是在类似于面对面课堂的环境中进行教学，练习方式也可以多种多样，如看图说话、看图听话并复述、话题接龙、话题表演、连词成段、自由讨论、分组对话等。TCDI模式将传统课堂教学与远程教学的特点融为一体了。由于TCDI是远程教学，因此它容易使师生产生“由物理上的距离感导致的心理距离感，由技术原因导致的反应延迟感”，这些都对教师的组织、掌控远距离课堂的能力、临场应变的能力、创设语言环境的能力等提出了很高的要求，而网络环境、教学（媒体）设备又是实施教学所必需的外部保障条件。

第四节 教学模式的构建与选用

教学模式的建构大致可以通过两条途径(或者说两种方式):归纳和演绎。通过演绎的途径形成教学模式,就是先依据某种教育教学理论或学习理论提出假设,进行推演,设计/构建出教学模式,提出操作程序和教学策略,然后经过反复实验(即教学实践)去证实其有效性和合理性,并根据实验的结果去进一步完善所构建的模式,乃至修正其理论。在建构主义(constructivism)学习理论(人与周围环境的互动及相互作用,不断同化、顺应使其认知结构和能力获得发展)和教学理论基础上构建起来的教学模式——“以学生为中心,在整个教学过程中由教师起组织者、指导者、帮助者和促进者的作用,利用情境、协作、会话等学习环境要素充分发挥学生的主动性、积极性和首创精神,最终达到使学生有效地实现对当前所学知识的意义建构的目的”(何克抗,1997),就是通过演绎途径建立起来的,如支架式教学(Scaffolding Instruction)、抛锚式教学(Anchored Instruction)等。通过归纳的途径形成教学模式,就是以教学实践为基础,从成熟的教学经验中总结、提炼而成的教学程式,也有人称之为“套路”(乔玉香,2002);若进一步提升则可能形成教学理论。我们以任务型语言教学为例。在第四章中我们已经介绍过,任务型语言教学始于英籍印度语言学家珀拉胡在印度班加罗尔地区所进行的教改实验。尽管珀拉胡的教改实验起始于交际教学思想,但它以任务为核心形成的独特的教学模式却是在教学实践中逐步构建起来的,是另一种教学路子(approach)。吴勇毅(2006)认为,尽管我们可以把任务型语言教学视为交际语言教学的一种,但事实上,两者存在着许多差异。他还具体阐述了两者的不同之处。魏永红(2004)从语言学基础(系统功能语言学)、学习论基础(皮亚杰的认知发展论、布鲁纳的发现学习论、奥苏贝尔的意义学习论、社会建构主义学习理论)、教学论基础(活动理论)三个方面阐释了任务型语言教学的理论基础,可视为对这一教学模式的概括和理论提升。

要构建一个完整的教学模式就必须弄清楚其基本的结构要素有哪些，这些要素彼此之间的相互关系如何，不管你是采用"四要素说"、"五要素说"还是"六要素说"(参见本章第一节)。要强调的是，教学模式的构建是为了更有效地实现教学目标，达到教学目的，因此在构建方式上要有自己的创造性，也就是说它有没有实现教学目标的独特途径，这也是一个教学模式能否确立并且区别于其他教学模式的关键。另外，侧重点各异，构建的教学模式也会不同，教学理论不同、教学目标不同、教学对象不同、教学类型不同、教学范围不同、教学时间不同，都是可能导致教学模式不同的潜在的影响因素。

一个教学模式无论以何种方式、通过何种途径形成，最终必然要在课堂上加以实施，在实施过程中(教学过程)，教师、学生、教学内容(教材)、媒体手段和教学环境之间会依据模式的设计产生不同形式的互动(不同的教学模式有不同的特点)，在互动和相互作用中实现教学目标。

吴勇毅(2009)指出，要形成一种汉语作为第二语言或者汉语作为外语的教学模式，必然会涉及以下五个问题：设定什么教学目标/学习目标，培养何种能力(语言能力、交际能力、跨文化交际能力)；在教学中，如何处理语言和文化的关系；在教学中，怎么解决语言和文字的关系；在教学中，如何协调语言知识传授和语言技能训练的矛盾，包括知识传授的核心和技能训练的重点；在教学中，怎么解决课型设置与技能训练的配合问题。我们认为还应该增加一点，即采用什么样的教学程序和策略进行教学。无论是教学模式的改革或者创新，都必然会在上述问题中寻求突破点。

对大多数一线教师，尤其是那些刚入门的新手来说，自己构建一个教学模式也许不太现实，或许时机还不太成熟，那么更重要的就是选择和运用已有的教学模式。郝志军、徐继存(2003)从教育学的角度建议，应该：根据教学目标选择或运用教学模式；根据教学内容的性质选择或运用教学模式；根据学生的年龄特征和知识、智力水平选择或运用教学模式；根据教师自身特点来选择教学模式；根据教学的物质条件选择或运用教学模式。从汉语作为第二语言/外语教学的角度看，我们认为还应增加一点，即根据学习者的母语和文化背景来选择教学模式。邱军(2009)讨论了汉语教学环境与教学模式的关联性以及环境对教学模式的制约作用,她把教学环境分为四种类型,对我们选择教学模式具有很好的参考价值(图 5－8[①]):

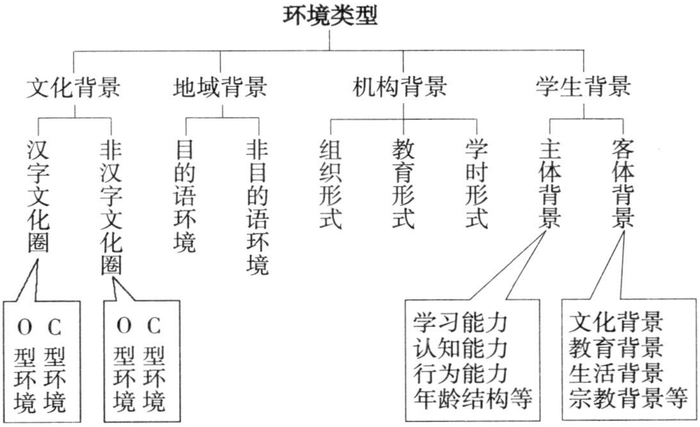

图 5－8

教学模式具有程式化的特点,如有相对固定的操作程序等,它容易使教师的教学都按照一个"套路"走,可以起到规范教学的作用。但与此同时,它又"企图把教师的思想和行为统摄在一定的程式里,这容易使教学模式限制教师的视野,扼杀创造精神"(李雁冰,1994)。刻板地固守某种教学模式,而又不根据教学环境的变化加以变通,就会把教学框死,让教学失去活力和创造性,使得原本千变万化、生气勃勃的课堂变得枯燥乏味,味同嚼蜡。这里就有一个所谓程序化与反程序化的问题(赵春秋,2010),反程序化的核心是教师应该根据课堂教学的实际情况,不墨守成规,灵活并且创造性地运用既定的教学模式,在运用过程中充分发挥自己的主观能动性,根据自身的特点,形成运用同一模式的不同"风格版",同时也能发现模式中的不足,尽量弥补。

① 引自邱军,2009。她对 O 型环境和 C 型环境的说明是:在两类文化圈中都有相对封闭的母语文化环境,我们称之为 O 型环境,该环境呈现本土的主流文化特点,其中的汉语学习者被称为日本学生、韩国学生、美国学生等。两类文化圈也都存在 C 型环境,即有中国文化的部分影响和浸润,该环境呈现二元文化特点,其中的汉语学习者为华裔日本学生、华裔韩国学生、华裔美国学生等。

思考

1.试分析综合课中PPP模式的特点和优劣。

2.远程教学模式在哪些方面体现了科技对教学模式的影响?

3.参照邱军(2009)关于环境类型的分类,具体分析你学习/从教的教学环境的特点。

4.你怎么看待教学模式程序化和反程序化的问题?程序化和反程序化对新教师来说各有什么利弊?

任务

1.通过采访汉语写作课教师或查阅相关文献,谈谈汉语写作教学有哪些主要模式。

2.选择几种不同年代出版的泛读(阅读)教材,概括出泛读教材的不同编写模式。

3.根据马箭飞(2000)以交际任务为基础的课堂教学模式,设计"说明/介绍本国一个节假日"这一交际项目的课堂操作步骤。

4.采访几位初级班的教师和学生,向他们简单介绍"语文一体"、"语文并进"和"先语后文"、"语文分离"两种不同教学模式,了解他们对这两种不同教学模式的看法。

第六章　教材的选择与使用

教材是涉及授课内容的各种材料，在教学活动中占有重要地位。教材必然反映一定的教学理论，是课程设计和教学大纲的具体体现，为课堂教学和测试评估提供了依据。选择适当的教材对于教学的成功具有重要意义。

教材不是简单意义上的“语言范本”或者“操作手册”，教材的根本价值在于作为引发学习的刺激物、展开教学活动的平台。我们选择教材，首先应该从这样一个理念出发。

选择教材有两个层面，一是选择合格的教材，二是选择合适的教材。“合格的教材”就是符合一般意义上的汉语作为第二语言/外语教材编写规律的教材；“合适的教材”就是适合特定的教学对象、教学环境和教学需求的教材。合格是前提，教材不合格，就谈不上合适。但是，合格的教材不一定就是合适的教材。

第一节　教材的选择

一　教材的多样性

教学需求的多样性决定了教材类型的多样性。由少数几部教材包打天下是不现实的，也是不合理的。教学对象、教学目标、教学环境、教学条件等诸多方面的不同，形成了教学上复杂多样的需求，从而对教材提出了多样化的要求。粗略地概括一下，从教学类型的角度来看，教材大致可以分为以下几类：

从适用的教学性质类型来看，可以分为“汉语言”本科教材、预科教材、长期进修教材、短期速成教材等。

从针对的学习者年龄来看，可以分为儿童教材、少儿教材、成人教材，或小学教材、初中教材、高中教材、大学教材等。

从针对的学习者学习方式来看，可以分为常规（课堂教学）教材、个别辅导教材、远程教学教材、自学教材等。

从依据的学习者汉语水平来看，可以分为初级教材、中级教材、高级教材等。初级教材又可分为零起点教材与非零起点教材，中级教材又有所谓准中级教材与中级教材之分。

从交际技能培养的侧重点来看，可以分为综合教材（四项技能综合训练的教材、听说教材、读写教材）、专项技能教材（听力教材、口语教材、阅读教材、写作教材）等。

从针对的学习者学习动机和目标来看，可以分为一般（语言）目标教材、文化教材、专门目标教材（商务汉语教材、医用汉语教材、科技汉语教材、旅游汉语教材）等。

从针对的学习者母语文化背景来看，可以分为通用教材、语别教材、国别教材。另外，还有专门针对华侨、华人编写的华语教材等。

从针对的学习者学习环境来看，可以分为来华留学教材（汉语作为第二语言教材）、海外汉语教材（汉语作为外语教材，包括中国为汉语作为外语学习环境编写的教材，以及本土专家学者自己编写的教材）等。

从教材的形式来看，可以分为纸质教材、多媒体教材（视听教材、视听说教材、网络教材）等。

显然，对于特定的教学活动来说，需要的教材是上述各个不同角度分析结果的组合，如面向儿童的汉语口语初级教材、对日短期速成商务汉语口语中级教材等。

即使是面对同样的教学需求，由于编写的理念（语言学、语言学习、语言教学、教育学等）、风格和体例的不同，又形成了不同的教材类型。如结构型教材、功能型教材、结构—功能型教材、主题型教材、情境型教材、任务型教材等。

由于汉语学习人数的迅速增长和教学需求的多样性，就形成了教材出版数量的猛增而教材需求却仍然不能得到充分满足的矛盾。一方面，各种各类教材层出不穷，琳琅满目；另一方面，当我们在为特定的教学项目和教学对象选择教材时，又往往感叹“没有合适的教材”。所谓“没有合适的教材”，可能是找不到充分适应某一特定学习者特点的教材，也可能是找不到符合教学者的特定教学理念的教材，还有可能只是找不到令人完全满意的、高质量的教材。汉语国际传播和推广中，存在的“三教”瓶颈，教材是其中之一（另外两个是“教师”和“教学法”）。

面对这一矛盾，消极等待是不行的，我们不能指望天上会掉下我们想要的“馅饼”。教师必须具有开发教学资源的意识和能力，具有创造性地利用现有教材进行合理补充、调整及整合的能力。

二　“合格”的教材

所谓“合格”的教材，就是符合汉语作为第二语言/外语教材编写基本原则的教材。这些基本原则主要包括科学性、实用性、针对性、趣味性等。

科学性是指教材中所教学的语言典范、地道/真实，对语言现象的概括解释准确得当，文化取向恰当，语言教学内容的选择和处理符合学习规律和教学规律，教学内容循序渐进，教材框架合理，具有逻辑性和系统性。

实用性是指教材的教学目标符合学习者的学习需求，所选择的内容、语境、话题贴近学习者的生活和社会实际，通俗地说，要说得到、用得着，教学内容和处理方式有助于切实有效地提高学习者实际运用语言的能力。

针对性是指教材有明确的使用者/学习者定位，内容选择和处理方式要针对教材使用者/学习者特点，教学重点选择准确，处理方式恰当有效。

趣味性是指教材的教学内容对学习者具有吸引力，编排方式生动活泼，有助于保持和激发学习者的学习热情，能提高他们的学习兴趣。对不同年龄段、不同学习目的、不同文化背景的学习者来说，教学内容的趣味性是不同的，这一点尤为重要。

一部教材在多大程度上遵循了上述主要原则，决定了该教材是否称得上是“合格”的教材，乃至“优秀”的教材。

具体来说，我们可以着重从总体设计、课文内容、语言处理、练习编排、外观等几个方面来考察一部教材在多大程度上遵循、体现了上述原则，具体参见表6—1。

表6—1

总体设计	1.有明确的使用者定位。
	2.有明确的技能训练目标定位。
	3.以培养语言能力和语言交际能力为导向。
	4.相应的教学难度定位合适。
	5.相应的教学容量定位合适。
	6.遵循的编写原则比较科学。
	7.反映出的教学法思路比较明确、完善。
	8.有必要的配套材料。
课文内容	1.内容真实实用。
	2.内容生动有趣。
	3.语言典范精练。
	4.语言自然流畅。
	5.语言难度适当。
	6.语域选择准确。
	7.文化取向恰当。
语言处理	1.教学难度循序渐进。
	2.教学内容针对性强。
	3.语法和词汇复现率高。
	4.语言要素教学的处理方式科学、恰当。
	5.吸收语言教学和语言学习研究的新成果。
	6.兼顾形式与意义，结构与功能。
	7.说明文字准确、清楚、通俗、规范。
	8.翻译准确、流畅。

（续表）

练习编排	1.与教学内容关系密切。
	2.目标明确，方法科学。
	3.形式多样，数量适当（但以量大为好）。
	4.教学上可操作性强。
	5.难度上有层次。
	6.兼顾机械性操练和交际性活动。
外观	1.开本合适。
	2.版面生动。
	3.印刷精良，明朗醒目。
	4.插图与教学内容配合密切。
	5.字体、字号与教学内容和语言水平相适应。

在实际教学中，选择教材时也会参考教材已有的影响力，如该教材是否有权威推荐、编写者的知名度以及目前在同类教学项目中的使用情况等。

三　“合适”的教材

教材质量合格，只是选择教材的前提，合格的教材不一定是“合适”的教材。选择教材的另一个基本出发点是教材的适用性，即所选择的教材是否适用于特定的教学需求，具体来说，包括三个方面：适用于特定的学习者、适用于特定的教学者、适用于特定的课程体系和教学环境。下面我们就从这三个方面做简单分析。

（一）学习者

学习者因素包括学习动机、学习条件、目标任务、文化背景、语言背景、目的语水平、年龄、个性、学习风格、学习策略等。在选择教材时，我们首先要考虑这样一些问题：教材设定的教学目标是否与学习者的学习目标一致，教材内容是否符合学习者的兴趣；对于特定的学习者而言，教材的难度是否恰当、容量是否合适，教学内容的处理方式是否妥当、是否体现学习者的目标任务，教学内容在文化上的可接受性如何；等等。

比如，一些学习者仅仅需要发展听说技能，而不需要具备读写技能，他们希望集中精力提高听说水平。对于这样的学习者，我们需要为他们寻找的不只是一般的听说教材，而且应该是一套以纯拼音形式呈现的教材。而对于一些技能发展不平衡的华裔学习者来说，他们的要求可能恰好相反，其听说能力已经相当强，但是读写能力很差，甚至不认识汉字。对于这样的学生，我们需要寻找一套重在培养读写能力的教材，而且，这种读写教材应该跟用于一般的汉语非母语背景的学习者所使用的读写教材有所区别，但也不是一部单纯的汉字教材。

（二）教学者

选择什么样的教材，还跟教师的教学理念有关。如上所述，教材的类型一方面取决于教学需求，另一方面还取决于教学理念。不同的教学理念会形成不同的教学法，也必然会产生不同的教材，如听说法的教材跟交际法的教材无论从哪个方面看都很不同。教师自然会倾向于选择与自己的教学理念相契合的教材，这有利于发挥其所长，达到更好的教学效果。

另外，教材在教学中是否好用，也是教师衡量教材适用程度的一个重要方面。所谓“好用”，包括：教材是否提供尽可能完备的教学材料，如是否配备必要的音像、影像资料，是否有教师用书，是否有网络资源的支持等；教材是否为教师根据教学要求对教学内容进行选择、增删、变通提供了空间，如有的教材提供了备选材料、补充词语等。

（三）课程体系和教学环境

除了学习者和教学者方面的因素以外，选择教材时还要看教材是否符合课程体系的总体安排和教学目标的具体要求，这大致包括以下几个方面：首先，是否符合课型安排的需求。比如，是综合教学还是分技能教学？教师必须据此决定选择不同的教材。其次，是否符合课程系统性的需求，教材体系内部的纵向衔接和横向配套问题如何。比如，某部教材是只有独立一册还是构成初、中、高系列？如果不成系列，它能否跟其他教材相衔接和配合？这些问题都是在选择教材时需要考虑的。再次，教材的教学容量是否与教学项目的总教学量基本一致。比如，一个为期四周的短期培训项目，就不宜选择需要八周才能完成的教材，也不宜采用只要两周就能教完的教材。再如，面向来华留学生的汉语教材用于国外汉语教学时往往会有不适应的情况，除了教材内容等方面的问题以外，教材的容量也是一个重要原因。通常国外汉语教学的周课时远远少于中国国内，以致一册在国内使用一个学期的教材在国外使用时可能要持续一个学年甚至更长时间，这很容易导致学生的厌倦感。

所谓教学环境，主要指三种情况：一是教学的环境是在中国还是在国外，即汉语作为第二语言学习还是作为外语学习；二是在课堂学习还是在课外或校外环境里学习；三是教学条件是否能满足教材的特定要求，如一本听力教材所配备的可能是磁带，也可能是 CD 或 MP3。

此外，教材的价格、购买是否方便等，也是影响教材选择的因素。需要特别指出的是，百分之百适合特定教学需求的教材是没有的，所谓选择的过程，就是对比的过程。一套教材“适合”于特定的教学需求，是相对于其他教材而言的。

第二节 教材的分析

在教材选定之后，起决定作用的就是教师了。如果说教材只是剧本，那么教师就是导演。一套质量上乘的教材，如果让一个平庸的教师来教，教学效果可能很糟糕；而一套质量一般的教材，如果由一个优秀的教师来教，也有可能“化腐朽为神奇”。

教师对教材的使用，可以分为两个方面：一是对教材的理解、分析，二是对教材内容的调整、改造。教师首先应对教材的编写理念有透彻的理解，对教材从总体框架到细枝末节有全面的把握，这是用好教材的前提。在此基础上，教师还应发挥创造性，根据特定的教学情况对教材内容进行反思和加工处理。本节主要讨论前一个问题，即如何分析教材。

一 把握编写理念，领会编者意图

不管教材的编写者自觉还是不自觉地以某种教学理论为指导，客观上教材必然反映编写者在教学理念上的一定的倾向性。只有充分理解教材的编写原则，把握编写原则背后的教学思想，才有可能真正理解教材的设计思路和各个项目的设计意图。对一部以结构为纲的教材，批评它没有突出功能意念项目，或者对一部以功能为纲的教材，指责其在语法项目的处理上缺乏系统性，那显然都是不公平的。在使用中，只有充分理解、贯彻教材的教学理念，才能发挥出教材的长处和特色，实现编写者的设计目标，也才有可能适当地而不是主观随意地调整教材内容，从而取得更加理想的教学效果。

教材的编写理念可能是明示的，也可能是隐含的。一方面，我们可以从教材的“前言”或“使用说明”中了解编写者的设计思路，甚至还可以通过阅读编写者或者教材使用者发表的介绍或评论该教材的文章领会教材的基本特点和设计思路。另一方面，我们还可以通过对教材中课文内容的选择、语言要素的处理方式、练习的设计编排等揣摩编写者的编写理念和要达到的目的。要对编写者的编写原则融会贯通，全面领会教材的精神本质。

比如，《体验汉语》系列教材中的《体验汉语·写作教程》(高等教育出版社，2006)，不同于一般的范文加练习的模式，而是采用“写前准备—写作任务—讨论修改—作业”的模式，这是一种任务型教学的模式。该教材并不是没有提供范文，而是把范文融入到教学过程的系列环节中。该教材特别强调的是写作过程中对学生的逐步引导，帮助学生从词语、句子到语篇一步一步地组织语言材料，完成写作任务；强调的是学生在写作过程中的体验、提高，而不是简单地关注写作的结果。理解了这一点，我们才能明白教材为什么有如此复杂、细腻的环节设计，才能在实际教学中融会贯通地处理这些环节。

再如，比较一下周小兵、张世涛主编的《中级汉语阅读教程》（北京大学出版社，1999）和高顺全、彭增安主编的《中文广角——高级汉语泛读教程》（北京大学出版社，2007）就可以发现，两部教材组织材料的基本结构有明显不同：前者以阅读技能为纲，后者以话题为纲。每课内部的组织结构也有很大的不同：前者包括阅读技能讲解和训练、阅读训练。阅读训练一般为四篇文章，篇幅较短，每篇后面有一个阅读理解练习。后者每课由三篇阅读材料组成，篇幅较长，每篇后面有丰富多样的练习，包括阅读理解性练习，也包括词汇语法练习（如选择合适的词语填空、动词和宾语连线搭配、完形填空等），不仅有"猜测词义"、"概括本文大意"这样的阅读技能训练，也有"读后讨论"、"结合文章内容，写一写……"这样的口语和写作任务。

《中级汉语阅读教程》的"编写说明"指出："本教材并不特别注重语言知识的学习，而是注重言语交际技能的掌握；在言语交际技能中，不是面面俱到，而是把侧重点放在阅读技能的掌握上。"而《中文广角——高级汉语泛读教程》的"前言"则指出："我们的初衷就是想让外国学生对中国，尤其是当代中国，有一个较为全面的了解，也是通过阅读学习中国文化的一种尝试。当然阅读教材的一个主要目的还是培养学生的阅读能力，……我们在练习中又设置了许多语言练习，这些练习有助于学生巩固所学知识，增加词汇量。"事实上，在我们看来，阅读教学可以包括三方面的教学目标：一是通过阅读激活、巩固已学知识；二是通过阅读学习新知识，综合提高语言能力；三是系统训练阅读技能。不同的阅读教材侧重点可能不同：有的主要侧重在第一方面，如课外辅助阅读材料；有的侧重在第二方面，如《中文广角》；有的侧重在第三方面，如《中级汉语阅读教程》。只有对自己的教学目标有明确的认识，才能找到真正符合自己需求的教材；只有对教材的特点有清楚的了解，才能在教学中发挥出教材的最大效果。

教材的编写意图有时并不是那么容易看出的，如不加仔细揣摩，甚至还会误解编者的意图。比如，有一部短期速成教材，每课的"语言点"部分对相关语法现象均进行了较多篇幅的说明，一些教师在教学时因此用了较多的时间来进行语法教学，可是编者恰恰并不赞同这一做法。事实上，在该教材的"前言"

里就已经说明，短期速成教学应着重提高学习者的听说交际能力，教师不应该在语法教学上花费太多时间，教材之所以把相关的语法问题写得比较详细，是考虑到可以让学生自己阅读了解，而教师应把课堂上的时间更多地用于听说活动。

二 了解教材全貌，树立全局意识

在使用教材进行教学之前，教师应该对教材有一个全局性的了解。一套教材构成了一个系统。我们不仅要把目前教学使用的某一册教材放在整个教材系统中来思考问题，而且要把目前进行的教学放在整个课程设置体系中来思考问题。面对教材，教师会想到诸如此类的问题：学生除了这一门课以外还有别的课程吗？除了这本教材以外还有别的教材吗？如果有，它们之间是什么关系？学生在使用这一册书以前用过什么教材？学完这册书以后将用什么教材？它们之间又是什么关系？

了解教材全貌有两个层面上的含义。首先是要了解全套教材的构成。一套教材内部各册之间存在着横向配合和纵向衔接的问题。其次是要了解所教学的本册内部的总体构成：有多少单元/课，单元/课之间的关系，每个单元/课内部的结构。这样，在每一堂课的教学中才能找到准确的定位，把握好每一课的教学内容的范围和分寸，既不“抢戏”，也不“丢戏”。

比如，吴中伟、高顺全、陶炼主编的《拾级汉语》（北京语言大学出版社，2007）是一套综合配套的系列教材。以其中第一级为例：第一级包括《起步》、《综合》、《汉字》三本，在使用之前，先得搞清楚这三本书之间的关系。《起步》的教学时间仅为40课时左右，与《综合》前后衔接。完全零起点的学生可从《起步》开始；学过拼音，也能简单说几句，但又没达到第二级水平的，可直接从《综合》开始。编写者主张，对于零起点学生，起步阶段不仅仅是语音教学，而应该进行日常基本会话、语音基础和汉字基础的同步教学，因此，《起步》课本中不仅有语音教学内容，也包括汉字教学的内容，以及最常用日常会话的教学内容。《汉字》教材是与《综合》教材相配套的辅助性教材。其中每一课的练习都是为“综合课”教学提供补充的，应该由综合课的教师根据需要来处理；每三课后有一“单元小结”，是专供每周单列的两课时的“汉字”课使用的，是对一周来（即完成《综合》课本三课后）所学汉字的复习、总结、巩固和拓展。从另一个角度说，这套教材之所以这样编排，有一个前提是，在课程设置上，除了每周的综合课以外，还需要为非汉字文化圈的学生专门设置一门“汉字”课，而且这两课时的“汉字”课应该是每周的最后两节。

再如，李晓琪主编的《博雅汉语》（北京大学出版社，2005）系列中的《初级起步篇 I》中有“结果补语”，《初级起步篇 II》第 44 课又有“常用结果补语小结（2）”，其中的例子有的是重复前面的，有的是新学的，这样，结果补语的教学形成了一个逐步扩展、深化的系统。教师在前后两次教“结果补语”的时候，就必须心中有数，把握好分寸。

又如，不少教材除了设“词语表”以外，还有“补充词语”，但是不同的教材对于“补充词语”的定位是不同的。有的教材把“补充词语”作为必学词语，与“词语表”里的词语同等重要；有的教材则把这些“补充词语”作为可选词语，在以后的课文中出现时仍然作为生词。显然，对于这两种不同的“补充词语”，教师在课堂上的重视程度、处理方式也应该相应不同。

三　确定教学重点，推敲教学细节

除了对教材的基本理念和总体框架有全面、准确的把握以外，对教材的细节处理同样需要有透彻的分析和理解。在每课教学之前，教师应该清楚地知道：本课的教学重点是什么，教学目标是什么；哪些内容是复现前一课或前几课的，哪些是循环深化的；哪些练习是容易的，哪些练习是比较难的；各个练习项目分别是跟什么教学目标相呼应的；等等。

以每课生词表的处理为例。初级综合教材一课往往有二十多个生词，到中高级阶段甚至可能有五六十个生词。这时候，我们肯定不能平均使用力气，必须分清主次，选择重点词语进行讲练。

再以语法教学为例。吴中伟主编的《当代中文（英文注释版）》（华语教学出版社，2003）中没有“兼语句”这个语法点，但是这并不意味着这部教材不教相应的语法现象。事实上，教材在第一册第三课就已经出现了“让”（“老板让我去中国工作”），在第六课中又出现了“请”（“我想请你喝咖啡”）。但教材编者认为，对于学生来说，“让”并不难，不管学生知道不知道“兼语句”，学习“让某人做某事”并没有多大难度；反过来说，即使学生知道了“兼语句”，但是仍然会说出“他问我去喝咖啡”（He asks me to go and have a cup of coffee）这样的句子。因此，教材为了简化语法体系，宁可删除“兼语句”这个语法点，却不惜笔墨专门为“我想请你喝咖啡”这句话做了一个注释：“‘请＋somebody＋do something’ means ask/invite somebody to do something”。这就提醒教师，在第六课教学中，需要对这个句子给予适当的关注。但同时也需要注意，第六课的“语法”教学内容是“时间表达法”和“状语”，所以，教师不应把“兼语句”作为本课的教学重点，只需把“请”作为词汇单位让学生掌握其用法就行了。

每课所涉及的汉字的写法、词语的用法、语法点的解释、课文的内容等，教师要真正弄懂弄通。没有把握的，要查阅资料或者向别人请教。只有把教材的内容吃透，才能得心应手地使用教材。

第三节　教材内容的调整

教材只是提供了教学的资源，它不是教学的终极目标。我们也许会说“这个学期我教第三册”，或者“现在我们开始学习第三册”之类的话，但是，从根本上说，我们要教的是语言，而不是教材或课本。教材是为教学服务的。在实际教学中，对教材内容进行必要的调整，是不可避免的。任何一本教材都不可能百分之百适合学习者，何况教材只是提供了一个平台，提供了一个刺激物，教师使用教材进行教学的过程本身就是一个再创造的过程。

一　教材内容调整的依据和范围

教材内容的调整主要取决于以下几个方面的因素：一是根据学习者特点对教材内容进行调整，加强教材的针对性。如根据学生的汉语水平适当降低教学要求或提高教学要求，根据学习者的学习需求和学习兴趣适当调整话题内容，根据学习者的学习风格和学习策略适当改变教学内容的呈现方式。二是根据课程体系和实际教学环境对教材内容进行调整，实现教材的本土化。如根据所在教育机构的课程设计、教学模式适当调整教材的教学目标和教学要求，根据班级人数规模、教室是否配备多媒体设备等适当调整教学内容及其处理方式，结合当地社会文化特点调整话题内容，使之更加贴近学习者生活。三是教师可以根据自己在教学理念上的倾向对教材加以改造。如主张语感教学的教师可能会补充一些背诵材料，主张任务型教学的教师可能会把一些课文进行"任务化"。教师还可以对教学内容进行适当的调整，以更好地适应其独特的教学风格，个人风格的适当凸显有助于增强个人魅力，提升教学热情，提高教学效果。

对教材内容的调整主要在教学开始之前进行。在使用教材之前，教师根据教学大纲和学习者分析，可以做出总体上的判断，如是否要降低读写要求等。在教学过程中，教师往往会根据上一单元的教学情况、学生的测试成绩和教学反馈等，对下一单元的教学内容进行有针对性的调整。有时教师也需要在课堂教学过程中根据学习者的学习情况和课堂表现及即时事件，临时调整教学计划和内容（参见第八章）。

从调整的幅度来看，有全局性的调整，即对整篇课文或整个单元的调整，也有对局部板块或某些细节的调整。从针对的教学内容来看，可以是对课文内容的调整，对词汇语法等语言点的调整，也可以是对练习内容的调整。从教学过程来看，可以打破常规的"生词—语法/语言点—课文—练习"的教学顺序，根据教学法的理念、教学的重点难点和教师的风格进行适当的调整。

二　教材内容调整的方式

调整的方式包括四个方面：强化和淡化，删减和补充，修改和替换，改变呈现方式和顺序。下面分别举例说明。

（一）强化和淡化

对于教材中的内容，有的可以在内容深度、容量、要求上进一步强化，而有的则可以适度淡化，在教学中一带而过即可。比如，一些教材的“文化点”说明，对来华留学生的教学来说，有相当一部分是可以淡化处理的，因为学生身在中国，他们的所见所闻已经让他们充分了解了有关情况，无须多做解释。再如，就初级综合教材而言，如果一课有三段对话，教师一般不宜平均使用力量，而应分别主次，重点处理其中某一段或两段。假若课文后有“听读短文”板块，如果班级里的学生是非汉字文化圈的，也许可以从“阅读”切入，然后辅以“听”，再通过“朗读”加以强化；如果班级里的学生是汉字文化圈的，或许可以从“听力理解”切入，然后辅以“阅读”，最后再通过“听后说”加以强化。这样做的目的在于针对学习者的薄弱点有的放矢地强化要求，利用学习者的优势促进习得。

有时，为了防止一些内容的不恰当处理可能带来的副作用，对课文里出现的语言现象，需要做相应的淡化处理。比如，有一部初级结构型综合教材，其中一篇课文的题目是《他们正想要去旅行呢》，语法点是“动作的进行与持续”。对初级学习者来说，重点要学习的是如何表达正在进行的动作行为，如“他在写信”、“他正在写信”，但是该课的题目是“正想要去旅行”，这句话表达的并不是动作行为的进行，也不能改说成“他们在想要去旅行呢”。在这一教学阶段，没有必要让学生掌握“正”和“在”的这类区别，因此，对这个标题就需要淡化处理，尽管是标题，但不宜把它作为本课的典型例句来加以强调。

（二）删减和补充

对教材中不合适或者不需要的内容，教师在使用中可予以压缩，甚至完全删除。有时不一定是因为不合适，而是由于学习者时间和精力的局限，对部分内容也可加以压缩或者删减。比如，某校一个企业经理的汉语速成培训项目选择了张红主编的《经理人汉语·商务篇（上）》（外语教学与研究出版社，2005）作为教材，教材的语言难度和课文内容基本上都合适，唯有其中的语法点讲解和练习部分显得有点多余，因为学生在此之前已经学完了另外一套综合教材的1—3册，对于汉语的基本语法框架都已基本掌握了。于是，在实际教学中，教师把教材中几乎所有语法教学内容全都略去，这样一来，既提高了教学效率，也更突出了教学的实用性。再如，某册教材共20课，按照教学计划本来应在七周内完成，可是由于特殊原因不得已要压缩到六周，教师只得把第五课、第十课和第十五课作为阅读课，要求学生在课外阅读，完成相关的作业，然后分别用一课时的时间进行检查和答疑。

相反，教师认为不足的地方，可加以补充，包括补充课文和补充练习。补充包括扩充和增补两个方面。前者指在原有的材料基础上适当扩展话题，补充内容；后者指增加语言项目、新的课文或练习题。比如，报刊阅读课和新闻听力课，尽管有教材，但是往往需要教师剪辑当天或近期的新闻报道作为补充材料。再如，同样一本教材，在对非汉字文化圈学习者进行教学时需要加强汉字教学的部分，而对汉字文化圈学习者进行教学时则可以增加听说教学的内容。又如，在词语教学时，可以根据学习者的接受水平，按照词语的系统性的教学原则和语义场原理，适当补充一些词语，如果课文里出现了"医生"这个生词，教师可以补充"大夫"、"护士"等。有些教材练习形式偏于单一，特别是缺乏交际性练习，在教学中，教师需要根据实际情况补充一些练习，使教学活动更加生动、更具交际性。举个例子，有一篇课文的对话是这样的：

（儿子从外面回到家，母亲向他转告一个来电）

……

母亲：还有，一个姓王的同学打电话来说，下星期一跟中文系的足球比赛推迟一天，并且提前到下午三点。他让你别忘了告诉小明。

儿子：知道了。

母亲：哦，对了，他不知道你是不是找好了拉拉队员，他急得要命，让你尽快给他回话。

……

在完成这篇课文的讲解、操练之后，教师可以补充一个"角色扮演"活动：

学生A扮演"儿子"，学生B扮演小明，A给B打一个电话；或者学生A扮演"儿子"，学生B扮演"王同学"，A给B打一个电话。

这一活动既有相当的可控性，可以促使学生运用课文里的相关词语和表达方式，又给学生提供了一定的自由发挥的空间，给他们一定的"创造性使用语言"

的乐趣。

（三）修改和替换

有时，教材中的内容对学生来说明显不适合，甚至有错误，那就有必要进行修改。比如，某教材中对于“呢”（如“你去哪儿呢”）的说明是这样的：

> “呢”用在疑问句的句末，可以使语气比较缓和。例如：
>
> When *ne* is used at the end of an interrogative sentence, the mood will be gentle and polite. E.g.:
>
> 你打算去哪儿旅行呢？
>
> 你了解不了解那儿的情况呢？

事实上，这样的解释是不准确的，“呢”在这里的作用不是“缓和语气”，而是“加强语气”，具体地说，是表示“深究”。这时，教师就有必要对教材里的说明加以修改。

有时候，我们会发现课文的内容或者练习的内容确实不合适，那就需要部分或者全部替换成新的内容。

必须注意的是，删除或替换教学内容必须慎重，特别是初级阶段的综合教材，在词汇和语法教学内容的编排上有很强的系统性，教学内容的变动往往牵一发而动全身，可能给后续单元的教学带来一定的困难和不确定性。

（四）改变呈现方式和顺序

有时，教学内容本身并没有变，但是调整了呈现的方式和教学的顺序。比如，有的教材的结构框架是“生词—课文—语言点—练习”，可是有的教师喜欢按照“生词—语言点—课文—练习”的方式进行教学，而有的教师则喜欢按照“课文—生词—语言点—练习”的顺序进行教学，当然练习也不一定非在最后，一部分练习可以分散到课文教学之后，一部分则放在语言点讲解之后。

当然，更多的情形是对于局部内容的呈现方式的调整。我们来看下面这个听力教材里的练习：

两人一组，把下面的词语分类，然后听录音核对。

Work with your partner and classify the words into different categories. Check your answers after listening.

菠菜　米饭　猪肉　绿茶　鸡肉　雪碧　饺子　青椒

饮料 drinks	肉 meat	蔬菜 vegetables	主食 staple foods

在实际教学中，教师发现这个练习存在一些问题：如果班级里都是非汉字文化圈的学生的话，他们一开始需要花比较多的时间在汉字认读上，教师需要帮助他们认读相关汉字，需要解释一些词语的意思，而当学生把这些词语的发音、意思都弄清楚以后，对“听录音核对”就不再重视了。怎么让该练习更具可操作性，更能体现听力教学的目标？我们也许可以把该练习适当改造一下：

(1)听录音，把听到的词语分类。

Listen and classify the words into different categories.

饮料 drinks	肉 meat	蔬菜 vegetables	主食 staple foods

(录音文本：菠菜、米饭、猪肉、绿茶、鸡肉、雪碧、饺子、青椒)

(2)跟同学互相核对。

Check your answers with your partner.

这样调整以后,变“先学再听”为“先听再学”,更突出了“听”,教学效果也更好一些。

思考

1.综合教材的结构框架,常见的模式是“生词—课文—语言点—练习”,你认为这一编排顺序背后的理论依据是什么?是否还有别的模式?你在教学中倾向于按照什么顺序进行教学?

2.教材对教学过程的规定是不是越细越好?你觉得现行的教材留给教师的空间合适吗?

3.你觉得现在的汉语教材存在的最大问题是什么?应该如何改进?

4.在你的学习和教学经历中,有没有让你印象特别深刻的教材?请谈谈你的感受。

任务

1.分别考察一种结构型教材、功能型教材和任务型教材,分析它们各自的特点。

2.听力课、口语课、阅读课、写作课的教学目标是什么?分别选择相应的教材,分析这些教材是如何体现其教学目标的。

3.白乐桑、张朋朋主编的《汉语言文字启蒙》是第一本明确打出“字本位”旗号的教材,试考察其上册的字词量,选择一种与之在程序、容量上基本一致的“词本位”的教材,比较两者在字词量上的差别,分析产生这种差别的原因,并谈谈你的看法。

4.设定一个教学对象并进行陈述,为该教学对象选择最合适的教材,并选择该教材中的某一课,看看哪些方面需要根据已设定的教学对象特质进行调整,并说明如何调整。

第七章　课堂教学设计

教学设计是一个系统工程，会对教学实践产生重要的影响。在对外汉语教学领域，20 世纪 90 年代，吕必松（1996）提出对外汉语教学的四大环节，第一个就是总体设计（其他三个环节是教材编写、课堂教学和语言测试），但这是一个宏观的设计。吴勇毅等（2003）的《对外汉语教学课堂教案设计》则是一个教学设计的具体实施方案。教学设计是有层次的（参见本章第一节），本章我们主要讨论课堂教学设计。

教学设计对汉语作为第二语言/外语教学来说还算是一个比较新的事物，但越来越受到重视，原因是"它在教学理论、学习理论与教学实践之间起着中介作用"（徐英俊，2001：1），它把整个教学活动视为一个系统工程来处理，可以使汉语教学更加科学、规范，其目的是产生有效的教学。有了好的教学设计和教学方案，还要付诸实施。语言教学既是一门科学，又是一种艺术，教师是其中起决定作用的因素。成功的课堂教学，不仅需要教师去设计，也需要教师去实施。

第一节　课堂教学设计的意义与作用

一　课堂教学设计的意义

（一）课堂教学

"课堂教学"这一概念与"课"、"课堂"和"教学"有关。"课"有多重含义：

或指教学科目，如“三门课”、“听力课”；或指教学时间，如“一节课五十分钟”；还可以指某一科目在一定授课时间内完成的特定内容，即“一课书”的意思，如“这一课的教案”。“课堂”从传统意义上讲是进行各种教学活动的场所。在日常生活中，人们也视“课堂”与“教室”同义，但课堂与教室又有明显不同，课堂不仅是物理空间意义上的教室，也不仅是纯粹传授和学习知识的地方，更是一个有情境、有气氛的、生动的活动场所。现代意义上的课堂已经完全超出了教室的功能，可以是远程的，甚至可以是虚拟的。“教学”一词，《现代汉语词典》(第5版)释为“教师把知识、技能传授给学生的过程”，这个定义是单向的，偏在教。其实教学是一个互动的过程，“教”和“学”是相互影响的。加涅认为教学是以促进学习的方式影响学习者的一系列事件(加涅，中译本，1999：3)，这是现代过程论和系统论的观点，也是课堂教学设计的基础。

“课堂教学”作为一个整体概念来使用，其含义不是“课”、“课堂”、“教学”的简单相加，而是有其自己特定的含义。它是一种教学的基本组织形式，是教师和学生共同活动的过程，是传授和获得知识与技能的场所，是实现教学目标和培养目标的基本途径，其核心是有效的教学活动。汉语作为第二语言/外语的课堂教学是帮助学习者掌握汉语技能，获得汉语知识，了解中华文化，进而培养其汉语交际能力，或者说综合运用汉语的能力的一种方式。作为一种教学形式，它常用来与“自然习得(汉语)”相对。

在汉语作为第二语言/外语教学的“四大环节”——总体设计、教材编写、课堂教学和语言测试——中，课堂教学是中心环节。总体设计、教材编写/选用和语言测试都要紧紧围绕课堂教学这个中心环节展开，都是为课堂教学服务的(吕必松，1996)。由此可见课堂教学设计的重要性，课堂教学的成败直接关系到学习者的核心利益，即他们学习的目的以及为达到目的而付出的一切代价。

(二)教学设计

所谓“教学设计”，是指“在进行教学活动之前，根据目的的要求，运用系统方法，对参与教学活动的诸多要素所进行的一种分析和策划的过程。简言之，教学设计是对教什么和怎么教的一种操作方案”(徐英俊，2001:7)。从教学的过程特性看，它是“分析学习需要和目标以形成满足学习需要的传送系统的全过程”(徐英俊，2001:6)。教学设计有不同的层次，崔永华(2008:4)归纳了三个层次教学设计的内容(表7—1)。

表7—1

层次	设计内容
以系统为中心的层次	课程标准、课程计划等
以产品为中心的层次	教材、多媒体教学软件、计算机教学系统等
以课堂为中心的层次	教案、课堂活动设计

我们这里主要讨论的是课堂教学设计。

(三)课堂教学设计

“课堂教学设计”是对整个课堂教学过程进行预先设计，是以课堂活动为中心展开的。它依据教学大纲所规定的目标和所选用的教材，分析特定教学对象的需求，运用教学设计的理论和系统的方法，对某一阶段、某一单元、某一指定教学内容的教学进行设计。“教学设计的最终目的是产生有效的教学”(加涅，中译本，1999:233)，它可以增强教学的针对性、提高教学效率、优化教学方案，使整个教学活动始终是在一个不断调整、优化的动态系统中运行。

课堂教学设计的主要成果就是实施课堂教学的方案，即教案。教案是课堂教学设计落于笔端、行于书面的结果。因此，课堂教学设计是教案编制的基础，而教案又是课堂教学的蓝本和操作方案，它可以保证课堂教学的顺利进行。至于课堂教学本身，则是课堂教学设计和教案的最终落实。

汉语作为第二语言/外语的课堂教学设计的内容，依据教学流程，主要包括：阐明教学目标，设定教学起点，确定教学重点、难点和教学顺序，设置教学程序，选用教学方法、课堂组织形式和教学手段，进行教学评价。

二 课堂教学设计的作用

课堂教学设计是对课堂教学的预设。课堂教学是一种有意识、有目的的教育活动，预设是课堂教学的基本特征，是必需的，因为预设是保证教学质量的基本要求（余文森，2009：47），没有预设就没有、也不可能有好的教学。

作为课堂教学的预设，有效的课堂教学设计是课堂教学成功的必要条件。它主要具有以下作用：

（一）引导作用

对教师教学来说，课堂教学设计具有引导作用。课堂教学设计是用系统的观点和方法，依据教学目标和教学对象的需求和特点，周密计划和组织各种教学活动，选择相应的教学资源和手段，建立合理的评价方案，从而使教学效果达到最优化（姜丽萍，2008：71）。可见，课堂教学设计设定了教学的预期结果，指引着教学活动的方向，能切实减少或避免教学的盲目性和随意性，对教师的教学实践具有直接的引导作用。

（二）鼓励作用

对学生学习来说，课堂教学设计不仅具有一定的学习引导作用，而且具有重要的鼓励作用。有效的课堂教学设计能引导学生注意课堂教学的重要信息，促使学习者及时将教学目标转化为自己的学习目标，从而激发、引导和维持学生自己的学习行为，使学生积极参与课堂教学活动。教学设计要符合学生的学习心理，使学生意识到课堂所开展的各项教学活动是有价值的，从而采取积极有效的措施，如有效的学习策略，去完成自己的知识建构和能力发展。

（三）调控作用

对教学过程来说，课堂教学设计具有调控作用。在课堂教学设计完成以后，整个教学活动实际上是一个逐步实施教学方案的过程。合理的课堂教学设计可以张弛有度地控制整个教学活动的进程，在有序的进程中放手开展课堂互动。因为能控制，所以敢放手。在控制与放手的相互作用下，教师不断调整教学方法和教学进度，乃至教学思路，动态的设计可以保证教学方案最优化、教学和学习效果最大化。

（四）评价作用

对教学效果来说，课堂教学设计具有评价作用。课堂教学设计中教学目标的认定、教学内容的选择，是进行教学效果评价的重要参照指标。教师要以教学目标为依据，以教学内容为素材，选择各种评价方式（诊断性评价、形成性评价、总结性评价），对教学效果进行及时的评价和反馈。比如，形成性评价的重要依据之一就是观察课堂教学活动（讲练的适度性、学生的参与性、活动的互动性、学习的有效性等），而评价的结果和反馈，可以提高教师课堂教学设计和反思教学的能力，促进教师的自我成长。

徐英俊（2001）指出，教学设计有助于突出学习者的主体地位，有助于增强学习者的学习兴趣，有助于增强教学工作的科学性，有助于提高教学效率和教学效果。

第二节　课堂教学设计的内容与流程

一　前期准备

课堂教学设计通常在领受了教学任务之后进行。由于教学对象是确定的，教材是选定好的，教学时间和课时量也都是给定了的，因此，教师就可以按照教学大纲或课程标准的指导进行具体的课堂教学设计，并为之做好充分的前期准备。从某种意义上说，这就是一种教学需求分析。通常我们可以从以下四个方面入手：一是认真研读教学大纲或课程标准，以统观全局，把握教学总目标和教学原则，体会课程要求；二是了解教学对象，从分析学习者群体特征，到翻看学生简历或就读申请等材料，掌握每个学生的信息，尽可能多地收集学生资料，提前认识学生；三是通读教材，领会编者意图和思路，从整体上把握教学内容和教学重点，理清教材的编写脉络，了解教材的风格；四是分析课时量和教学任务量，取舍或详略安排教材内容，制订一个阶段（如一个学期）的教学计划，如把教学内容按照总课时量进行合理的分配等。

前期准备一般是在未接触学生之前进行的，是课堂教学设计的前奏。有了这样的前期准备，才可以真正进入课堂教学设计流程，否则整个设计无从入手，更无法设计出最优化的课堂教学活动。这样的前期准备不仅仅在课堂教学设计开始前发挥作用，对整个阶段教学任务的完成都有指导、参考价值和调控作用。所以有经验的教师会把这些内容简要地写在学期教案的前边，以备随时翻看。

从整个教学阶段来看，课堂教学设计是边上课边进行的，是设计流程的重复再现，不一定要在开学之前把一个学期的课堂教学设计都做出来。这样说是为了强调课堂教学设计是一个动态的过程，是会根据课堂教学的实际情况发生变化的。课堂教学设计的过程也是对教学大纲和课程标准深度理解的过程，是对教学对象不断熟悉的过程，是对教材熟练把握的过程，是使课堂教学设计越来越合理、优化的过程。

对教师来说，课堂教学设计是一种预设。“预设表现在课前，指的是教师对课堂教学的规划、设计、假设、安排，从这个角度说，它是备课的重要组成部分。预设表现在课堂上，指的是师生教学活动按照教师课前的设计和安排展开，课堂教学活动按计划有序地进行；预设表现在结果上，指的是学生获得了预设性的发展，或者说教师完成了预先设计的教学方案。”（余文森，2009：47）我们可以把整个课堂教学设计视为一种“预设事件”。每一次的课堂教学设计都是新的内容，都得认真对待。

二 课堂教学设计的内容

课堂教学设计的内容都是以一课书为单元连续进行的，因此，在开始设计时首先要精读本课书的内容，在研读大纲和通读教材的基础上，把本课内容读懂、读透，彻底领会。由此开始进入课堂教学设计流程：阐明教学目标→设定教学起点→确定教学重点、难点和教学顺序→设置教学程序→选用教学方法、课堂组织形式和教学媒体→(实施教学→)进行教学评价。

（一）阐明教学目标

“教学目标是指教学活动预期所要达到的最终结果。实际上，教学目标是人们对教学活动结果的一种主观上的愿望，是对完成教学活动后，学习者应达到的行为状态的详细具体的描述。它表达了学习者通过学习后的一种学习结果。”(徐英俊，2001:116)尽管教学目标是预设的，从某种意义上说是一种主观愿望，但确定它则是以一定的语言理论、教学理论和学习理论为根据的。在课堂教学设计中，首先就要对教学活动所要达到的目标或标准做出规定，对学生在学完一个指定教学内容以后能够做的事情进行具体的、明确的描述，使教师的教学有据可依，使学生的学习有目标可循。

1.教学目标的组成。

以往的汉语作为第二语言/外语教学一般是把教学目标局限在语言(语音、词汇、语法、篇章等)、文化方面，这并没有错。但如果把语言教学作为教育的一部分，站在教育的立场看，视角可以更开阔一些。布鲁姆(B.S.Bloom)等人认为教学目标可分为认知、动作技能和情感三个领域，每个领域又有若干层级目标(张祖忻等，1992；徐英俊，2001)。据此，崔永华(2008:101)认为可以用下表(表7—2)对汉语学习内容三个领域的学习掌握水平加以描述。

表7—2:汉语教学各领域的教学目标分类

	1	2	3	4	5
认知领域	记忆	理解	简单应用	综合运用	创见
汉语技能领域	感知	理解	模仿	熟巧	运用
情感领域	接受	思考	兴趣	热爱	品格形成

2008年国家汉办颁布的《国际汉语教学通用课程大纲》把国际汉语教学课程的总目标设定为“使学习者在学习汉语语言知识与技能的同时，进一步强化学习目的，培养自主学习与合作学习的能力，形成有效的学习策略，最终具备语言综合运用能力”（国家汉语国际推广领导小组办公室，2008：II）。语言综合运用能力由语言知识、语言技能、策略和文化意识四个部分组成，涉及认知领域和技能领域的目标，情感领域虽未单独列出，但部分体现在“文化意识”中。

从预设目标的角度看，不同课型的汉语课堂教学设计所应突出的教学目标领域是不同的。比如，综合课的课堂教学设计可以在兼顾策略和文化意识的基础上，突出语言知识和语言综合技能的教学目标，口语、听力、阅读和写作等分技能课型的课堂教学设计应在兼顾语言知识和文化意识的基础上，突出各种相关语言技能和策略的教学目标，而文化类课程的课堂教学设计则应在兼顾语言知识、技能和策略的基础上，重点突出文化意识的教学目标。另外，设定教学目标时，教师还需要在突出重点的基础上，注意它们之间的相互渗透和协同作用。

2.教学目标的描述方式。

通常我们是依据课程大纲和教材的要求来进行教学目标的描述的，比如，按照《国际汉语教学通用课程大纲》，把教学目标定在语言知识、语言技能、策略、文化意识四个方面，然后按照教材的内容和要求，对每一课的具体教学目标进行描述（参见下文的教学目标描述举例）。

按照教育学的理论，一个清楚的教学目标描述应该包括四个部分：对象（audience）、行为（behavior）、条件（condition）和标准（degree），即所谓的ABCD法（徐英俊，2001；何克抗，2002；姜丽萍，2008；崔永华，2008）。首先是阐明教学对象，即针对什么样的学习者。其次是说明学习者的行为，即学习者学习后能做什么，要尽量使用可观测到的词语，比如，“能写一张请假条”、“能描述一个人的脸部特征”、“能叙述自己的一天”等。再次是指出条件，即行为是在什么条件下发生的，比如，“用给出的词语……”、“小组成员互相帮助完成……”、“在黑板上写出……”、“角色扮演，2分钟准备”等。最后是规定标准或程度，即达到教学目标的最低水准，比如，“分辨普通话的送气与不送气音”、“回答的正确率在80%以上”、“要写清楚事情发生的时间、地点、任务和过程”等。

下面是一个教学目标设计表（表7－3，引自徐英俊，2001：132，略有调整），是把认知和动作技能领域（参见上文教学目标的组成）结合在一起设计的，教师可以结合汉语教材的具体课文内容尝试描述教学目标。

表7—3：教学目标一览表

<table>
<tr><th rowspan="3">课题</th><th colspan="4">知识</th><th colspan="3">技能</th><th rowspan="3">教学目标</th></tr>
<tr><th rowspan="2">知识点</th><th colspan="3">学习水平</th><th rowspan="2">项目</th><th colspan="2">学习水平</th></tr>
<tr><th>识记</th><th>理解</th><th>应用</th><th>初步学会</th><th>学会</th></tr>
<tr><td></td><td></td><td></td><td></td><td></td><td></td><td></td><td></td><td></td></tr>
</table>

3.教学目标描述举例。

从培养语言综合运用能力出发，应该把教学目标分解为语言知识、语言技能、策略、文化意识等几方面，但并不是每一课书的内容这几个方面都突出，也不是每一种课型都要面面俱到或平均使用力量地处理它们。特别是现在的汉语教材，还基本没有做策略和文化意识方面的安排，教师应当在课堂教学设计时给予适当的补充。以《汉语教程》（杨寄洲等，北京语言大学出版社，2006）第一册下第30课为例，我们可以对教学目标做如表7－4的描述。

表 7—4:汉语课堂教学设计教学目标举例

类别	教学目标
语言知识	1.字词:5 个副词;时量短语;离合词; 2.语法:时量补语;离合词;概数表示法。
语言技能	1.听:听懂、模仿并熟记练习包含时量补语、概数的句子; 2.说:用时量短语和概数回答"……多长时间"的问题,并能借助作息时间表连贯叙述自己的一天; 3.读:能读懂介绍某人一天生活的叙述性短文,准确理解重要细节; 4.写:把记者采访形式的课文(一)改写成短文"罗兰的一天"。
策略	1.认知策略:有目的的复习、利用旧知预习;从意义到形式的认知; 2.交际策略:互助学习与小组学习;主动交流意识和习惯。
文化意识	1.文化知识:了解中国人的作息习惯、身体锻炼的常见方式,对气功有初步认知; 2.文化理解:认识并理解中国文化对持之以恒精神的推崇和践行。

具体描述如下:

语言知识和语言技能:

1.字词。

(1)学生能熟记并理解本课所学 30 个生词中的 5 个副词,完成课后 10 个选词填空练习,选对并书写正确,正确率 95%以上。

(2)学生能熟记、理解并能简单应用本课所涉"时量短语",能听懂并跟读老师中速说出的时量短语,正确率达到 95%以上;在老师给定的语境下正确选用时量短语,正确率 90%以上。如例一:她吃完早饭就开始复习,一直到吃午饭。她复习了________。(一个上午)例二:从八点到八点半,是________。(半个钟头)

2.语法。

(1)学生能理解并简单应用本课所学语法点:时量补语。听懂老师用"……多长时间"提出的与学生学习和日常生活联系密切的问题,并根据实际情况不过于延迟地回答，正确率90%以上；能借助作息时间表连贯叙述自己的一天，不出现多于10%的语序错误。

(2)学生能理解并简单应用本课所学语言点——离合动词。记忆本课所学的“散步”、“游泳”等离合词以及已学离合词如“见面”、“睡觉”、“洗澡”、“聊天”等，能识别离合词带宾语的错误并改正，正确率85%以上；能模仿例句简单应用离合词造出带有时量补语的句子，正确率85%以上。

(3)学生能理解并简单应用汉语表达概数的几种方法，能听懂教师中速说出的包含概数的10个句子，并写出概数，正确率90%以上。

(4)学生能读懂300字左右包含时量补语、离合词、概数等语言知识、介绍某人一天生活的叙述性短文，准确理解并复述重要细节，完整性达到75%以上。

策略：

1.从对学生布置复习时间词（时点的表示法）的作业及课堂检查，过渡到学习本课时量短语，培养学生建立知识链接和系统性意识，理解复习预习的重要性，掌握依据新学内容复习相关旧知的方法。这既是复习也是预习。

2.对学生进行概数表达法的启发式教学，让学生注意并对为表达意愿寻找语言形式的认知通道感兴趣，增强汉语认知策略的使用能力。

3.学生模仿课文进行采访练习，培养学生互助学习和小组活动的能力，增强与同学和中国人主动交流沟通的意识和习惯。

文化意识：

1.学生通过课文学习，了解并理解中国人的作息及一般生活习惯，了解中国人锻炼身体的意识和常见方法，对气功有初步认知。

2.学生通过对课文中俗语“三天打鱼两天晒网”的理解，了解中国文化对持之以恒、滴水穿石精神的推崇和践行，并能用这个俗语进行语言表达，如“学习汉语不能三天打鱼两天晒网”、“我以前上课总是三天打鱼两天晒网的”等。

（二）设定教学起点

设定教学起点是对教学对象进行分析的结果。

1.对学习者的分析。

具体来说，对学习者的分析包括以下两个方面：

（1）对学习者一般特征的分析。“学习者的一般特征指影响学习者学习行为的、与具体学科内容没有直接联系的生理、心理和社会特点，包括年龄、性别、认知成熟度、学习动机、个人对学习的期望、工作经历、生活经验，以及经济、文化、社会背景等。”（崔永华，2008：83）在课堂教学设计之前，教师应了解学生在一般特征方面的共性和个性，为做好课堂教学设计打好基础。了解共性，比如，是否都是成人，母语是否一样，是否都在目的语国家生活过，等等，这是为了在教学设计时能够“顾全大局”；熟悉个性是为了更有针对性。由于教学任务所规定的教学对象一般是确定的，并相对稳定，对学习者一般特征的分析应在首次设计时就给予充分考虑，必要时需查阅相关资料，做好笔记，以备教学之用。

（2）对学习者初始能力的分析。分析学习者的初始能力，目的是要了解学习者对学习新内容已经具备了哪些条件，比如，他们的汉语基础怎么样，听说读写的能力如何，是否学过与将要学习的新内容相关的知识点、掌握程度如何，等等，也就是说，我们要了解学习者已有知识、技能的“储备”或“家底”如何。举个例子来说，教汉语的可能补语之前，我们需要了解学生是否学习过趋向补语、结果补语，掌握的情况如何等。因为从语法点的教学顺序来说，通常是先学趋向补语、结果补语再学可能补语。除此之外，还要了解学习者对将要学习的内容是否熟悉，比如，是否已经部分掌握了（甚至可能完全掌握了）将要学习的内容。如果出现这种情况，那么在教学设计中就要调整侧重点，省略或巩固已知，重点学习未知。如果有些学习者完全掌握了将要学习的内容，那就要另辟蹊径了，是教授新知与复习旧知相结合，还是另起炉灶，要视具体情况而定。另外我们还应了解学习者对将要学习的内容的态度和认识，比如，是否感兴趣，是否有畏难情绪，等等。有时看上去很容易或学生自以为很容易的东西却并不容易掌握，焦虑由此而产生。可见,分析初始能力是至关重要的。分析初始能力可以帮助我们确定教学起点,因此它是进行课堂教学设计必不可少的部分,也可以说是课堂教学设计中分析教学对象的主要内容。初始能力主要是通过分析学习者的入学申请书、跟学习者交谈了解其学习背景以及分班测试等方式来确定的。

另外,随着教学的展开,教师也要逐步了解学习者的学习策略(吴勇毅,2007)和学习风格(李冬耘,2005)。前者是学习者用来促进学习,使学习更加迅速有效的方法或行为;后者是学习者特有的学习特征,它由认知、情感、生理、环境、社会性等因素综合而形成,可以显示出学习者是如何感知和应对学习环境的。了解与把握学习者的学习策略与学习风格对课堂教学设计来说是非常重要的,它能帮助教师在教学内容的安排、教学方法的运用、教学活动的设计以及教学手段的选择等多方面与不同的学习者联系起来,以便更有针对性地实施教学(崔永华,2008:89)。当然,对学习者学习策略和学习风格的了解和分析是渐进的过程,不像分析学习者的一般特征那样可以在教学设计开始以前集中完成。但课堂教学设计者一定要有分析学生学习策略和学习风格的意识,对此具有足够的敏感性并懂得如何分析,这样才能准确了解和把握学生的学习策略和学习风格,并不断调整课堂教学设计,做出最优化的方案,促进学生的汉语学习。对学生学习策略和学习风格的了解主要是在教学过程中,通过对课堂和课外学习活动的观察,以及问卷调查或跟学生交流、访谈的方式进行的。

2.对大纲和教材的把握。

教学起点的确定也与对教学大纲和教材的整体把握有关。教学大纲和教材的内容都是有连贯性和系统性的,本课的教学以先前相关教学内容为基础,又成为以后相关教学内容的起点。因此,教学起点的确定也要考虑教学内容的连贯性、系统性和阶段性。

3.教学起点设定实例。

我们仍以《汉语教程》第一册下第 30 课为例,教学起点可以如此分析确定(表 7—5):

表 7—5:汉语课堂教学设计教学起点分析举例

类别	教学起点
应具备知识和态度	1.学习过时间词时点表示法; 2.已感知、积累了一些离合词,如“睡觉”、“见面”; 3.已学习过“了$_1$”、“了$_2$”; 4.了解中国人的作息习惯,对中国人早锻炼的习惯感兴趣。

下面一个例子是美国印第安纳大学编写的《教学设计手册》中关于学习者分析的要点(引自张祖忻等,1992:121):

学习内容方面的能力:

1.在有关的学习内容方面,学习者目前的知识与技能的水平如何?

2.对有关的学习内容,学习者有什么背景经验?

3.学习者对学习内容可能存在哪些误解?

态度:

1.学习者对教学内容的一般态度如何? 对哪些课题可能存有喜爱或反感的情绪?

2.学习者喜欢什么教学媒体与方法?

语言:

1.学习者的语言水平如何?

2.有关学习内容中,有多少专门术语已为学习者所掌握?

3.学习者喜欢哪种教学风格(如会话式或讲演式的)?

工具技能:

1.学习者的学习技能水平如何? 需要多少外部的指导和反馈?

2.学习者能否使用教学设备(如盒式录音机)及运用学习方式(如自学)?

(三)确定教学重点、难点和教学顺序

在阐明教学目标、设定了教学起点以后,就要根据教学目标和学生水平对教材进行处理,对教学内容的难易多寡做出判断取舍,明确教学重点,突出难

点，合理安排教学顺序。

1.根据教学目标确定教学重点。

教学目标划定了教学任务，从学的角度说是学生在学完某个指定教学内容以后应该能够做的事情(即达到了教学目标的要求)，从教的角度说是教学活动所要达到的结果，它把主要的教学任务囊括其中了。因此可以根据教学目标确定教学重点。

在汉语课堂教学中，不同的教学阶段、教学内容和不同的课型，教学重点是不同的。比如，在初级阶段，语言知识的重点是语音、字词(字的写法和构词等)和基本的句法结构；技能训练的重点是听和说以及写字等；交际技能和文化意识方面多是有关学习和日常生活的内容。在中级阶段，语言知识的重点是词汇和语法(词法和句法)；语言技能的重点是听说和读写；交际技能和文化意识的教学重点逐渐从日常生活向社会生活的其他方面扩展。教师要把对教学重点的认识和把握贯穿到每一个教学环节和教学活动中去。拿《汉语教程》第一册下第30课来说，教学重点就应该是时量补语和离合词。

2.根据学习者情况确定教学难点。

教学重点是每课要重点学习的内容，是一定要完成的任务。从新知识掌握、新认知建构、新技能迁移的角度看，教学重点可能就是教学难点，但并非一定如此。教学难点最终还是要通过对学习者的分析，从学习者母语与汉语的对比中，从对学习者学习策略、学习风格的认识中，从对学生初始能力的分析中预设。

在实际教学过程中，不同的学生可能会有不同的教学难点，同样的教学内容不同的学生可能会有不同的反应，有人觉得难，有人觉得不难。因此，教师对学生个体特点的了解是极其重要的。当然教师只能把对多数学生来说是困难的内容设为教学难点，并加以着重处理(但个性化的帮助是必不可少的)。在《汉语教程》第一册下第30课中，教学难点主要有：(1)动词有宾语又有时量补语的句子语序；(2)前边没掌握好两个“了”的学生可能会对“他学了一年汉语了”的理解和运用觉得有难度；(3)离合词可“离”且中间加补语的特点可能会让一些不习惯使用记忆策略的学生感到麻烦；(4)“多”和“几”表示概数的位置可能成为记忆难点。

3.根据语言规律、认知规律和课型特点安排教学顺序。

这是课堂教学设计中对教学内容的排序。比如,词汇的讲解可以不按照词汇表的呈现顺序而按照词汇规律特点安排讲解。常见的如按词类排列、按词义相关性排列、按话题排列、按搭配排列等,都是按照语言规律来安排词汇教学顺序。

按照认知规律安排教学内容,就是要突出重点、分散难点,以求最优化的教学效果。比如,《汉语教程》第一册下第30课有“时量补语”、“概数的表达”和“离合动词”三个语言点。离合词可以在讲解生词“散步”、“游泳”时结合以前所学此类动词总结讲解,这是提前;“概数的表达”可以在学习课文时,结合课文中表示概数的句子进行解释,让学生在语境中掌握,这是推迟;提前和推迟都是分散难点,目的是为了突出“时量补语”这个教学重点,让学生能集中精力掌握它。

根据课型特点安排教学顺序,主要体现在对词汇、语言点、课文和练习等几部分内容的处理上。比如,精读课的常规顺序是先讲词汇,再集中处理语言点,最后讲解课文,练习可以分解为关于词汇的、关于语言点的和关于课文的而随各部分讲解穿插完成。口语课要以对话/课文为主,通过对话认知语用规则,训练交际技能,所以可以在处理生词后直接进入对话教学,语言点随课文解释,以帮助领会课文为目的。而听力和阅读课,到中高级时甚至可以先进行课文的听读,以训练学生跳跃生词障碍和猜词的能力,然后再处理生词和语言点。

(四)设置教学程序

教学程序就是教学过程、教学活动的顺序,表现为具有时间先后和逻辑顺序的一系列阶段、步骤和环节。它是课堂教学设计的重要部分,是影响教学效果的重要因素之一(崔永华,2008:114)。比如,苏联的综合课教学结构是“六段论”(基于凯罗夫的教育理论),其程序是:组织教学(1—2分钟),检查作业(3—8分钟),揭示课题、确立新旧教材的联系(5—10分钟),讲授新课(10—12

分钟），巩固复习（10 分钟），布置家庭作业（5—8 分钟）。

加涅等认为，“教学包含一套外在于学生的、设计用于支持学习内部过程的事件。设计教学的目的在于使学生能够从‘现在的位置’过渡到终点目标中规定的性能的获得”（加涅等，中译本，1999：193）。他把在教学过程中发生的这类事件称为“教学事件”，它是由学生与之发生互动关系的教师、教材或其他媒介来提供的，目的在于激活和支持内部学习过程等（加涅等，中译本，1999：207）。加涅根据学习的认知信息加工模型，把教学事件与学习过程联系起来，形成了一个课堂教学程序模式（表 7—6）：

表 7—6：教学事件及其与学习过程的关系

教学事件	与教学过程的关系
1.引起注意	接受各种神经冲动
2.告知学生目标	激活执行各种程序
3.刺激回忆前提性的学习	把先前的学习提取到工作记忆中
4.呈现刺激材料	突出有助于选择性知觉的特征
5.提供学习指导	语义编码，提取线索
6.引出作业	激活反应组织
7.提供作业正确性的反馈	建立强化
8.评价作业	激活提取，使强化成为可能
9.促进保持和迁移	为提取提供线索和策略

（引自《教学设计原理》，加涅等著，皮连生等译，华东师范大学出版社，1999：193）

加涅等的教学程序模式（“九段式”）中的教学事件是基于对信息的内部加工阶段的假定顺序而确立的，设置外部事件的目的是促进内部过程（加涅等，中译本，1999：246），因此，它并非是一个“现实”的课堂教学程序，起的是导向作用，教师应该根据具体的教学内容和目标、教学重点和难点以及课型等特点编排实际的教学程序，可以变化和变通，但应尽量符合学习者的认知过程和信息加工过程。

课堂教学的程序是有层次、分阶段的。首先是一课书教学的完整程序。如果一课书的内容刚好可以在一个教学时间单位（如成人 2 课时，青少年 1 课时）完成，那么一课书的教学程序就和一个教学时间单位的教学程序一致；如果一课书的内容不能在一个教学时间单位完成，就要把一课书的内容分解成几个部分，安排在几个教学时间单位完成，这时一课书的教学程序和一个教学时间单位的教学程序就不一致。我们常把一课书的教学程序称为课时计划或课时安排以示区别。其次是一个教学时间单位的程序，这就是课堂教学的实施程序。苏联“六段论”的综合课教学结构，就是一个教学时间单位的程序。即使是一个时间单位的教学程序也是分阶段的。先是大的阶段，可以分为开始（导入）、进行（讲练）、结束（收尾）三个部分。其中讲练阶段是课堂教学的主体部分，又可以分为准备、感知、理解、巩固、运用、检查等几个步骤，其中感知、理解、巩固、运用等步骤又可以由词汇的、语言点的、课文的等若干环节组成。如表 7—7 所示：

表 7—7：汉语课堂教学程序设计

<table>
<tr><th>阶段</th><th>步骤</th><th colspan="3">环节</th><th>六段论</th></tr>
<tr><td rowspan="2">开始（导入）</td><td>组织教学</td><td colspan="3">组织教学</td><td>组织教学</td></tr>
<tr><td>复习</td><td colspan="3">1.与前次内容相关的复习</td><td rowspan="2">复习准备</td></tr>
<tr><td rowspan="7">进行（讲练）</td><td>准备</td><td colspan="3">2.与讲练内容相关的复习</td></tr>
<tr><td></td><td>对词汇的</td><td>对语言点的</td><td>对课文的</td><td rowspan="3">感知理解</td></tr>
<tr><td>感知</td><td>感知</td><td>感知</td><td>感知</td></tr>
<tr><td>理解</td><td>理解</td><td>理解</td><td>理解</td></tr>
<tr><td>巩固</td><td>巩固</td><td>巩固</td><td>巩固</td><td rowspan="2">巩固运用</td></tr>
<tr><td>运用</td><td>运用</td><td>运用</td><td>运用</td></tr>
<tr><td>检查</td><td colspan="3">1.讲练部分内容的小结、检测</td><td rowspan="2">检查小结</td></tr>
<tr><td rowspan="2">结束（结尾）</td><td>小结</td><td colspan="3">2.整个课堂教学的小结</td></tr>
<tr><td>布置作业</td><td colspan="3">布置作业</td><td>布置作业</td></tr>
</table>

目前国内的对外汉语教学，综合课的课堂教学程序一般多采用“六段论”。

上述教学程序也可以适用于一课书的教学。如果一课书的容量很大，往往教学时间会长于一个教学时间单位（如成人 2 课时，青少年 1 课时），因此可以根据教学内容和实际情况做相应的调整，比如，把讲练阶段的内容分别安排在不同的教学时间单位内完成。

（五）选用教学方法、课堂组织形式和教学媒体

1.教学方法的选用。

从课堂教学来说，教学方法就是教师用以完成教学目标、达到教学目的的方式、手段和技巧。崔永华、杨寄洲（2002:1）认为，所谓“课堂教学技巧”包括两类课堂教学行为：“第一类是教师在课堂教学中，为使学生理解和掌握所学语言项目或言语技能所使用的手段，比如用实物或图片介绍生词；第二类是为使学生掌握所学的语言项目和言语技能，学生在教师指导下进行的课堂操练方式，比如通过替换练习让学生掌握新学的语法项目。第一类主要是教师的行为，第二类是在教师指导下学生的行为。”从这个意义上讲，教学方法也是学习方法。《汉语课堂教学技巧》（崔永华、杨寄洲，2002）按照语言要素和语言技能把汉语课堂教学技巧分为八类，即语音教学技巧、语法教学技巧、词汇教学技巧、汉字教学技巧、听力教学技巧、口语教学技巧、阅读教学技巧、写作教学技巧；《汉语课堂教学技巧 325 例》（周健等，2009）亦提供了许多实用的教学技巧和活动，可资参考。

我国教育部制订的《英语课程标准》（北京师范大学出版社，2001）根据英语教学的理论和我国英语教学的特点，建议了一些培养语言技能的课堂活动，主要包括听力技能的教学（表 7—8）、口语技能的教学（表 7—9）、阅读技能的教学（表 7—10）、写作技能的教学（表 7—11），这些课堂活动也是一些教学方法，我们可以借鉴以形成汉语教学开展这些活动的方法和技巧。

表 7—8:听力技能教学主要教学活动举例

听前活动	听时活动	听后活动
●明确听的目的； ●激发兴趣和欲望； ●熟悉话题； ●预测大意； ●处理关键词； ●布置任务。	●边听边操作； ●边听边选择、填空、连线、画图、补全信息； ●边听边做笔记； ●判断真伪。	●讨论； ●根据所听内容进行口头或笔头转述； ●根据笔记写出梗概； ●利用听到的信息，以同一题目为主题，从另一个角度写出一个文段。

表 7—9：口语技能教学主要教学活动举例

说前活动	说话活动	说后活动
●明确目的； ●激发兴趣； ●熟悉话题和语境； ●语言准备； ●分配角色和任务。	●描述人物和事件； ●报告过程和结果； ●角色扮演； ●交换信息； ●讨论； ●演讲； ●辩论。	●汇报结果； ●讲评； ●书面表达活动。

表 7—10：阅读技能主要教学活动举例

读前活动	阅读活动	读后活动
●明确目的； ●熟悉话题； ●预测内容； ●预测词汇； ●激发兴趣和欲望； ●布置任务。	●略读； ●找读； ●根据所读内容画图、标图、连线、填表、排序、补全信息； ●为课文选择或添加标题； ●根据所读内容制作图表； ●边读边操作； ●判断真伪。	●转述所读内容； ●根据所读内容进行角色扮演； ●讨论； ●改写； ●续尾； ●写摘要。

表 7—11：写作技能主要教学活动举例

写前活动	写时活动	写后活动
●激活灵感； ●激发兴趣； ●明确目的和读者对象； ●讨论主题； ●搜集素材； ●语言准备； ●阅读范文； ●写提纲。	●写初稿； ●规划文章结构； ●填空； ●看图作文； ●图文转换； ●仿写； ●连句成文。	●自我修改； ●相互修改； ●个人或小组面批； ●检查语言、文法、逻辑、用词、润色； ●制作板报，墙报。

实际上，教学方法是无法穷尽的，也在不断创新发展。教师要熟悉基本的

教学方法和技巧，依据教学目标、内容、对象做出有效、优化的选择。那么在实际课堂教学中应当根据什么原则来选择确定教学方法和使用技巧呢？崔永华、杨寄洲(2002:8；又见崔永华，2008:261)提出了四个原则：

第一，根据教学目的选择教学技巧。比如，阅读课主要是训练和提高快速阅读理解能力的，所以精读课上的"朗读"技巧一般不在"阅读理解"课上使用，而选用"默读"、"浏览"等技巧项目更合适。

第二，使用技巧要有明确的目的。同样的教学方法或技巧用于不同目的会有所变化。拿"领读"来说，如果用来纠正发音，需要突出学生可能犯错误的地方；如果用来让学生熟悉句型，应注意不断提高领读的速度；如果用来帮助学生记忆课文，以利于后面将进行的讨论、复述等练习的话，则可能要配以必要的重点词语板书；等等。

第三，应当优先选择交际性强的技巧。比如，在解释生词时，道具优于图片，实物又优于道具，因为说出实物的名称比说出图片上东西的名称更富交际性。交际性强的技巧项目可以缩短语言学习和语言运用的距离，使学习过程跟实际运用建立直接的联系，有利于学生真正学会运用所学的语言项目。

第四，优先选用节省时间的技巧。课堂时间十分宝贵，因此在选择教学方法时特别要考虑到课堂时间的有效使用。选择直观的、易解的技巧解释语言点，省下来尽可能多的时间让学生进行反复的练习。

2.课堂组织形式的选择。

课堂教学可以有多种组织形式，可以按照班级规模和信息传递或交流方式来组织。从班级规模看，可以选择集体或大组(15人左右)、小组(3—5人)、两人组或个别学习的形式；从信息传递或交流的方式看，有单项信息传递的集体或大组授课形式，有信息互动和交流的集体或大组讲练形式(如师生互动问答、生生互动问答等)，也有小组的互动形式(如相互问答、讨论、完成任务等)、两人组的角色扮演或师生辅导形式，还有学生自学的形式等。教师可以根据教学目的和要求选择不同的课堂组织形式进行教学。

集体或大组授课形式是一种主要的教学组织形式，但对语言教学和学习来说未必是最佳的教学形式。它主要是教师结合板书、多媒体、演示等手段以讲授/演讲的方式授课，由于是单向的信息传递，所以学习者往往是被动地接受信息。教师常常用这种方式介绍新课的学习内容和目的要求，讲解语法点和词语用法等语言知识，进行单元复习、小结等。集体或大组讲练形式在语言教学中也是常用的，但如果是一个教师对全体学生的问题，操练时间常常会不够或显得不够经济。小组活动可以是在一个教师和一个学生组之间进行，也可以是学生与学生之间交流、交换并分享信息，共同完成学习任务。小组活动增加了师生之间和生生之间的接触和相互了解，有利于培养合作意识，是实现各类教学目标的有效途径，应大力提倡。但就语言学习而言，小组活动虽然增加了学生与学生之间的互动和运用目的语的机会以及学习者使用目的语的自信心，但从另一个角度说，他们都是在使用"中介语"，而对这种中介语之间的交流能否有效促进语言习得学界是有争议的（比如，学生之间互动虽然提供了更多的可理解输入，但这种具有中介语性质的可理解输入对目的语习得是否起作用）。另外，小组学习时学生很容易使用自己的母语讨论而忘记了学习的目的。因此，在小组活动中，教师的启发、引导、帮助、监控和评价作用是尤为重要的。两人组形式常用于角色扮演或互相问答等，有时教师也会对学生进行个别指导或辅导，要注意的是，在课堂上采用这种形式很容易忽略其他学生的存在，因此，要正确处理好两者之间的关系。个别学习是指在教师的指导下，学生在课堂上自学，如阅读教材、做练习，在语言实验室课上看或听音像材料等。课堂上适当的个别学习有时是必需的，可以给学生思考和内省的空间，自己去"认知"和"体验"汉语。

为了教学需要，根据不同的教学安排、教学进程和教学对象，选择适当的课堂组织形式不仅有助于提高教学效率，而且易于实现教学目标，达到教学目的。

3.教学媒体的选用。

教学媒体承担着传递教学信息的功能，是教学必不可少的工具和手段，课堂教学设计的任务之一就是要选择和确定传递教学信息的方式，即选用何种教学媒体来进行教学。传统教学媒体，如黑板、挂图、纸质教材等在第二语言/外语教学中依然起着重要的作用，但早已有了突破和拓展，像黑板的替代品是新一代具有电视、电脑显示屏功能的电子白板。除此以外，多媒体和网络业已成为现代教育的有效传媒。徐英俊(2001:152)对传统教学媒体和现代教学媒体做了一个分类(表 7—12),教师在选用教学媒体时可以作为参考。

表 7—12:教学媒体的分类

教学媒体	传统教学媒体	直观教具	仪器、实物、标本、模型、黑板、印刷材料等
		示意教具	图片、地图、表格等
	现代教学媒体	听觉媒体	录音、激光唱盘、广播等
		视觉媒体	幻灯、投影、电影、电视、录像、激光视盘等
		系统媒体	语音教学系统、计算机辅助教学系统等

一般来说,教学大纲都会对使用教学媒体和手段提出相应的要求,把选择恰当的教学媒体和手段作为教学原则之一。比如,《高等学校外国留学生汉语言专业教学大纲》就明确提出要“充分利用现代化教学技术和手段,如录音、录像、电影、多媒体、计算机、互联网等,提高教学效果”。在越来越丰富的教学媒体中,教师应该明白每种教学媒体的功能,即它可以做什么(可参见张祖忻等,1992;崔永华,2008),以确定适合自己使用的教学媒体。另外,选择教学媒体还要依据教学目标、教学内容、教学对象以及教学的条件(崔永华 2008:133)。

(六)进行教学评价

在实施教学的过程中和实施教学之后,要进行及时的评估。一方面是要检查一下之前的教学设计是否合理;另一个更重要的方面是要评估教学效果和教学质量,既定的教学目标是否实现,教学内容学生是否掌握、掌握得好不好,等等。因此,教学评价不仅是课堂教学设计,也是整个课堂教学过程的一个重要组成部分,目的是进一步改善和优化课堂教学。

杨翼(2008:23)把教学评价按照评价功能和评价时间分为安置性评价、诊断性评价、形成性评价和终结性评价(又可参见高兰生、陈岳辉,1996;武尊民,2002)。我们前边讲的在设定教学起点时对学习者初始能力的分析就可以视为安置性评价。其特点是在某个汉语教学项目/课程开始前进行,以了解学习者当下的汉语能力(知识和技能)状况，为安置学生(比如分班)、确定教学起点和顺利开展教学活动奠定基础。诊断性评价是在某个汉语教学项目/课程开始前或教学活动过程中进行的，目的是找出学习者汉语学习的难点和存在的问题以便对症下药，使教学更具针对性。形成性评价是在汉语教学过程的运行中进行的，是为了使教学效果更好更理想而修正其本身轨道所进行的评价。它对教学活动的现实效果(教学效果、学习效果)做出判断，为教师和学生提供连续不断的反馈，帮助他们明确教学中存在的问题和改进的方向，以及时修改或调整教学活动的计划和方式以及学习策略等，保证汉语教学目标的实现。课堂教学评价就是一种形成性评价，它是一个连续不断的过程。终结性评价是在某个教学项目/课程结束时进行的，用来检查学习者最终的"学业成绩"，一方面可以看出学习者的努力程度和取得的成果，另一方面也可以显示整个教学过程是否达到了预期的目的和课程大纲规定的目标。下面是杨翼(2008：87)构拟的面向学习者的汉语教学评价体系框架(表7—13)：

表7—13：汉语教学评价体系

<table>
<tr><td rowspan="2">汉语教学前</td><td rowspan="2">汉语安置性评价</td><td>汉语学能测试</td></tr>
<tr><td>汉语分班测试</td></tr>
</table>

⇩

<table>
<tr><td rowspan="6">汉语教学中</td><td rowspan="6">汉语形成性评价</td><td rowspan="2">观察法</td><td>汉语课堂表现观察</td></tr>
<tr><td>汉语作业观察</td></tr>
<tr><td>调查法</td><td>访谈/问卷/讨论</td></tr>
<tr><td rowspan="3">测试法</td><td>单元测试</td></tr>
<tr><td>诊断性测试</td></tr>
<tr><td>期中测试</td></tr>
</table>

⇩

汉语教学后	汉语终结性评价	汉语期末成绩测试分数总评
		汉语课堂表现总评
		汉语作业观察总评

评价课堂教学的方法有多种，可以是课堂观察、测验、问卷调查、学生访谈、师生自评等。对课堂教学（效果）进行及时、恰当、有效的评价，不仅可以使学生掌握自己的学习情况，获得成就感，增强自信心，也可以使教师获得有效的反馈信息，反思教学，改进教学设计和教学方法，以便取得最佳的教学效果。

第三节　课堂教学设计的形式——教案的编写

教案就是教学方案，是课堂教学的规划，是课堂教学的预设，是课堂教学实施的重要依据。课堂教学设计是教案编写的基础，而教案的编写过程就是把课堂教学设计的整个流程合理、恰当地表述出来的过程。这样看来，课堂教学设计与教案写作也可以同时进行。

一　教案的含义及内容

汉语教学的教案可以从两个意义上讲：一个意义是指一门完整课程（可体现为整本教材）的教案。它的编写是跟随教学进度一课书一课书完成的，因此它是某门课程（或某本教材）、某一授课时间段（如一学期）的各课书教学设计的次第呈现。另一个意义是指某一课书的教案。它是一门完整课程（或整本教材）教案的组成部分。“教案是教师以某种教学理论为指导，根据自己的理解，将教材中有关材料重新编排、处理和加工，使之更利于学生理解、吸收和掌握。所以，教案是教师在授课前以课时或以单元为单位编制的教学具体方案。它是授课的主要依据，是保证教学质量的重要措施。……语言教学教案，既不同于专业型的讲稿，也不同于讲释型的讲义，它是一种训练型的课堂操作程序。”（赵金铭，2003：2）

（一）一门课程的教案

一门完整课程（或整本教材）的教案主要包括教案正文和教案附件两大部分：教案正文是一课书一课书的具体教学方案，它们随教学进度持续完成，当然也可以在教学活动正式开始前全部完成，但要随着教学过程的展开，根据具体的教学情况及时调整完善。教案的附件要写明课程名称、教材、授课对象、授课时间、授课地点等一些基本信息；前边讲到课堂教学设计的前期准备时所做的研读大纲和课程标准、了解教学对象、通读教材、分析课时量和教学任务量等工作结果，也要写在这里。这部分内容一般在接受教学任务后就可以一次性完成，对整个阶段的教学都有指导作用和参考价值。全部教学工作完成以后的总结（教学总结）也是教案附件的内容，可以在学期最后完成。

我们可以按照如下几个板块来撰写我们的教案：基本信息、教学计划、学生信息、教案正文和教学总结。下面结合具体实际略做分析：

1.基本信息。

比如，一位教师在接受教学任务后，这样开始写教案：

课程名称：初级汉语（精读课）

教　　材：《汉语教程》第一册（上、下）。杨寄洲主编，北京语言大学出版社，2006 年 7 月第 2 版。

授课对象：初级一班（零起点班），12 名学生。6 名韩国人，2 名日本人，2 名巴基斯坦人，1 名喀麦隆人，1 名捷克人。（是个以韩国学生为主的“混合班”。）

授课时间：2009—2010 学年春季学期，2010 年 3 月 1 日—7 月 9 日，共 19 周；考试、节假日、机动 3.5 周，实际有效授课时间 15.5 周。每周 8 课时，共 124 课时。

授课地点：核心教学区，北五教学楼 406 小教室。

2.教学计划。

基本信息之后可以把通读教材（尤其是教材“前言”或“使用说明”）后对教材的了解、对编者意图和使用建议的理解，以及依此设计的课时计划写在这里。比如，依据上述教学案例，可以这样设计课时计划：

1—9课，侧重语音学习和训练。1课书/2课时，共18课时；2课时语音测试，共20课时。

10—15课，继续语音练习的同时，接触基础语言点的学习和训练。1课书/3课时，共18课时，上册结束；机动、复习测试4课时，共22课时。

16—24课，重点在词语和语言点的掌握。1课书/4课时，共36课时；机动、小结、测试4课时，共40课时。

25—30课，生词量增加，语音点复杂。1课书/6课时，共36课时，下册结束；机动、复习、期末考试6课时，共42课时。

也可以用表格的形式展现教学计划，直观清晰，方便查看：

初级汉语课（《汉语教程》第一册，上、下）教学计划
（**2009—2010** 学年春季学期）

课目	重点内容	计划课时	其他	总课时
1—9课 （共9课）	语音学习和训练	1课书/2课时 共18课时	语音测试2课时	20课时
10—15课 （共6课）	语音练习、接触学习基础语言点（上册结束）	1课书/3课时 共18课时	机动、复习测试4课时	22课时
16—24课 （共9课）	词语学习、语言点系统掌握	1课书/4课时 共36课时	机动、小结、测试4课时	40课时
25—30课 （共6课）	生词量增加，语言点复杂（下册结束）	1课书/6课时 共36课时	机动、复习、期末考试6课时	42课时

一个完整教学阶段总的教学计划是教案编写的重要部分。它是教学任务顺利完成的基本保证，能使教学有条不紊地进行，避免前松后紧、前紧后松、时松时紧，甚至完不成教学任务等无序教学行为的发生。教学计划的合理制订能让任课教师对整个教学阶段的掌控成竹在胸、从容不迫，从而为顺利完成教学任务奠定基础。如果教学计划和教学进度是由教学单位编制规定的，那么教师就应按规定执行，要尽量避免“自说自话”，因为你的教学进度过快或过慢

会影响到其他班级（如平行班）、其他年级（如下学期或下学年的衔接）、其他课型（如跟你配合的其他技能课）的教学。

3.学生信息。

可以把收集到的学生信息写在这里。对零起点的学生主要是查看学生的报名表等档案信息，如果教师懂得学生的母语，也应该从跟他们的交谈中获取相关信息。其他程度的学生还可以通过询问以前的任课老师、班主任、管理人员，以及测试、跟学生直接交谈等途径了解和掌握学生的情况。

4.教案正文。

就是一课书一课书的教学方案。按照教学计划，各个教学段结束时复习、测试的内容也都可以包括在教案正文里。

5.教学总结。

在一门完整的课程或整个教学阶段结束时，要对整个课程或整个学期的教学做出总结和自我评估。总结全部教学工作，尤其要从教学阶段安排是否适宜、课时计划是否合理、任务完成是否顺利等方面考察总结，把经验和教训都记下来，为以后更好地安排课时计划、实施教学做准备。而在这一过程中，教学反思是尤其重要的。我国著名教育家叶澜教授曾指出，一个教师写一辈子教案不一定成为名师，如果一个教师坚持写三年反思可能成为名师。这话说得是很精辟的。反思是教师以自己的教学活动为对象，审视和分析自己的教学行为和结果，进而优化自己的教学过程。反思能力是在教学过程中逐渐培养起来的，但反思意识从从事教学的第一天起就应该树立。一个好的第二语言教师应该是一个反思型的教师。

教案是教师的作品，而这个作品常常是一次性的，是就某门课程、依据某本教材、在某个教学阶段、针对某些学生的教学方案。但有经验的教师都会保存这些教案，或进一步修改，或作为以后教学活动的参考。尽管不是每个人都能成为名师，但教案却是要写一辈子的。

（二）一课书的教案

一般所说的教案多是指一课书的教案。它是一门课程（或整本教材）完整教案的正文部分。主要包括以下几方面内容：

1.课题：第几课，课文标题。

2.教学目标：从语言知识、语言技能、策略和文化意识等方面提出本课所要达到的目标。

3.教学起点：明确学习本课学生必须具备的相关知识、技能以及认识态度等。

4.教学重点、难点：根据教学目标、学生情况确定重点、难点，根据语言规律、认知规律和课型特点安排教学顺序。

5.教学程序：对整课书教学的程序做出安排和时间分配。

6.教学实施：如果分为若干教学时间单位，以各教学时间单位为设计单元，从教学过程、教学方法、课堂组织形式、教学手段（包括教具的准备）和教学评价等方面设计教学过程。

7.教学后记：完成课堂描述，及时进行教学反思。

可以看出，除了“课题：第几课，课文标题”以外，其他六项内容基本上就是上一节教学设计的基本内容和流程。其中第 5、6 项：如果一课书能在一个教学时间单位（如成人 2 课时，青少年 1 课时）完成，那么这两项就是一个教学时间单位的安排，这时，一课书的教案也就是一次课的教案；如果教学内容比较多，要分为若干教学时间单位来完成，那么这两项要分别写出各个课时的教学方案。

二　教案的设计形式

这里是指一课书的教案设计，常见的设计形式有条目式（记叙式）教案、表格式教案和卡片式教案三种，教师可以根据自己的习惯和爱好选择使用方便的设计形式。

（一）条目式（记叙式）教案

条目式（记叙式）教案是最常见的，因为它逐条撰写，可长可短，不受书写空间限制，比较自由。一般可以在纸页右边留出一寸左右的空白，方便随时补充、添加、修正备课内容。有些教学单位印制有右侧留有空白的专用备课本。上边所列“一课书教案”就是条目式教案的基本雏形。《对外汉语教学课堂教案设计》(吴勇毅等,2003)采用的基本上都是这种形式。

(二)表格式教案

表格式教案直观清晰,所有内容一目了然;教学内容繁多时还可以复式呈现上述第 5、6 项内容,是很好的教案形式。但要根据教案各项目内容多少考虑表格设计大小问题,以方便使用。有一些教学单位有印制好的表格式教案设计(活页),使用起来比较方便。表格式教案可以有多种形式,教师可以根据自己的创意设计。下面是一种表格式教案形式(表 7—14)。

表 7—14:表格式教案形式之一

<table>
<tr><td>课文题目</td><td colspan="4"></td></tr>
<tr><td>教学目标</td><td colspan="4"></td></tr>
<tr><td>教学起点</td><td colspan="4"></td></tr>
<tr><td>教学重点、难点</td><td colspan="4"></td></tr>
<tr><td rowspan="2">教学程序</td><td colspan="4">教 学 实 施</td></tr>
<tr><td>教学过程</td><td>教学内容与方法</td><td>组织形式</td><td>教学手段</td></tr>
<tr><td>第 1—2 课时
第 3—4 课时
第 5—6 课时</td><td></td><td></td><td></td><td></td></tr>
<tr><td>教学后记</td><td colspan="4"></td></tr>
</table>

（三）卡片式教案

有些很有经验的教师，对教学目标、教学程序，甚至基本教学内容都了然于胸，为了提示教学的重点和难点，补充特别的例句或要采取特殊的教学手段等，会采用卡片式教案。卡片式教案有时可以随时根据教学情况抽取组合，是一种很实用的教案设计形式。但对新教师来说，卡片式教案因过于简略而不太适用。下面给出的是一个卡片式教案的例子（表 7—15）：

表 7—15：卡片式教案形式之一

课型：______	编号：____________
课文题目：	
教学难点、重点：	
1.	
2.	
3.	
教学手段：	
活动：	

教学实践中，条目式、表格式和卡片式教案可以配合使用。总体使用条目式教案形式；某些项目使用表格式，如讲练部分，方便繁杂内容的复式呈现；在完成条目式、表格式教案设计后，临上课前再对教学方案用卡片进行纲要提示或内容补充。这样完成的教案定能为课堂教学的顺利实施提供保证。教案是教师上课的依据，是教师的个人创造，不必拘泥于一种形式，服务于有效的教学实施是教案编写的最高目标。

三　教案设计实例

课文题目："我来了两个多月了"（以《汉语教程》第一册下第 30 课为例）

教学目标：

类别	教学目标
语言知识	1.字词:5个副词;时量短语;离合词; 2.语法:时量补语;离合词;概数表示法。
语言技能	1.听:听懂、模仿并熟记练习包含时量补语、概数的句子; 2.说:用时量短语和概数回答"……多长时间"的问题,并能借助作息时间表连贯叙述自己的一天; 3.读:能读懂介绍某人一天生活的叙述性短文,准确理解重要细节; 4.写:(一)把叙述体课文改写成记者采访形式,对话体课文;(二)以"王老师介绍练气功经验"为题用叙述体复述出来。
策略	1.认知策略:有目的的复习、利用旧知预习;从意义到形式的认知; 2.交际策略:互助学习与小组学习;主动交流意识和习惯。
文化意识	1.文化知识:了解中国人的作息习惯、身体锻炼的常见方式,对气功有初步认知; 2.文化理解:认识并理解中国文化对持之以恒精神的推崇和践行。

教学起点:

类别	教学起点
应具备的知识和态度	1.学习过时间词时点表示法; 2.已感知、积累了一些离合词,如"睡觉"、"见面"; 3.已学习过"了$_1$"、"了$_2$"; 4.了解中国人的作息习惯,对中国人早锻炼的习惯感兴趣。

教学重点、难点及教学顺序:

1.教学重点:教学重点是时量补语和离合词。

2.教学难点:

(1)动词有宾语又有时量补语的句子语序;

(2)前边没掌握好两个"了"的学生可能会对"他学了一年汉语了"的理解和运用觉得有难度;

(3)离合词可"离"(不能带宾语)且中间加补语的特点可能会让一些不习惯使用记忆策略的学生感到麻烦;

(4)"多"和"几"表示概数的位置可能成为记忆难点。

3.教学顺序:

本课"时量补语"、"概数的表达"和"离合动词"三个语言点，离合词可以提前在讲解生词"散步、游泳"时结合以前所学此类动词总结讲解；"概数的表达"可以推迟在学习课文时，结合课文中表示概数的句子进行解释，让学生在语境中掌握；提前和推迟的目的都是为了语法讲练时突出"时量补语"这个教学重点，让学生能集中精力掌握它。

教学程序：

本课计划用 6 课时完成。

第 1—2 课时，讲练生词，完成课后练习 1，学习离合词语言点；

第 3—4 课时，讲练语法，完成课后练习 2、3、4、6、7 题；

第 5—6 课时，学习课文，讲练概数的表达，完成课后练习 5、8 题。

教学实施：

教学程序	教学实施			
	教学过程	教学内容与方法	组织形式	教学手段
1—2 课时	组织教学	和已到的同学聊天，等候晚到的学生。承接前一课结果补语的学习，谈论昨晚的活动，注意用带结果补语的句子。如：昨晚看什么电视了？看懂了吗？（3—5 分钟）	师生问答。	
	复习准备	检查前一课第 7 题"课后说"完成情况；检查前一课作业复习时点表示法及词语情况。（8—10 分钟）	三人一组，一人一句，完成"课后说"；自由发言式复习时点表示法。	板书短文关键词。
	感知理解	领读、朗读生词；承接上一环节，由"钟头"一词总结表示时段的词语并对比表示时点的词语；重点讲解 5 个副词、1 个连词和几个形容词以及惯用语"不一定"；总结讲解"游泳"、"散步"、"打鱼"等离合词规则；理解"三天打鱼两天晒网"的意义。（30—35 分钟）	集体授课。	实物：钟表；图片：打鱼、晒网；PPT："三天打鱼两天晒网"的故事。

教学程序	教学实施			
	教学过程	教学内容与方法	组织形式	教学手段
1—2课时	巩固运用	完成练习1，听懂并模仿时量短语，边听边回答类似“八点到十点是几个小时？”、“从早上到中午是……”（一上午）的问题；总结并记忆已学离合词。（30—35分钟）	分成两个小组计分抢答“边听边回答”；两人一组练习卡片。	卡片：正面是边听边回答的问题，背面是答案。
	检查小结	小结离合词和时量短语，表格汇总。领读课文，要求边读边画出离合词和时量短语，以及尽可能多的本课其他生词；询问关于词语有无问题，答疑。（10—12分钟）	领读课文后，两人一组查对画出的词语。	表格：画表格分类总结本课词汇。
	布置作业	完成练习3、9；复习本课生词；复习26、27课“了$_1$”、“了$_2$”；朗读课文。（2—3分钟）	集中讲解。	
3—4课时	组织教学	和同学聊天，回顾（重放）前课PPT内容，表扬按时来“打鱼”（上课）的同学，幽默批评“晒网”的同学。（3—5分钟）	师生问答。	PPT：“三天打鱼两天晒网”的故事。
	复习准备	听写包含练习9“写汉字”内容的词语或句子，突出时量短语；检查练习3“选词填空”的完成情况；检查前课作业26、27课“了$_1$”、“了$_2$”的复习情况。（10—12分钟）	老师读，学生集体听写；一人一句完成练习3；集中复习“了”。	板书：练习3“选词填空”词语，随后朗读复习。
	感知理解	提问进入讲练环节，如问：某某，你昨天几点开始看电视？看到几点？看了多长时间？学生回答后连贯领读：某某7点开始看电视，看到8点半，他/她看了一个半钟头。问4—5位学生后，板书总结带时量补语的句子结构；说明带宾语及离合词的两种表达结构；说明有两个“了”的结构，通过对比让学生体会只用动词后的“了”的时量补语句和同时用两个“了”的时量补语句的细微不同。（30—35分钟）	师生一对一问答，老师连贯领读，学生集体跟读。	板书：提问的关键词；公式总结带时量补语的句子结构。

教学程序	教学实施			
	教学过程	教学内容与方法	组织形式	教学手段
3—4 课时	巩固运用	完成练习 2 替换练习，4、5 题回答问题练习；两人一组练习卡片问题；两人一组根据日常生活实际自由提问并回答。（25—30 分钟）	集体或一人一句完成 2、4、5、6 题；两人一组完成卡片和自由问答练习。	卡片：正面提问内容，背面答案，侧重时量补语句子结构总结。
	检查小结	公式小结并对比时量补语的句子结构。领读课文，要求边读边画出包含时量补语的句子并查对；询问关于有无的问题并答疑。（13—15 分钟）	领读课文后两人一组查对画出的句子。	板书：注意各种句子结构的对比公式。
	布置作业	完成练习 7“改错句”；阅读复习教材时量补语语言点部分和课堂笔记（培养自学能力）；朗读课文。（2—3 分钟）	集中讲解。	
5—6 课时	组织教学	播放录像：中国人的早锻炼，让学生感受公园、街角、楼前、路边，中国人早锻炼的气氛。（8—10 分钟）	集体观看。	录像：中国人的早锻炼。
	感知理解与巩固运用课文（二）	带着问题观看，边看边说：早锻炼的人主要是谁？早锻炼主要做什么？录像停留在练气功的画面结束；领读、分角色朗读课文（二），要求在语境中理解“五点多就起来了”、“练了好几年了”、“不一定，有时候练一个钟头，有时候半个钟头”、“对身体很有好处”、“有好几种慢性病”、“差不多都好了”、“三天打鱼两天晒网不行”等语句，提醒注意“五点多”、“好几年”、“好几种”等的概数表达法；两人一组练习主持人介绍王老师，请他以“练气功的经验”为题，把课文（二）主要内容用叙述体复述出来，注意用上板书的语句；老师走动巡听，请小组自由或老师点名邀请一小组展示主持人与王老师的练习；注意让学生认识并理解中国文化对持之以恒精神的推崇和践行。（20—25 分钟）	集体跟读；两人一组分角色朗读；两人一组练习主持人介绍王老师、王老师介绍练气功的经验。	板书：提问及回答的关键词；课文（二）七个语句结构或关键词；条目提示王老师经验：练气功时间，每天起床时间，每天练习时间，效果，注意事项。

教学程序	教学实施			
	教学过程	教学内容与方法	组织形式	教学手段
5—6课时	感知理解与巩固运用课文(一)	领读、朗读课文(一),要求在语境中理解"对……已经习惯了"、"要等十多分钟才能买到饭"、"我从来不睡午觉"、"每天都坚持锻炼一个小时"、"晚饭后我常常散一会步"、"要复习预习两三个小时"、"原来打算学一年,现在准备再延长一年"等语句,注意提醒"十多分钟"、"两三个小时"等概数表达法;结合课文(二)总结汉语概数的表达法,引导学生注意为表达意图寻找表达形式的认知方式;老师就课文(一)内容提问,学生分两组计分抢答,板书提问或回答的关键词,形成作息时间表;两人一组以记者采访形式把课文(一)内容复述出来,注意用上板书语句和作息时间表;仿照板书作息时间表,要求学生写出自己的或同屋、中国朋友的作息时间表,并看着时间表以"某某的一天"为题说给同伴听。(30—35分钟)	集体跟读;集中总结讲授概数表达法;分两组练习计分抢答就课文内容的问题;两人一组做记者采访练习;两人一组介绍"某某的一天"。	板书:提问及回答的关键词;课文(二)七个语句结构或关键词。 表格:作息时间表。
	检查小结	小结时量补语、离合词和概数表达法三个语言点,检查前一课所留作业练习7的完成情况;总结"才"、"就"的用法,完成练习6。快速阅读练习8"读后说"短文,简单讲解补充生词,镂空板书故事梗概,带领学生复述故事。(25分钟)	集中总结讲授;每人一句完成练习6、7;跟着老师复述练习8故事。	板书:镂空板书练习8"读后说"短文故事梗概。
	布置作业	复习全课内容;把练习8的小幽默故事讲给同屋或中国朋友听,用"不明白"、"听懂了"、"笑了"记录听者的反应,下次课汇报结果。(3—5分钟)	集中讲解。	图片:卡通脸谱表示"不明白"、"听懂了"、"笑了",发给学生。

教学后记:(略)

第四节　课堂教学设计的实施——教学的组织

课堂教学设计的终极目标是能够成功实施课堂教学，教案编写是其中间环节。完成了课堂教学设计，编写了合理、详尽的教案，并不是课堂教学设计的结束，成功实施课堂教学才是课堂教学设计的顺利终结。虽然说教案是课堂教学实施的重要依据，但是与课堂教学成功实施密切相关的还有许多其他因素，如教师的语言、课堂的组织与管理等。

一　教师的角色

在汉语作为第二语言/外语的课堂教学中，教师扮演着双重角色。他/她既是语言和文化知识的传递者，起着教授汉语的作用；又是学习者操练汉语（训练语言技能）的对象，起着用学生的目的语，即汉语跟他们交际、交流的作用，从某种意义上说，这时的他/她不是教师，而是一个说汉语的中国人，一个普通的交际对象。尤其是这后一种角色，有别于一般的专业教师。也正是由于此，对教师自身的语言要求就比较高，比如，汉语普通话的发音要很标准（通常要求普通话测试的等级为二级甲等）。这对母语是汉语的教师来说也许还不算难，但对母语是非汉语的教师来说，就有一定的难度了，因为他/她本身也是汉语的学习者。

在汉语作为外语的环境下（参见第二章），学生出了课堂几乎就没有什么社会环境可以让他们使用汉语，把课堂上学到的东西付诸实践。因此，课堂教学就显得特别重要，教师说的话，包括其教学语言，是他们主要的“输入源”和“可理解的输入”，对他们习得汉语起着重要的作用。教师在课堂教学时，能拿出多少时间来组织语言活动（师生之间的、生生之间的），或者说练习汉语，直接就决定了学生能有多少训练语言技能的机会。

在汉语作为第二语言的环境下，学生下了课可以有机会到社会上去练习汉语，在学习生活和社会生活中直接运用汉语，通过课堂教学和社会实践的双重管道,"耳濡目染"习得汉语。由于有汉语的大环境,有些教师就放弃了自己的第二种角色(新手教师则不明白自己还有第二种角色),即参与学生的语言活动,跟他们互动,充当他们的交际对象的角色。他们习惯于"满堂灌",只注意知识的传授,不重视技能的培养,把课堂只作为单纯传授知识的场所。比如,整堂课都是自己在讲授语言知识和规则,分析语言现象,学生没有机会开口,这就失之偏颇了。第二语言/外语教学的目的是培养学生综合运用语言的能力,其实践性决定了课堂教学的根本性质。

由于教师具有双重角色,因此教师在进行课堂教学设计时,一方面要考虑如何把教学内容传授给学生,如用什么方法、技巧和话语,另一方面又要"想方设法"组织语言活动,帮助学生训练语言技能,包括自己的参与,如在"角色扮演"中充当交际的一方,或是直接提问学生让其回答问题等。作为教师和说母语者(或者是汉语非母语的教师),你不仅要调动学生的积极性,鼓励学生参与语言活动,使用目的语,还要纠正他们的语言错误。是显性地、直截了当地纠错(如"你说错了/你说得不对,汉语不是这样说的,应该说……"),还是委婉地指出(如"说得(很)不错,但有一点小问题……"),或是隐性地改正(如教师用正确的句子重复学生的话:"你是说……吗"、"你的意思是不是……"),纠错方式的选择也是组织教学时要考虑的。

有人给第二语言/外语教师设计了许多角色,如知识的传授者、技能的训练者(教练)、说母语的交际者、纠错和勘误的编辑、课堂的管理者、情境的创造和模拟者、课堂上的主持人等。第二语言/外语教师能不能给自己的角色准确定位,会直接影响到课堂教学设计的实施和课堂教学的组织。

二　教师的语言

(一)教学语言

从第二语言/外语教学的角度说,课堂上"教师的语言"具有两层含义:一是指通常所说的"教学语言",它是教师把(语言)知识和技能传授给学生时使用的语言,是"传道、授业、解惑"的工具,起着传递教学内容和信息的作用;二是指语言教师对学习者说的话，也称为“教师话语”(Teacher Talk，TT)，它有一些专门的特点，在学生的目的语习得中起着特殊的作用。在课堂教学的实施中，有时两者是统一的，即教师把“教师话语”作为“教学语言”。在汉语作为第二语言/外语的课堂教学中，“教学语言”的使用有三种情况：

一是使用学生的母语进行目的语(汉语)教学，这种情况最常出现在汉语作为外语的教学环境(参见第二章)。由于缺乏社会语言环境的支持和教师自身可能存在的汉语能力问题(如有的汉语非母语的教师自己的汉语交际能力并不很强)等原因，教师会用学生的母语(也是有些教师自己的母语)教授汉语，尤其是教授零起点的学生；另外有些语言知识课也常用学生的母语上，如专门的汉语语法课等。在汉语作为第二语言的环境里，通常是不允许用学生的母语教授汉语的，但也有一些新手教师(novice)或有外语专业背景的教师喜欢用学生的母语教汉语，课堂上常常满口外语(学生的母语)，无论是教学指令还是解释语言现象或文化知识，都使用外语。遇到这种情况，学生会抱怨：到底是老师练外语还是我们学汉语？

二是用目的语教目的语，即用汉语教汉语，这在汉语作为第二语言的教学环境里是最常见的(参见第二章)。比如，在中国大陆和台湾，通常不主张在课堂教学中使用外语(学生的母语)，而是希望在社会环境的支持下，通过课堂和社会环境的互动帮助学习者尽快建立起汉语的语感，减少母语的“中介”，因此不少学校规定教师在课堂上不许讲外语。另外，从客观上讲，许多教汉语的教师外语基础并不好，用外语上课也并非易事，加之大多数学校是采用混合制编班，学生来自五湖四海多个国家，一个教师也不可能懂得所有学生的母语。如果从初级水平开始就用汉语教汉语，教师说什么话可以让学生明白就显得非常重要了。要是完全使用中国人之间工作学习的语言和语速，即所谓真正“地道”的汉语，学生就可能什么也听不懂，上课光“坐飞机”了，这时教师的语言就要改变，如放慢语速、使用最简单的词语和句子等，就要使用特殊的“教师话语”了，从这个意义上讲，教师是用“教师话语”来进行教学了。

三是使用“混合语”教学，即目的语(汉语)和学生母语(外语)夹杂着使用。在汉语作为外语的教学环境里，在初级阶段用学生的母语教汉语或许是不可避免的，但随着学生汉语水平的提高，教师应逐渐减少学生母语的使用，在这一过程中，就会出现使用“混合语”的现象。在汉语作为第二语言的教学环境里，我们主张不用学生的母语进行教学，而直接用汉语教汉语（辅以非语言手段，如表情、手势、实物、多媒体等），但万不得已时也可以有限地使用一些学生母语，这也是使用“混合语”的现象。

从语言教学法的角度说，在二语或外语课堂教学中能否使用或应不应该使用学生的母语（如果可以使用，比率应该是多少）历来是各种教学法争论的焦点之一（章兼中，1983；Wells，1999；Cook，2001）。比如，语法翻译法本身就是一种用母语来教授外语的方法，教师用母语仔细分析语法规则，并让学生记住这些规则，然后使用这些规则和词汇通过句子和篇章的翻译掌握语言进而阅读文献，第一语言是第二语言/外语的参照系统（Stern，1983；章兼中，1983；Richards & Rodgers，1986）。认知法主张“有意义的学习”（meaningful learning），其中一点就是学习新知要同已知联系起来，并加以利用。学习者的母语是已知，应该充分利用它来学习二语或外语，促进语言习得，适当使用母语也能帮助学习者有效地理解教学内容，内化二语或外语知识。语法翻译法和认知法都是赞同使用母语的，尽管后者主张要适当地、有控制地使用母语。反对使用母语的教学法有直接法、听说法乃至交际法等。其理由主要有：幼儿习得第一语言的事实；二语或外语习惯的养成，目的语输入是模仿的基础和前提；情景与环境对语言学习的作用；交际能力的培养在于运用。

这里我们主要讨论的是教师使用不使用学生的母语进行教学，也就是教学语言的问题，至于教师让不让学生在课堂上使用自己的母语（如有的语言项目要学生签订所谓“语言誓约”，发誓在项目进行过程中不说母语），或学生在二语或外语课堂上使用自己母语的情况（如教师让学生小组活动完成任务时，学生们用自己的母语讨论如何完成任务等），那又是另一个有意思的话题了。

（二）教师话语

在第二语言或外语教学的课堂上，教师对学生说的话就是教师话语，但它有些不同于其他课程教师话语的特殊性（它不仅是教学语言，也是学生正在学习的语言的输入源之一，其输入的话语形式不同于其他专业课程），以至于它和“外国人话语”(Foreigner Talk, FT)、“同伴话语”(Peer Talk, PT)等一起成为专门研究的课题。

学习者学习二语或外语的起点不同，掌握的程度和水平也不同，因此教师在用目的语授课或跟学生交际时，就要根据学习对象，尤其是初级、中级的学生，修改、调整自己的话语，使他们能听懂明白理解自己的意思。对教师话语的注意和研究其实源于“保姆话语”(Caretaker Talk, CT)。人们发现在儿童习得第一语言（母语）的过程中，大人/成人在跟幼儿说话时比跟成人说话时更清晰简单，不论是在用词还是句子结构上都表现出与成人对成人说话不同的特点（如妈妈跟孩子说汉语时常用重叠词，像“吃饭饭”、“开车车”等），音高、语调（汉语的声调甚至也会发生变化）、语速、节奏也都会有变化（可参见 Ellis, 1994）。尽管第二语言学习跟第一语言学习不同，但中国人在跟外国人用汉语交谈(FT)时，教师在用汉语教学生(TT)时，也会表现出一些跟“保姆话语”(CT)类似或不同的特点。Chaudron(1988)归纳了教师话语的主要特点（转引自杨连瑞等，2007：189）：教师占据教室，主动提问、解释、命令学生做出反应；对低水平学生说话语速慢、停顿时间长，说话声音大，清楚；根据学生水平变换使用词汇；使用句法简单的表达。教师话语有时有不合语法的情况，对低水平学生说话时多使用自我重复等（又可参见刘珣，2000）。

（三）教师语言的作用

上面我们讨论了“教学语言”和“教师话语”。作为实施教学计划和课堂教学的重要组成部分，教师的语言作用于整个课堂教学过程，直接影响着教学质量和效果（杨惠元，2007：167），它既用来组织教学活动（实施教学计划），又用来管理课堂（保证教学计划能顺利、有序实施），还是目的语的有效输入（话语本身作为学习材料），起着三重作用。教师的语言“关系到能否成功地执行教学计划，同时也成为学生（特别是在非目的语环境中学习）所能获得的可理解输入的主要来源，直接影响到他们的目的语习得”（刘珣，2000：350）。

首先，教师的语言是在课堂教学中用来组织教学活动的，也就是说是用来实施课堂教学计划的。姜丽萍(2008:268—278)按照课堂教学的顺序,把教师的语言分为:启动环节课堂用语(包括问候语、稳定课堂秩序的课堂用语、点名语、交作业的课堂用语、上课语)、复习环节课堂用语(包括复习旧课环节的课堂用语、检查预习环节的课堂用语)、导入环节课堂用语、展开环节课堂用语(包括指令语、提问语、询问语、追问语、过渡语、表扬语、委婉语、插入语、应答语)和结束环节课堂用语(包括结束语、布置作业的课堂用语、下课语、招呼语)。这些主要都是用来组织教学活动的语言,其中也有些是用来管理课堂的,如稳定课堂秩序的课堂用语。由于第二语言/外语课堂教学的特点,教师的语言具有很强的受限性,特别是针对初、中级学生的课堂教学,可用的词汇数量很少,句子长度和结构相当精简,话题十分有限。教师要在这样的条件下跟学生沟通,发出指令、进行讲解、传递信息,要让学生明白并且行动,难度可想而知(杨惠元,2007:172)。因此汉语教师在教学语言上要特别下工夫,重点是"说什么"、"怎么说"。

其次,教师的语言要用于管理课堂,维护教学秩序,保证教学计划的正常进行。在课堂教学过程中,会出现许多非预设事件(参见第八章),比如,某个学生因听不懂教师的话而突然发怒,有的学生要求离开教室去卫生间或抽烟,或学生之间发生争执,小组活动开起了"无轨电车",学生因某种因素触发向教师发问不是课堂教学的内容,等等,教师如何使用得体的、礼貌的、恰当的又不引起文化冲突的语言管理课堂、约束学生,使教学计划能顺利、有序地实施也是一门艺术,互相尊重、有礼有节、理解宽容是基本的原则。

再次,教师的语言是学生获得目的语(汉语)输入,尤其是可理解输入的主要来源之一。第二语言习得的研究表明,输入对习得语言起着决定性的作用,它是语言习得的前提条件。行为主义把输入与输出直接联系起来,认为输出是模仿输入形成习惯的结果;心灵主义认为,人类的大脑中存在着语言习得机制(LAD)和普遍语法(UG),语言输入可以触发内部的习得机制,使其运转起来从而习得语言;而互动理论则认为输入是和已知联系起来,产生互动进而内化新知习得语言的。尽管各种理论不同,对输入的看法也不同,但谁都肯定输入的作用。其实,第二语言/外语学习者所接触到的目的语输入有两种:一种是所谓完全真实的语料，它没有经过任何修改，如中国人用不加任何修改调整的汉语跟一个汉语学习者说话，或中国人之间交流用的口头或书面言语。对于这种语料，第二语言/外语学习者有一个从全部不理解到部分理解直至全部理解的过程（最后一步也许很难达到），换句话说，对于学习者来讲，这种语料中有多少是"可理解"的，要视其语言水平而定。另一种是经过修改调整的语料，如我们上面所说的"外国人话语"（FT）或"教师话语"（TT）。由于这种语料是说话者根据学习者的不同语言水平经过修改调整后输入给学习者的，因此它们大都是"可理解"或便于理解的。Krashen（1981，1982，1985，1989）在其著名的输入假说（Input Hypothesis）中提出，只有可理解输入才能被习得，成为吸入（intake）。在第二语言/外语教学的课堂上，教师的语言不仅是学习者所能接触到的目的语的主要输入之一（教材是另一个来源），也是可理解输入的主要来源。

三 课堂组织与管理

从教师教学的角度来说，课堂组织主要就是按照课堂教学设计的要求来组织教学活动，达到教学目标，与此同时，为了保证教学活动能顺利、有序并且有效地进行，也要对课堂进行各种管理。在操作层面上，组织课堂教学活动和管理课堂实际上是同时进行的，或者说合二为一的。课堂是千变万化的，什么事情都可能发生，尤其是当课堂上发生了非预设事件（参见第八章），或教学活动不能顺利地进行时，对教师来说更是一种考验。有经验的教师能够把非预设事件转化为一种教学资源，使教学继续顺利地进行。驾驭课堂的能力是在实践中培养出来的，是学习和经验的积累。

（一）课堂组织管理的原则

以往的课堂组织与管理强调的是教师如何按部就班地执行教学计划，即按照教案循规蹈矩一步一步地完成教学任务，而课堂管理主要是纪律管理，即让学生都听教师的话，不要开小差，跟着教师走。其实课堂教学是一个非常复杂的过程，涉及许多因素，尤其是第二语言/外语的教学，语言本身（如汉语），既是教师的教学工具，又是学生要掌握的目标（目的语），并非只是循规蹈矩地完成教案内容和管好纪律那么简单。如何通过有效、有序地组织教学和管理课堂调动学生的学习积极性，使学生发挥出主观能动性，提高学习效率才是我们要重点关注的。在课堂组织管理中，我们应该注意：

1.以学生为中心组织管理课堂教学。

现代教育强调以学生为中心/主体，有些人把它理解为在课堂上要以学生为中心，甚至什么都听学生的，其实这种理解是片面的。所谓以学生为中心，是指从教学的设计开始就要考虑到学生的需求、文化背景和自身特点，据此来有针对性地进行教学设计，这是在正式的课堂教学之前。在课堂教学的实际过程中，要以学生为中心开展各种教学活动，教师精讲（解释、说明），学生多练（听、说、读、写、译），使课堂变成真正的语言训练"战场"（实战场所），一切教学活动要围绕提高学生的语言交际能力和汉语语感开展，至于教师用什么方式、方法引导、组织和管理教学活动那是另一回事，但教师"满堂灌"肯定不是以学生为中心的语言课。在课堂上，教师应该是引导者、领航员、教练，甚至陪练（这是语言教学的特殊性）。法语中有一个词叫 animateur/animatrice，翻译成"主持人"似乎缺少了点内涵，他/她扮演的是调节现场气氛，使其活跃、有生气，让参与者之间或参与者跟他/她自己互动起来的角色，这个词用在二语/外语教师身上也许是很恰当的。课堂教学结束后，教师反思并根据学生的实际情况调整自己下一次的课堂教学，帮助学生开展课外学习活动（另一种形式的课堂教学活动的延续），也是以学生为中心的体现。

2.建立良好的课堂氛围和师生关系。

要让学生兴致盎然、身心愉悦地学习，就必须营造一个和谐的、师生交融的课堂氛围。有的教师喜欢严肃、严格的课堂管理，不允许学生有一丝一毫的"违规"，师生关系是建立在教师的绝对权威和学生的完全服从基础之上的，课堂氛围往往是沉闷有余，活力不足；冷漠、紧张的课堂人际关系并不利于学习。我们主张教师要形成自己的人格魅力和亲和力（爱心），能凝聚学生，他/她的"权威"是一种吸引力（而不是威慑力），学生信任他/她（这种信任是以教师的学识为基础的），尊重他/她，愿意跟他/她学习。师生关系是建立在民主、平等、合作的基础之上的。教师的批评无论是直截了当的还是委婉隐性的都是出于善意，有时幽默（不是嘲讽）的批评会让学生更容易接受，鼓励学生永远是第一位的；耐心能降低学生的焦虑感，培养他们的自信心。总之要走出教师“管”、学生“被管”的认识误区，创建一种融洽和谐、让学生的注意力都集中到当下的学习活动中来、且有成就感的课堂氛围。

3.注意反馈，及时调整课堂教学。

前面我们说过，课堂是千变万化的，在课堂教学的过程中什么事情都可能发生，尤其是那些非预设事件（参见第八章），因此课堂教学具有不确定性和生成性（每节课都是新生成的，不可完整复制的）。教师在实施教学设计、组织课堂教学和管理课堂的过程中，要随时注意学生的反馈（提问、交谈、作业，甚至眼神、表情都是反馈的渠道）和非预设事件的发生，“眼观六路，耳听八方”，及时调整教学的节奏、方法、形式，乃至内容。举个真实例子来说：在一个暑期汉语班上，教师上课的话题是“买衣服”，教学对象是一群欧洲国家的学生，女同学居多。教师花了许多时间认真备课，其中包括用提问的方式学习句型“你穿多大（号）的（T 恤衫）”。上课时，教师提问每一个学生“你穿多大（号）的（T 恤衫）”，结果是学生面面相觑，拒绝回答。面对这种突如其来的“冷场”，教师不知所措，教学以失败而告终。其实，这个看似句型操练的活动由于社会文化背景的不同触犯了女学生的“隐私”，使得学生很反感，因而拒绝回答；而教师又因缺乏应对非预设事件的能力，不善调整自己的教学，以致教学失败。教师在组织教学活动和管理课堂的过程中应该具有驾驭、调整和应变能力，能够从容应对课堂反馈和意外事件的发生。

4.以提高教学效率为核心。

通常来说，每节课的教学目标是非常明确的，一切课堂组织和管理活动都应该围绕着教学目标进行。但每节课的时间又是有限的，这就要求我们优化课堂教学结构，既要使教学安排紧凑，又要让课堂节奏张弛有度，错落有致。好的课堂组织能提高教学效率，使“单位时间内完成的工作量”（效率）达到最高。有的教师课堂组织得很热闹，也很“花哨”，各种活动层出不穷，但仔细观察却发现，学生的实际收获并不多。我们说，教学活动应该是有效的，学生为教学活动付出的时间和精力应该有相应的收获和回报。

（二）课堂组织的重点

旧时做文章讲究“起承转合”，“起”是开始，“承”是承接上文，“转”是转折，“合”是全文的结束。我们用它来比喻课堂教学组织的重点也颇为合适。

“起”是课堂教学（或某个教学活动）的开始。这时教师首先要通过一定的手段让学生尽快进入学习状态，比如，宣布开始上课、跟学生用汉语聊聊天、嘘寒问暖等，把学生的“心”和“神”收到课堂上来。然后，有的教师是通过复习上节课的内容或相关内容来导入新课，有的教师则直奔主题。现代第二语言/外语教学都非常注意所谓 warm up（热身），用什么“热身”、怎么“热身”是很有讲究的。任务教学法以“任务前”活动来体现“起”。怎么“起”是课堂组织首先要考虑的。

“承”是承接“起”的环节，开展各种有效的教学活动以完成本课的主要教学目标。从课堂组织的角度看，“承”不仅要考虑用何种形式开展教学活动，还要考虑各个教学环节的衔接问题，同一教学内容的各个教学环节不仅要过渡自然，而且要重点突出。比如，语法点的教学是采用演绎法，先给出规则、句型再以例子解释说明，还是采用归纳法，先给些例子，从中归纳出规则再操练，等等。“承”是承接，也是展开，是课堂教学组织的重中之重。任务教学法以“任务中”活动来体现“承”。

“转”是转折。从一个内容的教学转到另一个内容的教学是转折，如从一个语言点的教学转到另一个语言点。课堂上出现各种非预设事件也是教学的转折，如学生向教师提出了一个与当下教学内容并非直接相关的问题，教学组织就可能出现拐点。在这种“转折”情况下，是跟着学生的问题走下去，甚至“信马由缰”，还是拒绝回答，让学生只注意当下的学习内容，或者适当回答学生的问题，然后马上把“风筝”线收回来“言归正传”，教师要做出选择。

总之，课堂教学组织应包括的各个方面，像教学内容的安排（如难度的控制与分布、根据教学的重点和难点合理分配讲解量和训练量、训练的强度等）、教学手段的运用（如用多媒体设置场景、用实物或挂图来解释词语等）、教学活动的选择（如是用师生问答、角色扮演或是小组讨论的形式）、教学方法的调整

（如是听后回答问题还是边听边选择答案）、教学节奏的变化（如语速的快慢、各环节的松紧张弛）、教学语言的使用（如说什么、怎么说、用目的语说还是用学生母语说等）、学生的调动（如怎样用声音、语速变化、眼神表情、动作等各种手段吸引学生的注意力，如何保证每个学生都能参与教学活动等）主要都体现在“承”、“转”之中。我们举一个调动学生的例子来看如何组织教学：一个语言班里总有学得好的“善学者”和进步慢的“不善学者”，其主动性也不一样。有的教师上课总是喜欢让学得好、进步快的学生先回答问题，把“不善学者”留在最后，久而久之，后者会产生自卑感（严重者会放弃学习），教师提问时，他们根本不去积极思考回答，而是认为反正老师总是让那几个好的同学先回答，与自己无关。于是课堂变成了几个人的天下，看似气氛热烈，其实弃一部分学生而不顾，使后者逐渐成为真正的“失败者”。有经验的教师提问时不是这样，而是有组织的。遇到难度大的问题，让“善学者”先回答，为的是给“不善学者”做个示范，方便他们跟上；遇到难度不大的问题，让“不善学者”先回答，目的是让他们建立起学习的信心，心理上觉得自己也可以首先发言，“我”跟那些所谓的“善学者”没什么两样。这样一来就促使他们发挥自己的主观能动性，帮助他们从不善学转变到善学。尽管事实上每个学生掌握知识和技能的情况不同，但班级的氛围并不会因此而改变。

“合”是课堂教学（或某个教学活动）的结束。如何收课也很有讲究，而不是简单的时间一到就说下课。收课时首先要考虑教学活动的完整性，下课时间到了，你的教学活动是否按计划都完成了。如果某个教学活动进行到一半该怎么收尾？是拖堂还是暂告一段落下次继续？不同的教师有不同的处理方式。如果教学内容和教学活动都完成了，那么下课前是否要总结一下今天的主要内容，布置些作业，也是教师要考虑的。另一个重要的方面是如何让学生在课后延续和延伸教学活动，这不仅仅是布置个作业就完事了。任务教学法以“任务后”活动来体现“合”。

（三）课堂管理的重点

课堂是由教师、学生、环境和教学/学习材料组成的，因此课堂管理也必然涉及这些方面，而纪律管理只是其中的一部分。课堂管理和课堂组织是分不开的，课堂管理的有些内容我们在前面已有所涉及，如对学生学习状况的管理（了解学生的社会文化背景、知识背景、语言初始能力、进步情况，建立学生档案等）；有些则是常规，如教师自我管理（认真备课，上课不迟到、不提早结束，板书要求，写教学日志，积极组织和/或参与学生的语言活动等）、课堂要求（预习复习要求、听课要求、作业要求、语言活动要求）等。这里我们强调几点：

首先是课堂环境的管理，包括空间环境和时间环境。空间环境的管理主要是为了营造学习气氛，并保证教学的正常进行。比如，教室的布置要营造语言学习的氛围，墙上可以挂中国地图和世界地图，贴各种展示中国传统和现代社会文化的作品，各种汉语学习的资料，像语音挂图、词汇卡片等。有的教师喜欢在课前放一些中国民乐或歌曲让学生感受和体验文化色彩，有的教师在墙上专门辟出一块展示学生的汉语作品。教室桌椅的摆放可以根据学生的人数和教学的需要进行变换。教室的整洁情况如何，上课所需的媒体设备（软、硬件）是否检查过，等等。这些都属于空间环境的管理。时间环境的管理主要是教学内容与授课时间的把握。教师在教案中写出了每个教学环节所需要的时间，但在实际的课堂教学中，时间是个不确定的因素，教师并不能保证每个教学环境都按照预定的时间完成，而是需要教师根据当下的课堂状况调整。新手教师往往控制不住时间，要么内容讲完了，时间还富余很多，不知接下来做什么；要么某个教学活动用去了大部分时间，教学内容无法完成。教师一定要有时间管理的意识，合理分配，收放自如，动态调整。另外，教师对时间的管理还要有效率观念，不仅要考虑师生投入了时间和精力，学生是否有收获，而且要考虑如何在课堂有限的时间内让学生的收获最大化。

其次是课堂活动的管理。第二语言/外语教学最重要的就是课堂活动，学生在各种教学活动中训练技能，掌握语言。教师和学生开展什么样的活动，如何互动；学生自己进行活动时（如小组讨论）教师如何管理；有的学生不愿参与课堂活动怎么办。这些都是课堂活动管理要涉及的。举个例子来说，教师布置学生完成一项任务，学生们分成小组，讨论如何完成任务及各自的分工。由于学生母语相同，于是他们就自然而然地使用自己的母语七嘴八舌讨论起来。

这时教师面临的问题，首先就是让不让学生用自己的母语讨论，通俗地说，就是学生的这种行为要不要“管”，是完全禁止还是放任自流，或有限度地让学生使用，教师要做出选择。另外，小组活动进行时，有的教师是站在一旁听之任之，无所事事，而有的教师则是在各小组之间巡视，随时准备提供必要的语言帮助和指导，并及时评价。课堂活动管理的目的是调动学生的积极性，引导他们参与到各种课堂活动中去。

再次是课堂秩序的管理。课堂秩序的管理是为了保证教学活动能正常有序地进行，它涉及许多方面。一是常规秩序的管理，比如，有学生迟到、早退，上课后教室依然闹哄哄的，教师需要维护正常的教学秩序。二是对课堂行为的管理，比如，有学生因为某种原因故意扰乱课堂秩序，干扰教师的正常教学活动。教师要有礼有节地排除干扰，维护教学活动的正常进行。三是对突发状况的管理，比如，有学生上课时突然吵起架来，或有学生忽然发病等，教师要能冷静地应对处理。这也包括上课时突然发生自然灾害（如地震）等。有的教师对课堂纪律管得很严，不让学生轻举妄动或乱说乱动，以为学生顺从听话、配合教师就能上好课、学好汉语。其实，语言课更应该给学生一些“自说自话”的空间，要让学生“动”起来、“活”起来，引导他们去思考语言的规则，对比自己的母语，尝试用有限的规则去创造无限的句子，运用词汇和语法规则去表达自己的思想。有时学生会提出各种语言和文化问题，并试图用汉语表达自己的思想。教师应该尽量鼓励，哪怕学生说得断断续续、结结巴巴，甚至理解错了、说错了都不要紧。没有创造性，只会“鹦鹉学舌”是无法习得汉语的。课堂秩序的管理是一门艺术，我们既不能一“管”就死，又不能一放就“乱”。

教案是课堂教学的预设，在实施过程中会出现各种各样的非预设事件，如何应对这些非预设事件，并努力把它们转化为教学资源是我们第八章要讨论的。

思考

1.你认为在课堂教学的媒体使用中，用电脑的 PPT 取代教师在黑板上手写的板书，有何利弊？

2.对教学效果进行评估,可以采用课堂观察、问卷调查、访谈等不同形式,请通过比较说明这三种评估方法的特点。

3.有人认为凡是中国人都可以当汉语教师,你怎么看?请围绕汉语教师的角色说明你的理由。

4.你认为要让学生在课堂上成功地开展小组活动,教师需要在活动前、活动中和活动后做好哪些组织和管理的工作,需要避免出现哪些问题?

任务

1.找一本对外汉语教材,选取其中的一课,参考上文中表7—4的"汉语课堂教学设计教学目标举例",为这一课设定具体的教学目标。

2.设计和准备一门新的汉语课程前,有哪些方面需要注意?请找一位有经验的对外汉语教师进行指点,并记录其经验。

3.观察一次课堂教学,分析教师在与低水平学习者和高水平学习者对话时,教学语言是否有区别,各自有哪些特点。

4.观察一次课堂教学,分析教师是怎么在课堂上安排"起、承、转、合"各个环节的。

第八章　课堂教学中的非预设事件

第七章讨论了汉语课堂教学设计，我们可以把课堂教学的预案，也就是教案或设计好的教学思路称为教学预设。可是在实施教学预设的过程中，我们需要考虑这样一个问题：在汉语课堂教学的真实情形中，是否一切都会按照教师原来的设计平稳、顺利地进行下去？教学设计方案中的内容是否会随着课堂教学进程的展开而出现减少、增加、被修改甚至终止的情况呢？教学预设和课堂的实际进程相等吗？如果不等，是什么原因导致了这种情况的发生？在教学已经被预设好的情况下，又有哪些课堂事件会影响教师和教学？

古希腊哲学家克拉底鲁曾经说过："人一次也不能踏进同一条河流。"那是因为人们想象中的河流或者定义中的河流和真实的河流永远不是同一条河流。教学预设中的汉语课堂和真实的汉语课堂其实也不是相等的。在预设和真实之间，有一些重要的东西以往常常被我们忽视了，这些东西就是"非预设事件"。它们是随着课程进程出现的一系列不在教师预先准备范畴内或预设内的课堂事件，具有一定的偶发性和随机性；这些事件的发生不仅会影响教师预设的教学进程，而且会引起教师对教学内容、教学思路及教学方法的调整，影响教师对其教学行为的选择。从长远说，它们还会影响教师的知识和技能发展。这一章我们来探讨这类事件的形态和它们所具有的教学资源价值。

第一节　非预设事件的分类

汉语课堂教学中发生的非预设事件，从来源角度可以分为四类：随机产生的非预设事件、由预设产生的非预设事件、由学生偶发兴趣产生的非预设事件、由教师偶发兴趣或灵感产生的非预设事件。

一　随机产生的非预设事件

随机产生的非预设事件（以下称"第一类非预设事件"）通常发生在课堂上，但跟教学无直接关系，属于非教学事件。它包括课堂的背景事件和学生的非学习行为两类。背景事件可以是天气变化（如刮风、下雨、起雾、天色、冷热等）、电器故障（如忽然停电、电脑死机、录音设备或空调故障等）、课堂造访（学生走错教室、办公室通知活动、教师或实习生听课等）、每日的师生着装打扮及用品（如发型变化、服饰及用品的样式、颜色变化等）、教室的清洁卫生（如垃圾未及时清理、黑板未擦、桌椅摆放等）、环境噪声（如手机铃响、装修噪声、操场喧闹等）等。学生的非学习行为主要包括纪律事件和行为动作事件，如迟到、早退、缺席、打哈欠、打瞌睡、开小差、发呆、闹肚子、上厕所、赶苍蝇、拍蚊子、削铅笔、讲闲话等。

这类事件与教师事先的教学预设无关，具有随机性和不可预测性，但教师和学生常常会受到这类事件的影响，并对这类事件做出回应。课堂上学生听到手机铃声忽然响起时，听课的注意力就会分散；教室外面突然天色漆黑、大雨倾盆时，关注点也会从教学内容转移到窗外；闹肚子或烟瘾上来了要暂时离开教室，就会产生一定的动静并影响其他学生和教师的情绪状态。教师受其影响，也常常会回应这类事件。比如，看到外面下雨就可能将教学的例句、话题跟下雨、天气等事件相关联；又如，听到有人突然敲门，也可能为了回应这个外部事件而将教学内容、方法和过程进行调整。

学习者的个体状况在课堂上始终是动态的，而课堂所依赖的背景也总是处于变化之中(如自然状况,春夏秋冬、阴晴冷暖;生活状况,服饰和颜色变化、各种需求;身体状况,精神状态、生理需求等),正是这些动态和变化产生了这类随机的、非教学的事件。

二　由预设产生的非预设事件

由预设产生的非预设事件(以下称"第二类非预设事件")在汉语教学的课堂中是频发的,其表现形式一般是由预设引发或导致的意外的学生提问、质疑、操练及运用,也可表现为由于预设失误、不足而产生的意外事件。比如,在课堂学习时,学习者自己会有意无意地将新学的语言内容与以前所学的进行对比、辨析。如教师在教"根据"这个词时,有学生就要求辨析这个词跟"按照"的区别。而这些需要对比或辨析的内容有时甚至常常不在教师的预设之中,如有教师在教"毕竟"前,准备好了"毕竟"和"究竟"的辨析,但没想到上课时学生却要求辨析"毕竟"和"反正"。有的学生在教师对某些词语或规则做出辨析或解释后还会根据自己所"掌握"的或所"理解"的语言事实来质疑教师所讲的内容。学生在学完某一语言形式的用法后,有时会尝试迁移到另一个情景中去,他们会问:"老师,可不可以这样说? ……",以求得教师的确认。有时,这种"移植"(可能是"活用",也可能是"过度泛化")会出乎教师的意料。这些都是由预设引发或产生的非预设事件。

学生在操练和运用语言的过程中可能会出现一些错误,这些错误除了学习者自身的因素外,有一部分可能是由教师的预设失误或不足所导致的。教师的预设失误或不足包括词汇、语法、语用规则解释力不强,提问不切合实际,预设的操练方式不佳,高估或低估了学生的认知能力和语言水平,等等。而学生的操练或运用错误既可以向教师提示学习者自身的或中介语的某些特点,也可以映射出教师的教学预设水平。

由教师的预设失误或不足导致的意外事件并不罕见。比如,如果教师对学生的汉语水平认识不足,就会出现明显的高估或低估问题。原先准备 10 分钟的内容实际耗时 20 分钟是常有的事,反之亦然。吴勇毅等(2003)曾经举过这样一个例子:在初级阶段的听力课上,让学生孤零零地听一个单句"我跟你说话简直是对牛弹琴”(录音内容),然后让他们理解意义(问:这句话是什么意思?)并选择正确的答案(A.你喜欢弹琴给牛听吗? B.跟你说什么你都不明白。C.我喜欢跟你谈话。D.我喜欢弹琴给牛听。),这样做是极有可能失败的。问题出在“对牛弹琴”上,因为学生大脑的“知识库”里,根本没有关于这个成语的背景知识,无法形成理解的线索。那么对听力教师来说,原来准备几十秒钟就能结束的一道听力题就不可能在短时间里结束,举例解释“对牛弹琴”的时间就可能远远超过做一道听力题所用的时间。我们再举一个相反的例子:在一次经贸汉语的阅读课上,原来教师准备花很多时间让日本学生操练“不动产”、“不良资产”之类的词语,上课时却发现其实根本没有必要,汉语的这些词语原就是借自日语的,学生没有任何学习难度,这时教师就必须停止原来设计好的活动,另谋“出路”。

有时教师对语法、语用规则的解释不够正确妥当,会导致学生运用时一错再错。比如,教师在教“把”字句后让学生造句,学生则说出许多诸如“我把路走了”、“我把饭吃一吃”这样的句子,这些因过度泛化产生的问题都是在预案执行过程中出现的,也是由预设引发的。

三　由学生偶发兴趣产生的非预设事件

由学生偶发兴趣产生的非预设事件(以下称“第三类非预设事件”)通常是由学生提问引发的,但它与上一类事件不同,它是由教学预设间接激发出来的,与教学预设之间的相关度较低,有更大的偶然性。比如,某教师在教学生坐出租汽车的常用套语时,准备好的是“向左拐”、“向右拐”、“慢一点”、“快一点”等,可学生突然用英语问 turn around 和 back up 用汉语怎么说。学生的提问在某种意义上其实也是对教师的提示,在一定程度上显示出这两个套语的实用性和重要性。有的教师在遇到这样的情形时就会立刻在相关内容里增补这两个套语的教学。同样是教学生如何坐出租汽车,别的教师就可能被学生问及如何用汉语表达“请打开后盖箱”和“上高架”,但却没有被问及怎么说“调头”和“倒车”。由此可见,同样一个情景,不同的学生有不同的关注点和兴趣点。再举一个比较极端的例子:某教师组织学生讨论,话题跟交通规则有关。某学生或许是从交通规则这个当下话题中联想、跳跃到了跟“警察”有关的思绪上，看上去似乎没有来由地突然问了一句：“老师，中国的警察有没有狗？”这个问题本身跟教师的教学预设的关系比较远，基本上属于学生偶发的个人兴趣事件，是个别学生的“意识流”，但这样的问题在课堂中“横空出世”也是常见的，它也会对课堂进程产生影响。

由预设直接产生的第二类非预设事件有一定的必然性和课堂共性，而由预设间接引发的第三类非预设事件，常因不同的学生、不同的兴趣点和不同的课堂环境而改变，具有较大的偶然性和离散性。

四　由教师偶发兴趣或灵感产生的非预设事件

由教师偶发兴趣或灵感产生的非预设事件(以下称“第四类非预设事件”)用通俗的话说就是教师在课堂上的“心血来潮”。第一种情形是教师被某个情景或细节触发，突然对某一个问题或话题产生了兴趣，暂时离开自己的教学设计，引领学生朝着自己的兴趣方向展开(是否属于“跑题”、“跑”了多远，要视具体情况而定)。这种情形许多教师都有切身体会。

教师的兴趣突发其实常有个性化的特征。对汉语语法有研究的教师会对学生的语言错误很感兴趣，专注跨文化交际的教师会对文化差异造成的交际差异和行为差异特别感兴趣，传统文化造诣深的教师则会在涉及中国传统文化的话题时有意无意地多花点时间。教师的专业背景或知识强项在支撑着他们的这种突发兴趣，因为教师也是有情感和情绪的生命个体，他们会在自己感兴趣的事情中投入更多的情感、表现出更高的热情。由兴趣导致的教师教学行为发生变化是这类非预设事件的来源之一。

这类非预设事件的另外一个来源就是教师的突发灵感或者说“灵光乍现”。教师认为自己在课堂上临时、当下想出的设计和内容比原来预设的要好，从而及时调整、修改自己的预设甚至抛弃原先的预设。举个例子来说：某教师在教经贸汉语课时，碰到“理性”和“感性”两个词依次出现。这位教师原先的预设是通过让学生讨论下列三个问题来掌握这两个生词：(1)学数学和学画画的人有什么不一样？(2)请谈谈对后面两个句子的看法：“我太喜欢这个房子了，我现在就可以付给你钱”;“这房子是不错,但是缺点也很多,你能不能再降一点价”。(3)有个女人特别喜欢买衣服,可是买回来的很多衣服一次都没穿过。请评价一下她的消费行为。可是在刚问完第一个问题之后,原先的设想在闪念之间被推翻,第二个问题变成了:“在看一个让人伤心的电影时,女人哭了起来。男人告诉她:‘不用哭,这只是一个电影,生活不是这样的。’请你评价一下这个男人和女人。”这个问题得到了学生的热烈回应,因为新的调整要优于原先设想的问题。这样的成功调整是大脑的一次偶然“擅自行动”,它在“鬼使神差”中完成,并非由现实场景直接或间接地引发。这类突发教学灵感,其出现机理也许很难把握,但从根本上说应该源于教师深层的知识结构和教学经验的积累。

伊丽莎白·琼斯等在《生成课程》(中译本,2004)中指出,儿童的兴趣、教师的兴趣、教师和儿童的讨论和协商这三个基本的方面构成了课程发生的动力。在汉语课堂教学中,教与学的两个主体以及教与学的互动过程构成了课程发生的动力。教师作为一个鲜活的生命个体,其状态起伏、情绪和兴趣变化等在课堂中也是个变数,所以才会有第四类非预设事件的出现。

第二节　非预设事件的教学资源价值

所谓教学资源,通常指可以用于教学的一切事物和条件,包括在课堂里能够产生教学价值的各种事件。邹为诚(2000)指出:“语言输入的最佳项目是学习者身边的事物和思想。因为这些地方的知识和概念最具有可理解性、重复率和突显性,同时也最能引起学生的兴趣、共鸣和参与热情。”这也就是 Ellis(1999:161)所说的“遵守‘此时此地’原则”(Adherence to the“here-and-now” principle.)。当非预设事件在汉语课堂教学中发生时,它是否能成为“此时此地”的教学资源,其价值何在?我们将在这一节中讨论。

一　非预设事件向教学资源的转化

上文所说的第一类非预设事件,即随机产生的非预设事件,其教学资源特性，如果放在一般意义上的大中小学课堂里有可能会被质疑，因为它们与当下的教学内容无关。但从第二语言教学的角度来看，它们却具备教学资源的特征。一旦它们与语言学习发生关联，并用于教学，就可以成为教学资源，显现其价值。也就是说，这些事件一旦真实发生，就是可理解输入（同时也是表达输出）出现的机会，尤其对汉语水平较低的学生来说更是如此，因为这些事件本身的解释力强，有助于学习者理解相关的语言知识和语言表达。比如，某教师自述在教副词"才"时，恰好有个学生上课姗姗来迟，于是这位老师就发问："你怎么才来呀？别的同学早就来了。"依赖即时场景和提问技巧（用"早"对比），学生们很容易就都体会到了"才"所表达的事情发生得晚的意思。

不过，这类非预设事件要转化为教学资源，被教师所利用，还需基于教师对学生汉语水平的了解和对事件的敏感性。比如，上课时突然有人敲门，这是一个偶发事件。如果教师的教学对象是程度很高的汉语学习者，这一事件就可能被忽略。教师在开完门处理事情后继续自己的教学过程，因为他/她并未将这件事视为教学资源。如果教学对象是初级学习者，教师就有可能故意先不开门，而大声说"请进"、"你找谁"或"你有什么事儿"，也可能故意说"教室里没有人"或"我们都不在"之类的话，以达到操练相关句型或功能的目的，那么敲门这个事件就被用于教学，变成了教学资源。又如，高级班的学生刚学过"说曹操，曹操到"这个固定短语不久。教师上课（点名）时问其他同学谁知道某个同学今天怎么没有来，恰巧在这时这个同学敲门进来，教师开门后随即说了一句"说曹操，曹操就到了"，于是这个敲门事件由于引出了一个有效的语言输入而成为了一种教学资源。当然，如果教师对此类事件不敏感或不愿为之，此类事件也不会自动转化为教学资源。

有时这类偶发事件会和正在执行的教学设计产生高度关联，因而受到某些教师的"偏爱"。比如，某位教师陈述，有次上课时教室里的日光灯突然掉了下来，虽然没有砸到人，但让大家非常吃惊和后怕。巧合的是，这位教师正在教的语言项目是"大吃一惊"、"大叫一声"和"吓了一跳"等动量补语结构，于是在后怕之余教师马上带着学生再"活学活用"了一下这个语言形式。这种事件出现的概率虽然很小，但小概率事件的发生却造就了语言吸收和教学的良机，甚至会让师生终生难忘。在研究中我们发现，教师利用不同的非预设事件来教授和操练的语言点有时竟然相同。比如，有的教师利用学生迟到事件操练“刚刚来”，有的教师则利用学生上厕所事件操练“刚刚出去”，有的教师看见学生吃面包就故意让其请已经用过早餐的学生吃以引出“刚刚吃过”这样的口头表达。一个语言点的教学可以依赖几个不同的非预设事件，这就给了我们一个启示：如果将这些随机产生的非预设事件进行细致的梳理、总结、类归，并将其与特定的汉语结构、功能教学相联系，建立起一些关联范式，那么这些非预设事件的教学资源价值就会更大程度地显现出来。

总的来说，随机产生的非预设事件在第二语言/外语教学中是有价值的，尤其是面对很多“零起点”和低起点的汉语学习者，它们就发生在学习者身边，可以充分利用，使其转化为教学资源。

二 非预设事件的辅助、检验和修正功能

第二类非预设事件实际上是由教学预设产生的，或者说是由教师的教学(教学内容、教学过程——实施教学预设)所引发的，由于它们是频发的，因此大多数教师都会应对此类事件，尽管他们应对此类事件的具体态度(典型的消极应对是“中国人就是这么说的”、“这是中国人的习惯”等)和投入时间有很大差异。一般来说，教师应对完学生的提问或质疑等后会尽快回到自己原先预设的轨道上来，即“言归正传”，但也有教师，尤其是新手教师表示，有时应对此类事件会很费劲，且并不能如自己所愿很快回到原先预设的轨道上来，会耗费比最初预想更多的时间和精力，甚至会将他们逼入窘境，导致整堂课教学的失败。当然相反情况亦有，比如，有教师在教“妩媚”、“婀娜”、“娇嫩”这三个词时原本觉得会有些困难，但意想不到的是班上已经有几个女同学很快理解了意义并开始运用。她们指着一个经常生病的女孩说“她很娇嫩”，指着另一个身材和形体特别好的女孩说“她很婀娜”，还争先恐后地指着自己说“我很妩媚”。这种出乎教师预想的正确运用当时就成为课堂教学的资源，并帮助班上其他同学理解了这三个词的意义，体现了“语言输入的最佳项目是学习者身边的事物和思想”(邹为诚，2000)，而这样的非预设事件作为一种教学资源辅助了教

学的顺利进行。

由预设产生的学生的提问和质疑等通常是跟预设的教学内容相关但又经常指向教材和教案之外的内容，教师很难回避，若善加利用可以获得并成为很好的课堂教学资源，比如，教师对学生实际运用汉语而产生的偏误（有经验的教师会对一些典型偏误进行预设，但不可能涵盖全部）可以即时纠正、辨析并解释成因，或可成为当下教授内容的扩展和深化。

由于这类非预设事件的产生源于教学预设，是学生对课堂教学的即时反馈，因此它们不仅具有直接利用的价值，还在一定程度上具有检验和修正教学预设及其实施的功能。它们可以透露出两方面的信息，一是教学预设是否存在自身的缺陷，二是学生在学习过程中的实际难点和教学预设中的难点是否一致。比如，有的新手教师在教完"见面"后听到学生说出"明天我见面他"这样的句子时才意识到自己在教学中忽视了离合词的特点。也正因为这样，教师才有了进步的空间，可以由此反思并改进自己的教学预设（参见第七章）。

尽管此类事件的产生会挤压教师有限的课堂时间，但其向教师昭示的很可能是对学习者至关重要的某个方面的信息。如果教师是个有心人，如课后做教学日志，这类非预设事件就有可能帮助他们增补和修改教学预案，甚至成为教材修订的基础之一，变为另一种新的具有实际利用价值的教学资源。教师在教学预设的增补和修正过程中既能增加关于语言及教学程序等的结构性知识，也能储备关于不同特点学习者的非结构性的经验等。

三　兴趣事件对教学效果的作用

第三类非预设事件是由学生在课堂上的偶发兴趣产生的（或者说是由教学内容间接引发的），有时并非直接针对教学内容。再举个例子：有位教师上课讲到"宠物"这个生词时，有个美国学生忽然冒出一句"我捡了一只猫"，这个话题与教学设计还算关联，但接下来其他同学的兴趣一下子转移到了该不该收养流浪猫的问题上，随之学生自发展开的讨论与教学预设拉开了距离，渐行渐远。

对待这类非预设事件，教师的态度和选择是不同的。有的教师认为没有必要对此类兴趣事件投入关注和热情，更没有必要支持，理由是在课堂教学中，教学计划和进度是第一位的，任何对此不利的事件都应该排除；有的教师则认为可以对此类事件给予适当关注，但不需要投入太多的时间来处理与教学设计无关的事情。举上面例子的那位教师就说："我碰到这样的问题时，一般会先顺一顺学生，先不打断他们，让他们稍微发展一下自己的话题后，再总结一下他们的结论，然后回到自己的教学轨道上来。"这部分教师偶尔会有舍弃原先的预设而迁就学生的情况，但在大部分情况下还是会将学生的这种"自由发挥"拉回到原来的教学计划中去的。也有教师认为教语言不能太死抠书本，只要学生产生了兴趣，就应该顺着学生的兴趣往下发展，哪怕是放弃原先设计好的内容也在所不惜（"信马由缰"或许是个比较恰当的比喻）。举例来说，有位教师叙述了自己听一堂口语课的经历：授课教师因早晨晚起未吃早饭，带着一包饼干进了教室，估计是打算课间休息时吃。有学生看到后发问："老师，你是不是没吃早饭？你现在吃吧，没关系。"接着这位同学似乎对这包饼干产生了兴趣，又问："这是中国的饼干吗？"老师觉得学生对中国食品有兴趣，就给予了回应，于是就开始与班上同学聊关于中国及各国食品的话题，包括巧克力、冰淇淋、奶酪、葡萄酒、比萨饼、麦当劳等，从食品包装聊到食品质量，再从食品质量聊到食品安全，最后又聊到健康，整节课完全抛弃了教材内容。听课教师课后抱怨说："这算怎么回事？这不是脚踩西瓜皮吗？整个一个意识流嘛。"

其实，教师的不同态度和选择反映了他们对此类事件是否可作为教学资源的不同看法。第一种态度是不认可这类事件具有教学资源的价值；第二种态度是承认或认可这类事件具有一定的教学资源价值；第三种态度显然是高估了这类事件的教学资源价值。我们认为，课堂教学是计划性与自发性、控制与自由之间的一场博弈，由于教学理念的不同，教师对这类非预设事件采取的立场也会不同，但注意两极之间的平衡却是十分重要的。

兴趣事件也是情绪事件。Zajonc（1980，转引自艾森克、基恩，2004：751）提出的情感优先假说认为，加工刺激的简单情感属性比加工更高级的认知属性在速度上要快得多。这一看法意味着对学生兴趣的正确把握能使课堂教学获得事半功倍之效。从汉语课堂教学的微观层面上考察这类学生偶发的兴趣事件至少可以得到两方面的启示:一是学生的兴趣常常是由交际需求推动的,而交际需求与教材的顺序、教学的顺序可能不同步(也许根本就不可能同步)。当学生表现出交际方面的合理需求和相关兴趣时,输入的最佳时机已经出现。如果教师在此时告诫学生"你别打断我,我们先把这个练习做完",那就是舍近求远的资源浪费。范梅南(2001:55)在《教学机智》一书中指出,教育时机位于我们教学实践的中心,"在教育时机的这一瞬间你必须行动"。学生偶发的兴趣事件作为一种教学资源,教师不应该浪费,关键是如何把握、如何合理利用。二是教师对学生兴趣的深入了解也是重要的课堂教学资源。不同国别的学生,其语言背景、文化背景的差异原本就很大,而学生的个体差异则更大,对学生兴趣的充分了解会给课堂教学带来很多输入的便利,对学生的学习动机也会有激发作用。同时,跨文化交际的敏感性和对学生文化背景的把握会有助于教师充分了解学生的兴趣。

态度和兴趣以及由此激发的动力会作用于学习效果,由学生偶发兴趣产生的非预设事件,若教师善加诱导且利用得当,可以有效地提高课堂学习效果,自然也就具备了教学资源的属性。加涅(1999:20)指出,在激发学生学习兴趣过程中所"暗含的管理活动是旨在以有效方式完成学习的任何系统所必需的。显然,它们是教师要完成的最重要的职能"。教师需要有把学生的兴趣事件转化为教学资源的管理能力,使其成为有效的语言学习的手段,起到促进语言学习的重要作用。对这类事件的关注还可以有效地改进以后的教学预设的质量,即在教学预设中充分考虑加入符合学生兴趣的元素并在课堂上敏感地捕捉最佳的语言输入机会。

四　教师的自动及其与学生的互动

第四类非预设事件是由教师的自动而引发的,有两种情形,教师偶发兴趣产生的非预设事件和"灵光乍现"产生的非预设事件。前者是由教师被课堂教学的某个情景或细节触发而产生的,它可以使我们看到教师在教学过程中所流露出来的突发的自我兴趣。尽管由此引发的偏离教学预设的现象其程度和频率因人而异，但确有其积极的一面。伊丽莎白·琼斯、约翰·尼莫(2004)认为，教师自身的积极性可能被自己的兴趣激发或者调动，教师自我兴趣的带入会给受教育者更积极的知识和情感的双重影响。当然，在此类事件中，教师应保持相应的自我纪律，即应以学生的兴趣和关注为准绳。我们认为教师偶发的兴趣如果不能和学生的兴趣产生互动，那就不是合理的教学资源("你怎么能断定你的兴趣学生也一定感兴趣呢?")。如果教师的偶发兴趣与学习者兴趣之间出现了汇点，或者说产生了互动，就使此类事件具备了教学资源的属性，若善用，教学的好机会出现的概率就会增加。当教学者对自己教学的内容充满激情时，其感染力是不同寻常的，而双方兴趣的互动共振则会激荡出意想不到的效果。

在此类事件向教学资源的转化中，教师的"元认知监控"能力是尤其重要的。"元认知监控"是"认知者对自己认知活动的监视与控制"(鱼霞，2007：83)，教师对自己的教学活动一般都会进行有意识的监察、评价和反馈，对自己的教学进行调整、修正和有意识的自控。在自我兴趣产生时，教师需要运用"元认知监控"能力以避免远离教学目标的"天马行空"(可用来自律)，也需要运用它去寻找与学生兴趣的交汇点。至于另一类突发的教学灵感事件，即所谓"灵光乍现"，其实也是跟"元认知监控"能力有关的。

人类经验中的灵感事件不能被设计，因为灵感具有稍纵即逝、无法重复的特点。可是很多教师都经验过被自己灵感点燃的课堂，灵感会让先前平庸的预设一下子变得灵动和充满生机。"灵光乍现"是每位汉语教师都拥有的潜在财富，是教师进入课堂时就"随身携带"的潜在教学资源，这是任何现代化教学技术手段都无法替代的。这种潜在资源向现实资源的突然转化有时会给课堂带来令人惊奇的效果，尽管教师们不一定知道这种转化是否会来、何时发生。教师们有时会用"今天状态很好"、"今天很出彩"这样的话语来自我评点当天的"发挥"，在这里，"今天"指称的兴许就不是一个必然发生的预设事件，而是一个即时的、临场的、甚至是出乎意料的非预设事件。灵感虽然稍纵即逝，但如果把握住这类事件且进行适当的教学反思，不但可以对教学预设大有裨益，而且对提高教师的临场机智也富有意义。

第四类由教师偶发兴趣或灵感产生的非预设事件，其价值在于可以调整教学者在课堂中的即时状态和教学思路，让其发挥出超常的热情和创造力，把非预设事件转换为一个杰出的教学事件。

我们发现，当论及上述四类非预设事件的教学资源价值时，教师们都比较肯定和重视那些看上去能与教学设计发生关联的非预设事件，而并不关注它们究竟是由何种原因形成的。这些非预设事件由于和教学内容、教学目标的相关性比较大，因而被教师所利用，成为教学资源，帮助教师巧妙地达成了自己原先设定的教学目标，所以得到了教师的肯定。教师对未与教学发生关联的非预设事件似乎兴趣不大，可事实上，这些非预设事件大部分都有与教学关联的可能性，只是很多被错过了。非预设事件如果未与教学关联就只具有潜在教学资源价值，它们在从理论上的资源价值向实践中的资源价值转换时需要一个必要的条件，那就是必须和教学产生互动和关联，然后才能在教学过程中实现。“教育的任务不是避免这种偶然事件，而是充分发挥它的教育教学价值”(罗祖兵，2008)。

作为第二语言/外语的课堂教学设计传统上是围绕教材展开的，是以教材为中心而不是以教学资源为中心的，因此并不太关心可以从教材之外额外获取的教学资源(多媒体和网络资源的利用已开始改变这种状况)，但教材只是教学资源的一部分，课堂本身还存在着很多资源，教材以外还有很多资源有待开发和利用。通过对汉语课堂教学中非预设事件的考察，我们可以发现它们都是可利用的课堂教学资源，而以教学资源为中心的课堂教学一定会比仅以教材为中心的道路走得更宽、更有前景。

第三节　非预设事件与课堂教学

教师在课堂上应对非预设事件时，会运用个人的教学机智通过当下的即时行为将此类事件与教学预设关联起来，比如，有位教初级综合课的教师，原本准备了一些颜色纸以备教颜色词语之用，可当她走进课堂时却发现，学生的服饰和使用的物品颜色十分齐全，比她准备的道具(各种纸片)颜色更加丰富，于是就当机立断做出了调整，从学生的服饰和随身物品开始导入有关颜色的词语，让偶然的背景颜色成为自己有效的教学内容和手段，使学生的学习变得更加直观和亲切。本节我们主要从教师的角度来进一步探讨在课堂教学中如何利用非预设事件，教师的行为是关注的重点。

一 非预设事件在什么情况下可以被课堂教学利用

(一)教师必须把握教学的起点

加涅等在《教学设计原理》一书中谈到教学设计者“必须选择教学的起点”(中译本，1999:24)，并将这个起点归纳为设计者对所教对象已具备的技能/能力和知识的理解以及对学生“人格特质”(如焦虑特质)的理解。在汉语作为第二语言/外语教学中也有类似的起点问题(参见第七章)，这个起点应该包括教师对教材、教学计划和教学大纲的理解，对学生语言能力“最近发展区”(见下)的了解，对学生兴趣、情感、家庭等个人背景的把握等，这有别于加涅等所说的“人格特质”，因为在语言学习过程中，尤其是成人，学习者具体的个人信息比他抽象的人格特征对教师把握教学起点更具可操作性，当然这种了解也应包括加涅等所说的“人格特质”。

1.教师对教材、教学计划和教学大纲的理解。

这种理解包括宏观和微观两个层面。所谓微观把握，指的是教师对某一次具体课程的教材、教学设计等的把握；所谓宏观把握，是对一个时期的教学目标/学习目标和教学计划的把握。以上文中提到的课堂访客事件为例，若突然有访客敲门时，教师正在教“请进”、“请坐”、“请喝茶”这些短语，而教师听到敲门声后突然停顿，然后大声说并夸张地将敲门者请进来，再故意拖出把椅子让他坐下，找个杯子递上前，这个事件就被课堂教学利用了。这是基于教师对教材和教学计划的微观把握，因为这件事只跟当下的这节课有关。如果教师当时在教拼音也许就不会选择类似行为。不过，也有教师即使在教拼音时，也会选择上述行为，因为他们清楚地了解整体的教学计划：“请进”、“请坐”、“请喝茶”等的教学内容将在几节/次课以后出现，是本周或下周的教学内容之一。

既然有那么好的现实情景出现，就不必拘泥当下的教学而将这个内容提前，这是对教材和教学计划宏观的把握。由于他们将某一段时间的语言教学目标作为一个整体来看待，这种调整对他们而言或许是顺理成章的。也有教师在教学内容方面会做出更大的跨越性调整，比如，他们在教数字的时候（有关数字内容的教学初次出现通常是在关于简介家庭和家人的话题中，如“你家有几口人”等），可能会因为学生的要求而抛开教材的顺序转而教学生钱的读数或操练以购物为主题的对话。这样的调整就可能跨越了几周的教学进度，但这样的调整并没有偏离汉语数字教学的基本内容。从某种程度上讲，对初级阶段或刚到中国的学生来说，数字最实用的功能也许就是数钱和购物。教师的这种把握已经超越了具体课堂的范畴而将语言学习项目融入社会交际和生活需求的宏观背景中了。有时从宏观层面上把握某一个阶段语言教学的总体要求，相应地，获取额外教学资源的机会就会增加（不然，有时对非预设事件的利用就会擦肩而过）。在应对学生提问、质疑或处理学生偶发兴趣这样的非预设事件时，如果教师过于死板地看待当下教学内容的重要性，把非预设事件转化为课堂教学事件的发生概率就会大大降低。任何教学起点中都隐含着教师对教学目标的不同理解，理解差异也会构成起点差异，而起点差异则会影响到教师对非预设事件的利用。

2.教师对学生语言能力“最近发展区”的了解。

维果斯基（1978:86）将“最近发展区”（zone of proximal development）定义为学生（儿童）的“实际/现有发展水平和潜在发展水平之间的差距”。在他的定义中，学生（儿童）的实际/现有发展水平指的是学生（儿童）作为个体在独立活动中已经达到的水平，潜在发展水平是指经由他人（成人或能力更强的同伴）帮助可能达到的学习水平。这两种水平的差异可以用来表征学生（儿童）认知能力的发展。在汉语教学中引入这个概念，是想告诉教学者必须对学习者现有的汉语水平起点、已经形成的语言学习能力特点有较完备的了解，并且清楚自己的责任和义务，如何通过各种有效的手段帮助学生达到潜在的（未来的）语言能力发展水平。

教师通常会对非预设事件的教学资源进行现场的即时评估，若这些事件可能引发的语言教学内容已经低于学生现有的汉语言水平，他们就会因为其缺乏相对的资源价值而不感兴趣。若这些事件可能导引出高于学生现有语言水平的教学内容，同时又能被学生的智力结构所理解时，教师就很可能将这些内容及时利用起来。比如，当教师教学生用汉语练习“打的”这个功能项目时，面对尚处在练习“往左拐”、“往右拐”这些短语阶段的语言学习者，即使学习者自己要求用中文表达“打开后盖箱”这个意思，教师一般也不会教他“请把后盖箱打开”这个句型，而是教“打开后盖箱”，因为他们会根据经验判断出：“把”字句对这个阶段的学生来说很难掌握，而后一个句子是学生现阶段“可能发展的水平”（“打开”、“门/窗户/包”或许已经学过了。对学生来说，“打开后盖箱”这个句子只包含了一个新名词“后盖箱”的学习，以一般的智力水平就能转换了）。但当教师面对的都是口语较好而读写困难的华裔学生时，他们将不会有上述顾虑，因为这些华裔学生或可通过方言和普通话的语法相似性很快习得“把”字句。教师在上述两种不同情境中所做的选择就是基于对学生“最近发展区”的了解。

3.教师对学生兴趣、情感、家庭等个人背景的把握。

学习者的个人信息对语言教师来说既是教学预设的重要资源，又是非预设事件在课堂中被利用的重要条件。有一篇“经贸汉语”阅读课文将诺基亚、三星、摩托罗拉在中国手机市场的竞争比喻为“三国演义”。由于参加这门课的学生都是父母一代刚移民国外的华裔，在中国国内接受过不同程度的基础教育，汉语水平较高，一看到“三国演义”这个提法就理解了这是在隐喻三家公司的战略竞争关系，但他们的兴趣却由比喻性的商场“三国演义”转向了历史中真实的“三国时代”。或许由于早期国内教育的印象尚在，又或许由于“三国演义”电脑游戏以及父母教育的影响，他们开始询问很多关于三国历史的问题并流露出十分浓厚的兴趣。教师在察觉这一状况后，认为违拗学生的兴趣并继续执行先前的教学方案不会取得满意的效果，于是，在一一回答完学生的相关问题后，决定先讲解一下三国时一些经典的战争策略和外交策略，然后让学生讨论这些策略在三个企业的竞争中有哪些是具有借鉴意义的。教师最终以此达到了回归教学预设的目的。这样的回归与先前的预设相比是有很大差异的，学习主体的积极参与给课堂带来了不同寻常的良好气氛。在这个例子中，教师判断出学生的偶发兴趣是源于学生自身特殊的文化背景，因此没有打断而进行了适当的利用。假设班里只有一名学生是华裔，也只有这名学生对“三国”表示出浓厚兴趣，教师一般不会表现出这样的弹性，因为他必须兼顾其他对此类问题不感兴趣的学生。对学生家庭和学习背景及兴趣等的了解会影响教师对非预设事件的价值评估并做出不同的行为选择。对学生的充分了解会提高非预设事件向课堂教学资源转化的概率。

（二）教师必须具备教学机智

之所以用“机智”这个词是为了与“智慧”一词相区别，用来表达教师即时的教学创造力，尽管机智是智慧的一种表现形式。正如范梅南所说“机智是无法计划的”，“它总是在具体的、出人意料的、无法预见的情境中自然迸发出来”（中译本，2001:191），他还说：“在教学当中，常常是那些不稳定的、不连续的、变化不定的时刻需要某种无法计划的机智的行动”（中译本 2001:191）。“要想将机智变成一套技术或技巧，以便在需要机智的情境中连贯地可以预测地行动，这是不可能的。尽管机智有无法控制的性质，还是有必要指出机智在实际的情境中是以一种积极的、规范性的方式表露出来的”（中译本 2001:194）。教师的教学机智，更多的是指教师在课堂中面对非预设事件时表现出来的一种临场天赋和机敏。比如，有位体形瘦小的教师在给学生讲可能补语“吃得了”和“吃不了”时，正好有位体形较大的同事从教室窗前走过。他灵机一动指着窗外的同事说：“那个走过去的人是某某老师。如果这儿有一桌子菜，我吃不了的话，他一定吃得了。”这位教师原来并没有打算用这样的方式来解释这两个词语的用法，同事从窗前走过这件事改变了他原来的设计，代之以更形象的方法来达成自己的教学目标。又如，某教师上课在教学生“检测”这个词时不慎脚踩了录音机的电源线使手提式录音机掉下了讲台，所幸录音机完好无损。于是，这位教师故意夸张地摸摸录音机后问学生：“知道我为什么要摔一下这个录音机吗？”学生们都用“检测质量”来回应了教师的提问。这位教师就是用这样的巧合事件让“检测”一词的习得发生了。

这两个教学事件都有很大的偶然性，但这两位教师的临场天赋，也就是他们的教学机智却在其中起了极大的作用。很多对别人来说无法与教学关联的非预设事件，在这样的临场天赋面前就可能会有更多的机会被关联起来然后转化成一条捷径来完成教学目标。当然，这种临场天赋首先要建立在对自己预设内容的了解和对非预设事件敏感并愿意接纳的基础上。

教师在课堂上的机智不仅仅表现为对外部事件的应对，也表现为对自己教学灵感的积极捕捉，这些由不可预设的机智带来的变数和效果，常常造就了课堂的精彩。借用范梅南的话来说就是："教育智能与机智指的是那种能使教师在不断变化的教育情境中随机应变的细心的技能。教育情境是不断变化的，因为学生在变，教师在变，气氛在变，时间在变。换言之，教师不断地面临挑战，在意想不到的情境中表现出积极的状态。正是这种在普通事件当中捕捉教育契机的能力和将看似不重要的事情转换使之具有教育意义的能力才使得教育的机智得以实现。"(中译本，2001：246)他的观点也可以被理解为，教学机智既是一种面对非预设事件的应变能力也是一种应变的态度，只有这种能力和积极态度的叠加才能创造出精彩的、有意义的教育事件。这种即时地"将看似不重要的事情转换使之具有教育意义"的过程也就是教师的教学机智和能力的表现。

二　教师在课堂中利用非预设事件时应该注意什么

教师在课堂中利用非预设事件时，最重要的是要处理好控制和自由之间的关系，也就是说教师的"教学监控能力"特别重要。"教学监控能力"指的是教师的元认知监控能力，是"认知者对自己认知活动的监视与控制"(鱼霞，2007：83)(参见第二节)，这种监控能力在课堂上体现为教师对自身教学行为的即时自我监控。

前面我们曾提到过，教师们对由自身偶发兴趣导致的事件应保持相应的自我纪律，要以学生的兴趣关注为准绳。这就意味着教师在课堂上应对自己的教学活动进行监察和反馈。面对种种类型的非预设事件教师会表现出三种不同的态度与行为：置之不理，将其与自己的教学预设整合，放弃原有的预设。

这些态度与行为其实都是基于他们对当前正在发生的教学活动的监察、评价和反馈。置之不理是高度自控的行为；将其与原先的预设整合是调整和修正的行为；放弃原有的预设即时创新是自我更正或自我否定的行为。离开了事件背景很难评价这些行为得当与否，但不可否认的是，这些行为在应对非预设事件的时候都可能发生，这就能说明这种教学监控能力在非预设事件向课堂教学资源转化生成的过程中是起作用的。

采用置之不理的态度和行为，通常是由于教师对发生的非预设事件没有较高的价值评估或者不能迅速判断其价值，因此不愿意做出调整，这是高度自控，甚至过度自控的结果。如果教师经常表现出这种情形，他的课堂行为或许是中规中矩的，但很难“出彩”，原因在于其课堂进程和原先的设计是相等的，在教学的过程中没有产出新的东西，变成了一个没有创造性、绝对刻板的程序操作。将非预设事件与自己的教学预设关联或整合起来，这种关联和整合一旦顺利地完成，往往就是“出彩”之处。教师的即时关联和整合能力既是教学机智的表现，也是自我调整、修正的监控能力的体现。在放弃原先预设的行为中，可以观察到两类教师：一类是具有很强的即时的自我评判能力和创新能力而又不偏离宏观目标的教师，另一类就是在非预设事件中迷失方向的教师。后者在教学计划性和教学自发性的矛盾中找不到平衡点，原因之一是他们的教学监控能力不足。

在非预设事件向教学事件的转化与生成过程中，教师的教学监控能力起的是双向调节作用，既要对非预设事件进行利用和转化，又要避免出现过度的偏离。这是教师应该特别注意的。

第四节　非预设事件与教学预设

非预设事件与教学预设表面上看起来是对立的，其实它们是同一个“硬币”的两个面，它们之间存在着互动关系。一方面，非预设事件原本是教学预设的对立面，但正是由于这个对立面的存在，教学预设才会被不断地反思、修正、提高并进步，教学预设正是因为得到了非预设事件的磨砺才变得更为圆熟。这就有点像中国古老的“五行说”：金虽能克木，但小金却不能克大木，只有通过大木的磨砺，金才能成为大金和大器。另一方面，非预设事件是可以转化而成为教学预设的资源的。如前文所说，它们中的一部分在课堂中已经被及时利用了，但教师还可以通过反思（主要是成功利用的经验总结）将它们固化下来变成以后教学设计的资源。另一部分未被利用的非预设事件也可以通过教师的教学反思（即对这些事件价值的再评价）重新确定其教学资源价值并将其纳入教学设计的范畴。

一　教学反思的作用

非预设事件转化为教学预设的桥梁是教师的教学反思，通过教学反思我们可以看到一个非预设事件是如何转化为教学预设的。教师的教学反思是多个层面的。这里我们主要关注教师反思的两个环节：一是教师在教学活动后对非预设事件的反思，二是教师在下一个相似教学任务前的反思。我们主要讨论这两种反思活动是如何将非预设事件转化为教学预设的。

（一）教师在教学活动后对非预设事件的反思

教学活动后的反思是追溯性和回忆性的，它发生在教师经历了非预设事件之后。为什么课堂里会出现学生的这些问题和质疑？为什么学生会出现那些意想不到的语言错误？为什么实际教学过程中所耗费的时间跟预想的不一样？对于出现的未曾预想到的课堂事件的处理是否合适？当那个偶发事件跟课前的设计正好相关时，真的很出彩，下次是否还可以寻找同样的机会？今天是否错过了利用某个非预设事件来更好地达成教学目标的机会？今天在回答学生的某个问题时是否扯得太远了？等等。教师对这类问题的思考就是对非预设事件的反思，而这种反思的结果可以上升为教师对教学预设（如教学设计和教案）的改变。举个例子来说：有位教师在课上用让学生逐个操练的方式来学习结果补语。当他指名让某个学生来操练时却张冠李戴地叫错了学生的名字。这虽是一个无心之过，但“叫错名字”这个语言形式恰好是汉语结果补语的典型形式之一，当教师意识到这一点后，马上将这个无心的错误与教学内容关联了起来，同时在头脑中又冒出了“写错了汉字”、“打错了电话”、“听错了他的话”等一连串的形式（头脑风暴），于是这些形式立刻被他作为了教学预设的补充。课后这位教师总结道：“以后教结果补语就可以故意多犯点错误，比如故意叫错学生的名字，故意写错汉字，甚至故意打翻杯子等来强化相关学习项目的刺激度。”这位教师的总结具有明显的反思特征，他试图将非预设事件固化为今后教学预设的一部分。如果这种固化的努力完成，非预设事件就进入了教学预设。

我们再举一个例子：有位教师在让学生进行模拟买衣服的口语训练时，发现学生关心的尺寸、颜色方面的词语不在自己的教学计划之中，但她立即评估出这两个要素在训练买衣服这样的语言功能时是必要的，于是临时决定增加相应内容。由于她同时担负着两个平行班的教学工作，课后立即决定把衣服的尺寸和颜色方面的词语作为另外一个尚未做这项口语练习的平行班的教学内容。在这个教学事件中，教师的课后反思几乎有立竿见影的效果，其预设的教学内容马上就因非预设事件的影响得到了改进和完善。反思的目的是显而易见的，由于非预设事件带来了更好的课堂教学效果，因此教师就可以在今后遇到的类似的教学任务中通过调整预设的方法，如改进教案和教学设计，来追求类似的效果。

非预设事件一旦进入新的教学预设后，对教师而言就不再是非预设事件了，它们都变成了预设事件。但是，对不了解这个过程的学生来说，这些事件由于设计巧妙达到了很好的教学效果：教师的故意犯错显得好像是无心之错，而精心安排的练习也类似教学过程的自然生成。教师在课堂教学活动后的反思行为和据此进行的教学调整是非预设事件进入教学预设的重要原因。

（二）教师在下一个相似教学任务前的反思

对从事汉语教学的教师来说，经常会面临相似的教学任务，某位教师连续几年用同一本教材教授不同的学生是常见的情形。由于每年来学习的学生都有不同的特质，因此没有绝对相同的教学任务，而只有基本相似的教学任务。

在实施这些相似的教学任务前，教师一定会有一个和以前相似的教学计划或教学设计。不过，面对新学生，这个相似的计划或设计应与原来的有所不同或改变，不然，教师教学水平的提高就无从谈起。问题在于教学设计的不同或改变是依据什么来进行的。范梅南提到过一个概念，教师“有一种需要处理教育情境的期望性反思”(中译本，2001：135)。这句话可以理解为：教师在设计教学计划时，基于自己先前的相关经验，对下次教学计划能否如愿实施有一个预先的评估，而这个评估就是下次教学计划调整的重要依据。

教师的这种评估其实包含了前文所说的对学生最近发展区的了解(主要是学能和智力)，也包含了对态度和行为等的评估(情感和兴趣等)。教师做这样的评估时常常是基于经验过的课堂教学事件，其中自然也包括非预设事件。因为通过类似的经验回顾和反思有助于对可能发生的非预设事件进行预测，这种预测能力其实也是教师的经验积累和运用元认知策略的表现。从某种意义上说，教师的教案设计过程也是应对各种偶发事件的策略准备过程。在教师的教学设计过程中，对先前教学情境的回顾、理解和对下次教学的预判等是必不可少的。有位教师在回顾以前教情态补语的经验时说，她曾经想用提问“你会不会游泳”来引出“你游得怎么样”这个问题，然后再自然地导入情态补语的教学。但令她意想不到的是，她教的那个小班的全部学生竟然都回答不会游泳，这迫使她立即在课堂上做出调整，但新的调整未免有些仓促和尴尬。基于这样的经验，当她在下一次设想通过“你去过北京吗”来引出“你是什么时候去的”这个句型时，先前的经验就促使她重新评估了这个预设的可操作性，并最终将它改为由“上个星期你去过商店吗”来引出“你是什么时候去的”。显然，后一种预设的可实施性要比前一种大得多。在这个例子中，曾经经验过的非预设事件对教师的教学预设产生了明显的影响，这种影响体现在下一个相似教学任务前的反思中。在备课过程中，如果仅从语言知识的角度出发，教师只需考虑如何达到操练“是……的”这一结构的目的。但这位教师先前遭遇非预设事件的经验决定了她也会从教学过程的角度进行思考准备，这时，师生之间的隐性互动其实就已经开始了。这位教师甚至表示，她已经做好了学生都回答“上个星期没去过商店”的替换方案(多预案设计)。在这种反思过程中，非预设事件间接地构成了对教学预设的影响，它既是教学预设的背景和参照，同时也影响、改变了教学预设的形态。

二　非预设事件对教学预设形态的影响

曾经有一位没有相关专业学习背景也没有任何相关汉语教学经验的中国人参加招聘教师的面试，表示自己也能教汉语。在接到一篇课文后，他准备了半个小时，然后开始讲解自己的教学方案："第一步，我会先带学生念课文，然后看看他们有什么问题。"在被问及下一个教学步骤时，他回答："我可以等一等，再看看他们有什么问题。"面试者问："如果他们没有问题怎么办？"应聘者回答："那我再拿几个句子来念，看看他们有什么问题。"这是一个完全没有教学预设而把非预设事件当作教学"救命稻草"的极端例子。对一个既不了解教学任务和教学目标也没有教学预设的人来说，只有非预设事件，想靠着它"兵来将挡，水来土掩"，终将一事无成。非预设事件是相对于预设而言的。把非预设事件看成课堂教学资源的重要原因之一就是这些事件能使预设变得更好，使教学目标能更好地实现。

课堂教学是一个复杂的活动，不确定因素很多。比如，在一个操练形容词"简单"的练习活动中，如果教师预设的词语操练方案只是提问"你教我做菜，好吗"，并期望学生来回答"做菜很简单，我可以教你"，这就是一个一相情愿的僵化预设。因为学生很可能回答"不好"或"我不会做菜"、"我不想教你"等，这就无法达成教师既定的操练目标（类似的替换问题如"你教我太极拳，好吗"、"你教我游泳，好吗"等）。如果教师能依据以往经历过的非预设事件预测到实施过程中可能存在的变数和障碍，改为在黑板上写"1＋1＝？"，然后提问"这道题/这个问题难吗"就相对容易实现既定目标。当然学生也可能不用"很简单"来回答，而用否定形式"不难"，那么，教师就应该多准备"几套"预案。如让学生看汉字"华"和"華"，并告诉他们这两个汉字意思一样，问他们愿意写哪一个、为什么等。同时，教师还需要考虑，如果第一个预案顺利实施，那么还用不用第二个甚至第三个预案呢？要是课堂上有学生问"老师，'简单'和'容易'一样吗"，教师是否打算回应？准备如何回应呢？课堂教学设计不应是一个僵化死板的过程，而是一个动态和开放的过程，它应当表现出一定程度的弹性。这种有弹性的预设形态能使教师始终保持对非预设事件的敏感性，并能以更开放的态度来面对和处置课堂中的相关事件。鉴于课堂上非预设事件发生的不确定性，我们提倡一种充分考虑课堂复杂性、富有弹性且有多种预案的预设形态，改变以往那种单一路子的预设形态。其实，充分考虑课堂变数就是以学生为中心。

近年来流行的任务教学法，在其实施过程中动态和弹性设计显得非常重要，因为在任务教学法看来，“教学的目的不在于使学习者达到预先设定的学习目标，而应是为学习者提供有利于语言学习发生的条件和环境”（魏永红，2004:146）。在一个类似真实事件发生的过程中让学生去解决问题时，情形就会比传统意义上的课堂复杂得多，“在任务过程中，由于学生的语言和想法都是不受控制的，他们提出的问题可能五花八门”（魏永红，2004:147）。让学生合作完成一个任务本来就是一个动态的过程，在这个过程中原本就会出现很多意想不到的变化因素。如教师布置任务，让学生打电话请班里同学下周末晚上去自己家玩。但如果只是单纯地这样布置任务，至少有两个方面的欠缺，一是没有充分考虑在这一过程中有哪些可能性和变数，二是没有明确哪些语言内容或项目为操练的重点。因此，教师首先要考虑的是，学生在完成这个任务的过程中可能出现哪些情形和因素，如晚会时间的协商（大家必须凑一个合适的时间）、出行的路线和交通工具（怎么走，有没有公共交通可以利用等）、是否要带礼物或食品饮料什么的（个人自带还是大家凑份子一起买）、晚会的准备工作（是否要请一些同学帮忙），等等。在打电话邀请的过程中，还会涉及接受、拒绝、说明理由、确认等许多言语行为，甚至还有如何理解别人真实意图的问题，如有一位同学说“如果我有空的话一定来”，说这话究竟是来还是不来呢？可见，如果说任务就是日常生活中发生或可能发生的事件，那么这些事件则是由多方面因素建构起来的。非预设事件是任务教学法实施时必然遇到的情形，教师必须对此有所准备、有所预设。其次教师必须决定在完成一个任务时，究竟选择哪个方面作为重点与语言教学的目标关联起来。如果只是以时间的“协商”作为重点，那就要对过程中可能发生的不相关的非预设事件做出预测和应对预案，比如，假如遇到拒绝之类的事件应从简应对，或者要先设法说服对方接受邀请再协商时间，等等。在任务设计的过程中，僵化的设计是无法与变化的"真实"事件匹配起来的，因此，必须体现出弹性和灵动性。与此同时，教师还要考虑如何引导任务进程往自己需要的方向发展，这是很难预设的，只能在完成任务的过程中去把握。而这种把握既需要教学机智和应变能力，也是建立在有所准备的基础上的。完成任务的过程是开放的（这是任务教学法的特点之一），因此教师的预设也应具有一定的开放性和预见性。

动态的、开放性的、具有弹性的教学预设是建立在对非预设事件的存在和认识的基础上的，这样的教学预设形态更符合汉语课堂教学的动态特征。把非预设事件作为教学预设的一个参量来考虑，可以使教学预设更精细化、更具可操作性。

第五节　非预设事件与汉语教师的专业化发展

夏洛特·丹尼尔森和托马斯·麦克格利尔在《教师评价——提高教师专业实践能力》一书中指出："在所有的职业当中，唯独教学对新教师的要求和对有经验的教师的要求是一样的。当新教师第一次踏进教师行列的时候，他们就要参照同样的标准，步入和他们有经验的同事一样的程序。"（中译本，2005：3）在汉语作为第二语言/外语的教学实践中，新手教师在大多数情况下是没有学徒期的，他们在初次走进课堂时就要面对与他们的前辈教师同样的教学任务和教学环境，并要达到同样的教学标准。学习者也不会因为你是新手教师而降低对你的要求。

对从事汉语教学的新手教师而言，由于缺乏应对和处理非预设事件的经验，在制订教案、安排教学内容的过程中就需要向前辈教师请教，包括很多预设细节的合理性问题，并在教案中体现出其一定的预见性，如在教学细节上准备一些相应的预案。传统的对外汉语教学预设基本上都是将课堂假定为一个线性的时间进程，教学是单线推进的（不是同时有几个预案可以备选，并根据实际的教学过程应变、取舍和展开)。如果我们将课堂教学看成是一个动态和不断变化的过程,那么新手教师在进行教学预设时既要有多套预案,又要在走进课堂时做好应变的准备。同时,新手教师还应该在有经验的教师带领下参与更多的课堂模拟活动,尤其是通过对不同类型的非预设事件的模拟应对,积累"实战"经验。如果我们把教学预设比作一把刀,那么课堂的非预设事件就是磨刀石,新手教师既可以在教学实践中经过磨砺,从而发展自己在课堂中的即时应变能力,又可以通过反思非预设事件的方法来提高自己的教学预设水平和语言知识水平。

由于对非预设事件的总结和反思最后会回到教学预设过程并提高预设水平,因此,对非预设事件的不断记录和总结就成为汉语教师个人专业化发展的助力。在教育学界,写教学日志可以提高教师个人反思能力和教学技巧这一点已经成为共识。写教学日志已经成为广大教师的"必修课",汉语教师自然也不例外。如果我们能在教学日志中专门列出一项对课堂非预设事件的反思和总结,那将会对汉语教师终身的教学技能发展有所帮助。孔子说过:"学然后知不足,教然后知困。知不足然后能自反也,知困然后能自强也。故曰教学相长也。""教然后知困",指的是教师在教学过程中发现了自身的知识缺失,从现代教育学的角度来看,这种缺失不仅仅是教师陈述性知识的缺失,同时也包含了教师程序性知识的缺失。对非预设事件的反思可以同时提高汉语教师的语言文化知识水平和教学技能,对教师的终身专业化发展具有重要意义。

臧雪飞(2008)介绍过著名教育家布鲁纳晚年的知识观,布鲁纳在晚年提出了"非结构性知识"的概念,强调知识的非结构性——即经验、情境知识的作用,强调了个体经验和非理性因素在知识获得中的重大作用。在应对课堂教学中发生的非预设事件时,经验、情境等非结构性知识是参与其中的,对汉语教学的专家教师来说,教学经验和教学直觉是他们的重要财富。但另外,专家教师还负有对新手教师传授经验的使命,因此总结、归纳非预设事件及应对这些非预设事件的经验,并传授给新手教师,不仅会有助于新手教师的专业化发展,也会使汉语教师队伍的整体教学水平上一个台阶。

思考

1. 如果教学内容是跟“在饭店”有关的内容，而你的预设中并没打算教他们“不要加味精”、“不要鸡头鸡脚”、“不要骨头”这样的内容，可有学生突然提出要学这样几个句子，你会怎么办？

2. 本章中所说的第一类非预设事件，对哪种汉语水平的学生来说意义比较大？为什么？

3. 非预设事件和教学预设之间有什么样的关系？非预设事件可以转化为教学预设吗？

4. 对新教师来说，怎样才能提高处理非预设事件的水平？

任务

1. 采访几位有经验的教师，了解他们在处理留学生常见的迟到、早退现象的经验，尤其需要了解他们是否会将这些事件与教学内容关联起来。

2. 和你的同学或同事讨论：如果你今天早上在去上课的路上钱包被小偷偷了，而今天的阅读课内容正好是跟小偷有关的，你会不会在课上讲自己今天早上的经历？为什么？如果讲，你觉得应该注意什么问题？

3. 观察一次课堂教学并做一个笔记，着重分析在这一节课中出现了哪些非预设事件，教师是怎么处理的。

第九章　语法教学

语法就是语言的结构法则，是语言的结构规律。学习一种语言，掌握其结构法则当然是必不可少的，不然你就无法用这种语言进行表达。在汉语里，语法主要体现在句子格式和虚词用法上。汉语语法教学包括两个方面："教什么"和"怎么教"。也有学者把前者称为教学语法，把后者称为语法教学。汉语作为第二语言/外语的教学语法不同于理论语法，也不同于汉语作为母语的教学语法。这一点也是近些年才得到了比较清晰的认识。在汉语作为第二语言/外语的教学语法系统的框架下，在实际教学中，教师还需要根据特定的教学对象、教学环境和学习者的母语背景来确定语法教学的重点和难点，并采用适当的教学方式。

第一节　语法教学的目标和内涵

一　语法教学的目标

语法教学的目标是实现学习者对语法规则运用的自动化，而这种自动化是在语法规则"内化"的基础上实现的。语法教学只是手段，不是目的。从根本上说，语法教学是为培养语言交际能力服务的。

语法教学的目的不是培养语法研究能力。脱离语言交际孤立地分析语言现象，简单地给句子贴上语法成分的标签，片面地向学生大量讲授语法学知识，都不符合我们的教学目标，对于真正培养学习者的语言能力和语言交际能力没有多大帮助。试想，以汉语为母语者，人人都能说一口流利的汉语，但又有多少人能把汉语语法分析得头头是道呢？

就一个特定的语法点教学而言，我们可以把教学目标区分为“理解性目标”和“生成性目标”。对于有些结构规则，我们不仅希望学生能理解，而且还要求学生能运用这些规则生成没有听过/看过的话语，自由地表情达意，这是语法教学的生成性目标。而对于有些结构规则，在一定阶段，我们仅仅要求学生能够理解，以便更好地记忆、复用相关的表达方式，为“生成”打好基础，这就是语法教学的理解性目标。比如，我们可以说，汉语里动词可以带处所宾语，这只是对于“吃食堂”这类现象的解释，学生由此理解了这类现象，但是如果因此而“生成”出“吃学校”、“吃上海”等，那就不可收拾了，除非我们把相应的“动词＋处所宾语”的条件描写清楚。从理想的状态来说，任何语言现象都是可以详细描写和充分解释的，但事实上，语法研究还不能达到这样的理想状态，而且在教学中把所有的规则都告诉学生是不现实的。就语法教学来说，对不同的对象，针对不同的学习目标，在不同的学习阶段，规则描写的详略应有所不同，解释的深浅也应有所差别，生成性目标也需做出相应调整。通俗地说，教师是什么阶段做什么事，学生是什么水平说什么话。

二　语法教学的内涵

（一）句法、语义和语用

语法包括句法、语义和语用三个层面。句法是指词语与词语之间在结构形式上的关系，语义是指词语与词语之间在意义上的关系，语用是指词语和句子与语境的关系。比如，在汉语里，“鸡”、“吃”、“了”三个词，可以组成“吃了鸡”、“吃鸡了”、“鸡吃了”，这是合乎句法的，但是不能组成“了吃鸡”、“鸡了吃”等，那是不合句法的。其中“鸡吃了”是有歧义的，因为“鸡”可以是“吃”的施事，也可以是“吃”的受事，这是语义分析。当“鸡”为受事时，“鸡吃了”和“吃了鸡”都能说，但是在不同的语境下说话人会选择不同的说法，如果“鸡”是定指的，并且是当前的话题，说话人就采用前一种说法，这是语用分析。

我们在教学语法点时，需要兼顾句法、语义、语用三个方面。比如，在教汉语的状态补语时，首先需要告诉学生的是状态补语的基本格式[1]：V 得 C。结合动词带宾语的情况，有三种格式：SV 得 C（如“他说得很好”）；SVOV 得 C（如“他说汉语说得很好”）；OSV 得 C/SOV 得 C（如“汉语他说得很好/他汉语说得很好”）。在教学中特别要强调的是第二种格式，即重复动词的格式，因为学生常常会说出“他说汉语得很好”这样的错句。仅仅让学生明白上面的句法格式是不够的，还得引导学生注意句子中状态补语跟其他成分的语义关系——状态补语在语义上可以是说明施事的，也可以是说明受事的，还可以是说明动作的，如：

他洗衣服洗得满头大汗。（他满头大汗）

他洗衣服洗得很干净。（衣服很干净）

他洗衣服洗得很快。（洗的行为动作很快）

不管状态补语在语义上指向哪一个成分，从语用上看，状态补语都是关于行为动作的评价、判断或描写，该行为动作往往是正在发生或已经发生的。也就是说，动词和状态补语表达的内容构成了“话题—陈述”的关系：

V 得 C
↑____|
陈述

由于汉语没有严格意义上的形态变化，汉语的句法相对比较简单，而语义和语用的说明就显得尤其重要。当然，不同的语法点在教学中应根据具体情况侧重于不同的方面，有的重在句法格式，有的重在语义关系，有的重在语用条件。

（二）句子和语篇

从另外一个角度看，语法教学不应仅仅局限于句子层面，还应包括语篇层面。有些说法（句子），孤立地看都能成立，但是具体该选择哪一种说法，要根据上下文来决定，如：

我们上个星期去杭州了。

我们游览西湖了。

---

① 注意：这是从句法、语义、语用三个方面来说的，不是教学的规定程序。至于教师是采用归纳法，从例子到格式，还是采用演绎法，从格式/规则到例子，则是教学方法的问题。

我们昨天晚上回来了。

孤立地看，这三个句子都对，但是连起来就出问题了：

我们上个星期去杭州了。我们游览西湖了。我们昨天晚上回来了。

得改成：

我们上个星期去杭州了。我们游览了西湖，昨天晚上才回来的。

第一句报告了一个事件，第二句凸显了该事件背景下的行为对象（“西湖”），第三句交代了“回来”的时间，这样才构成了一个完整、自然的语段。由于表达的着眼点不同，信息焦点不同，就需要采取不同的表达方式。离开了特定的上下文，汉语的许多语法现象就无法真正讲清楚，学生也不可能学好。在设计语法练习的时候，除了关注孤立句在结构上的准确性以外，我们还应该多设计一些结合上下文的练习，如：

(1) 为了迎接客人，他把客厅好好打扫了一下，最后，又__________。

(2) 他在路上买了一束鲜花，回到家，顺手____________，就去忙自己的事了。

A. 在茶几上放了一束鲜花　　　B. 把鲜花放在茶几上

前一句应该选 A，后一句应该选 B，这是上下文衔接的需要所决定的。

三　语法教学和词汇教学

语法教学和词汇教学是相辅相成的。一方面，语法教学离不开词汇教学，没有词汇的充分支撑，即使学习了语法格式，也无法生成相应的句子。比如，格式“S把OV在……”，如果学生只学了“放”，没有学过或没有掌握“贴”、“挂”等词，那么恐怕只能说出“把花儿/杯子放在桌子上”之类，能说的句子是非常有限的，很难充分练习这一格式。另一方面，词语的用法本身就体现着语法规则，词汇教学中蕴涵着语法教学。即使没有明确地教或说明语法规则，学习者通过典型词语用法的不断积累，同样可以具有语言的生成能力。比如，当学生大量接触“她很漂亮”、“房间很干净”、“东西很便宜”等输入后，大概也会“依样画葫芦”，说出“我们很高兴”这样的句子。这就是语法的“隐性”教学（见本章第二节）。

语法教学可以转化为词汇教学。从一定意义上说，在教学中把某一语言现象作为语法项目来处理还是作为词汇问题来处理，是一个教学策略的问题。首先，我们可以根据教学的需要，把概括性的语言问题作为个别性词汇问题来处理。比如，我们可以把“可是”、“因为”、“所以”等，放在较前的阶段教，尽管还没有讲“复句”这一语法点，但是并不影响学生掌握这几个词。其次，我们可以把一个句法结构单位暂时作为一个词汇单位（如语块）来处理。比如，我们可以先把“听得懂”、“听不懂”等作为一个语块教给学生，尽管没有教可能补语的组成规则，但是满足了学生最迫切的表达需求。再如，“很少”修饰动词时（如“那儿很少下雨”），严格地说是一个短语，但是我们在教学中可以把“很少”作为一个语块，解释为英语的 seldom。有时，一个语块并不一定是一个句法结构单位，比如，“极了”的“极”和“了”是两个层次上的成分，但无论从共现频率的角度来看，还是从方便教学的角度来看，把“极了”处理为语块可以减少很多麻烦。我们可以这样解释：

> ……极了 is used in an exclamatory sentence to indicate a high degree.

语块还可以是一个非连续单位，这样的非连续语块，其实是提供了一个语法的生成框架。如介词框架“在……下”、“为……起见”等，比孤立地教介词“在”和“为”，或者教方位词“下”等有效得多。其实，像“了”这样的难点，也可以分解到语块或格式中去教，如“已经……了”、“时间—V 了—数量—名词”、“V_1 了 V_2”等。语块教学本质上是把基于规则的学习转化为基于记忆的学习，它沟通了语法教学和词汇教学。

第二节 语法教学的原则和方法

一 语法教学的原则

语法教学的原则体现在语法教学的不同方法、不同环节上。语法教学的具体方式、技巧千差万别，但是教学原则是相通的。为了方便起见，下面的讨论均假定学习者的母语是英语，例子均选自《当代中文》(华语教学出版社，2003)。

(一)针对性原则

在语法点的选择、处理上，应该注意针对汉语的特点和学习的难点。针对性建立在对汉语特点的深刻了解的基础上，建立在细致的汉外对比分析的基础上，建立在充分的偏误分析和习得规律研究的基础上。语法教学不一定需要面面俱到，而应抓住重点、难点。比如，针对“汉语是主题/话题突出的语言”这一特点，《当代中文》专门就“话题化”现象写了一段说明：

Topicalization

Chinese is a topic-prominent language. Normally, the preceding part of a sentence is a specific element functioning as the topic, while the subsequent part is the declaration, or the comment on it. In the following examples, the underlined parts are the topics:

(1)我肚子疼。

(2)她瘦瘦的，高高的，头发长长的。

(3)你昨天买的那张新地图，能不能借我用一下？

The topic of a text or dialogue is usually found at the beginning of the sentence; for example:

A：我想去买一张中国地图。

B：中国地图我有，你要看吗？

Other examples:

A：我从图书馆借了两本书，一本是《说什么》，一本是《怎么说》。

B：《说什么》我看过，很不错；《怎么说》我没看过，你能给我看看吗？

Sometimes the receiver of an action appears at the beginning of the sentence as the topic, while the doer does not appear. Thus, the voice seems to be passive. But in this kind of Chinese sentence, there is usually no special indication of subject/doer, unless its omission causes some misunderstanding. In fact, this kind of sentence also indicates the relation of the topic to its comment. E.g.

(1)早饭吃了吗？

(2)这本书是什么时候借的？（第二册第三课）

针对学习难点方面，《当代中文》的语法点选择和处理也是比较细腻的。比如，《当代中文》尽管没有“兼语句”这个语法点，但是第一册第六课专门为课文里的一个句子“请你喝咖啡”加了下面这条注释，以防止以英语为母语的学生可能说出“他问我喝咖啡”这样的句子：

“请＋somebody＋do something” means ask/invite somebody to do something.

再如，针对汉语和英语对否定式疑问句回答方式的差异，教材在相关的课文对话后专门加了一个注释：

——他们以前没来过中国吧？

——不，来过。

不 is an answer to the person who is making a conjecture. It means “you are wrong in saying so”. 来过 is a statement confirming a fact. Note the way to answer a negative question in Chinese is different from English.（第二册第十一课）

学生语法学习的难点常常是跟学生自己的母语相关的，不同母语背景的学生在学习汉语语法时难点是不一样的。教师虽不可能掌握所有外语，但多了解一些学生母语的情况对语法教学会很有帮助。

（二）简明性原则

简明性和针对性密切相关。离开了针对性，简明性就失之粗疏，离开了简明性，也就无法体现出针对性。在教学中，语法系统要力求简明、实用，内容讲解要突出重点，通俗易懂。

严格地说，对不同母语的学生进行汉语教学，需要不同的教学语法体系。比如，对以日语为母语的学生，要强调汉语宾语的位置在动词之后（宾语前置是有条件的)，对以英语为母语的学生，这一点就几乎不必讲。当教学时间、教学容量有限的时候，简化语法体系，加强针对性，就显得尤为重要。比如，在《当代中文》第一册中，关于汉语的基本句型，只给出了动词谓语句和形容词谓语句，并且把重点放在形容词谓语句上。至于名词谓语句，由于使用范围有限，除了表示时间、年龄、数量的情况以外，大多可以补出动词"是"，因此把它作为特例，在注释中处理。至于"主谓谓语句"，则不作为句型来出，而是在一定阶段，把所谓"主谓谓语句"、"意义上的被动句"、"宾语前置"等用"话题化"概念从语用角度统一解释。又如，《当代中文》没有把"能愿动词"作为一个语法点，因为学习使用能愿动词的关键不在于它们的共性，而在于个性，在于"能"和"会"、"可以"和"能"等词的意义和用法的差异。因此，作为一个个词分别处理，效果也许会更好些。

在具体语法点的教学内容和解释方式上，要突出语言交际中使用频率高的语言现象，不片面求"全"、求"齐"；要根据学生的接受能力，力求简明、通俗。比如，关于动作的进行，教材里的说明极其简单：

> In order to indicate an ongoing action, the adverb 在 or 正在 is used before the verb. E.g. 你在干什么？/我在看书。/她可能还在睡觉呢。/我们正在上课。(第二册第二课)

再如，在《当代中文》(学生用书)的语法说明中，常常可以看到"一般"之类的措辞，如"'和'一般只能用来连接名词性短语"。事实上"和"也可以连接动词性、形容词性短语，但那是有条件的，并且多见于书面语，而对初学者来说，讲得太多不但难以掌握，反而会把问题复杂化。

尽量多从语义和语用着眼进行概括和解释，不仅符合汉语的特点，也体现了教学上通俗性、实用性的原则。比如，对"他踢足球踢得很好"、"他足球踢得很好"、"足球他踢得很好"这类句子，教材标为"S.V.O.V. 得 C."、"S.O.V. 得 C."、"O.S.V.得 C."，这样就能比较简明地体现出三个句子语义上的联系和格式上的变化。既简化了语法系统，也比较符合普通学习者把宾语与受事等同起来的朴素的语法观念。再如，严格地说，"处所词"、"时间词"、"方位词"是名词的小类，"能愿动词"、"趋向动词"是动词的小类，"疑问代词"是代词的小类，但为了突出它们的特殊性，也为了简便通俗，教材在词汇表中分别直接标注为PW、TW、LW、MV、DV、QW。

（三）层级性原则

在语法点的安排上，要注意由易到难，循序渐进，对比较复杂的语法项目要进行小类切分，划分层次，循环深化。

《当代中文》的语法点安排大致分为三个阶段：汉语的疑问句、形容词谓语句、量词、简单的定语和状语，在第一册完成；"了"、"着"、"过"、"是……的"句、比较法、状态补语、结果补语、趋向补语、可能补语、动量和时量表达法、"把"字句、"被"字句，在第二册完成；虚词用法小结、复句小结等，在第三册完成。当然，这三个阶段不是截然划开，而是前后交融、循环深化的。

状语的位置是初学者的一大难点。《当代中文》把它分成几个阶段：副词在动词（或形容词）前；介词短语在动词（或形容词）前；时间、处所状语的位置。在此基础上，对状语的位置进行了一个小结。在此之后，再逐步出现复杂的状语现象。

（四）结构形式和表达内容相平衡的原则

首先，语法结构不是抽象地存在和教学的，语法教学必须寻找一定的内容载体。这就有一个结构和内容的匹配问题，也就是说，我们要设计这样的交际活动（任务），它不仅本身在内容上是合理的，而且具有结构上的典型性，即：(1)操母语者在完成该任务时一般会使用或强烈倾向于使用相关结构。(2)该任务能体现相关结构的典型语法意义，并且有助于学生明显地感知该结构，更好地理解、把握该结构的语义、语用特点。(3)该任务也能尽可能全面地涉及相关结构形式。比如，下面的情景设计不仅符合任务的真实性要求，而且在凸显结果补语的结构特点和语法意义上，也是比较有效的：

警察：怎么回事？

行人：他撞了我。

警察：你骑车的时候没看到她要过马路吗？

里奇：我穿着雨衣，没看清楚。

行人：他骑得很快，右手还拿着东西。

警察：你过马路的时候，没看见他骑自行车过来吗？

行人：我打着雨伞，没看清楚。

警察：结果呢？

里奇、行人：我们都摔倒了。

里奇：我的自行车摔坏了。

行人：我的眼镜摔破了。

警察：摔伤了没有？

行人：不知道。背上有点儿疼。

警察：这样吧，（对里奇）你陪她去医院检查一下身体。（对行人）检查完以后，你陪他去修自行车。

行人：可是，我要去上班……

里奇：我要去上课……

警察：那你们就——

里奇、行人：再见吧！（第二册第八课）

其次，在语法练习设计上，应注意机械性操练和交际性活动相结合，关注准确度、流利度和复杂度的平衡。根据练习中对于结构形式和表达内容的侧重程度的不同，可以分为机械性练习和交际性练习。在内容上严格控制，着重训练学生熟练掌握语法点的结构形式的是机械性练习，如跟读练习、替换练习等。内容不受控制，让学生恰当运用相关结构形式自由表达自己的意思、思想和观点、实现交际目标的是交际性练习，如自由会话、课堂讨论、社会语言实践等。居于两者之间的还有所谓半机械性练习/准交际性练习，如完句、改错、排序、角色扮演、看图说话等。下面我们以《当代中文》第二册第四课《今天你穿得真漂亮》所配的练习为例，来考察一下语法练习的类型。（该课的语法重点是状态补语。）

一、词语和结构

1.朗读下列词语（略）

2.替换练习

(1) 今天你穿**得**真漂亮。

来……真早
骑……特别快
吃……太少了

(2) 他的汉语说**得**很好。

比较流利
非常漂亮
很不错
不怎么样

(3) A：她唱歌唱**得**怎么样？

B：她唱**得**非常好听。

打球……打……不错
跳舞……跳……优美
说汉语……说……流利
上课……上……有意思

(4) 他**越来越**漂亮了。

老
忙
客气
喜欢她

(5) 他**还想再**喝一杯。

吃一点	买一件
借一本	唱一个
养一只	去一次

3.选词填空(略)

4.连词成句

(1) 他们　很　高兴　得　玩儿

(2) 我　睡　比较　晚　得　每天　都

(3) 生意　好　老板　高兴　越……越……　就

(4) 工作　做　多　得　钱　拿　多　得　越……越……　就

5.把下列句子翻译成中文

(1) You are dressed so beautifully today.

(2) She sings very well.

(3) Things are more and more expensive now.

(4) Happy birthday to you!

(5) This is my small gift for you.

二、听力理解(略)

三、口头表达

1.对话

(1) A：你看，他正在起床。

B：他起得____________________。

(插图：正在起床，时钟：六点)(略)

(2) A：你看，他正在吃早饭。

B：他吃得____________________。

(插图：在吃西式早餐，食品丰盛)(略)

(3) A：他每天骑自行车去学校。

B：他骑得____________________。

(插图：骑车去学校，很快的样子)(略)

(4) A：你看，这是他做的功课。

B：他做得____________________。

(插图：作业本，上面有老师的批语："很好!")(略)

2.向同学们介绍一个人，用上"V 得……"

四、阅读理解

张山是我的朋友。他高高的，胖胖的，每天睡得很早，起得很晚，吃得很多。他说他以前睡得很少，吃得很少，所以很瘦，现在吃得多了，睡得多了，所以就胖了。他平时穿得随随便便，一件 T 恤，一条短裤，可是去跟女朋友约会的时候，穿得特别漂亮。他爱骑自行车。每次都骑得特别快，快得让人害怕。他喜欢唱歌、跳舞，不过，他唱得不太好听，跳得不太优美。他不喝酒，因为他现在还不可以喝，明年就可以了。

回答问题：

1.张山胖不胖？以前呢？

2.他平时穿得怎么样？

3.他骑自行车骑得怎么样？

4.他唱歌唱得怎么样？跳舞跳得怎么样？

五、书面表达

Write a short paragraph introducing someone you know, using the structure“V.得……”.

在上面的示例中我们可以看到，教材练习册中语法练习占了相当大的比重，体现了该教材以语法为纲的特点。练习既有侧重形式操练的，也有侧重交际表达的，在编排上按照从机械性练习到交际性练习的顺序排列，属于下文所说的PPP模式。在练习的方式、类型上，适当结合不同的语言技能，题型比较多样，覆盖面比较宽，操作性也比较强。

二　语法教学的方法

语法教学的方法和技巧是多种多样的，概括起来有以下几类模式。

（一）显性教学和隐性教学

语法教学可以用显性的（explicit）方式进行，也可以用隐性的（implicit）方式进行。明示的、详细讲解语法规则的教学是显性语法教学；隐蔽的、在学生不自觉的状态下进行的语法教学，是隐性语法教学。不管是显性还是隐性，都是教语法，只是语法教学的方法不同罢了。从隐性教学到显性教学，构成了语法教学明显度/明晰度由低到高的不同语法教学方式的连续体。下面几种方式在语法教学的明显度/明晰度上是渐次降低的：

（1）在“比”字句中，动词或形容词前不能用相对程度副词，如“很”、“非常”等。例如，我们不能说：我比他非常高。要说：我比他高多了。

（2）替换练习：

我比他<u>高</u>多了。　　　（大　瘦　忙）

（3）教师：你们俩差不多高吗？

学生：不，我比他非常高。

教师：不，你应该说“我比他高多了”。

（4）教师：你们俩差不多高吗？

学生：不，我比他非常高。

教师：哦，你比他高多了。

（二）演绎法、归纳法和类比法

所谓演绎法，就是先讲解语法规则，再列举例子，然后让学生按照规则进行操练和应用。这是一个从一般到具体的过程。比如，教“把”字句时，我们先告诉学生“把”字句的谓语动词后一般要有其他成分，然后让学生做一些完句练习、改错练习等，以强化学生对这一条规则的认识。

所谓归纳法，就是先让学生接触具体的语言现象，培养学生具备初步的语感，然后引导学生从这些具体的语言材料中归纳概括出语法规则。这是一个从具体到一般的过程。比如，汉语虚词“就”、“才”等的意义和用法，可以先通过课文让学生多接触，等学生有了一定语感或者说感悟后，再进行总结提炼。

所谓类比法，就是从具体语言材料到具体语言材料，它既不同于归纳法，也不同于演绎法。它是把语法规则归结为若干句型，把句型具体化为一些范句。先让学生接触范句，然后进行模仿、操练。类比法也叫句型法，如常见的句型替换练习。

（三）先学后用和边用边学

所谓先学后用，就是常见的 PPP 模式（presentation－practice－production），遵循“教师教—学生操练—自由表达”这样的程序进行教学，让学生先熟悉形式结构，再运用该结构进行自由表达，“从死到活”，从形式到内容，从机械性练习到交际性活动，逐步深入。

所谓边用边学（learning by doing），就是任务型教学的模式，让学生在用中学、做中学，把语言作为交际的工具，而不是教学的对象，引导学生在使用语言的过程中学习语言的使用。它是以内容为核心的，但不否定语言形式教学的必要性，主张在以内容为核心的前提下，适当地兼顾语言形式。

我们以“把”字句教学为例：

A式：教师板书“把”字句的格式，说明“把”字句的结构意义，然后让学生造句，以及做一些完成句子、改错等练习，最后设计一个活动，规定学生在活动的时候必须用上“把”字句。

B式：教师事先准备好一个包，包里有一个玩具狗、报纸等。教师把包交给一位同学。

教师：把包打开。

学生把包打开，惊讶地发现里面竟然是一个玩具狗。

教师：把包里的小狗拿出来。

学生把小狗拿出来。

教师：把小狗扔给YYY。

学生把小狗扔给YYY。

教师问另外一个同学：刚才XXX干什么了？

学生（在教师引导下）：刚才XXX把小狗扔给YYY了。

教师让学生上来填空：XXX____小狗扔给YYY。引导学生关注“把”的用法。

A式是先直接讲解形式和意义，然后运用。B式是先直接运用语言，通过语境让学生理解内容、熟悉形式，然后再关注结构细节。前者是基于这样一个考虑：学习者的注意力是有限的，难以同时关注形式和内容，因此宜先形式再内容，逐步推进。通过有条理的、明示的教学，可以提高教学效率，有助于打下扎实的基础。后者是基于另一个假设：学习者能够通过具体的、个别的内容逐步概括出一般的、抽象的意义。尽管这种概括有难有易，有成功有失败，但学习的过程就是不断地“试误”的过程。

下面是三个语法点的教学示例，它们分别在一定程度上体现了上述教学模式：

【案例1】表经验态的“过”

步骤一：

(1) 对话。

教师：你们去过北京吗？谁去过？（板书“过”）

学生1：我去过北京。

教师：哦，XX去过北京，什么时候去的？

学生1：我去年夏天去的。

教师：YY，你呢？你去过北京吗？

学生2：我，不……去……

教师：（提示）我没去过……

学生2：我没去过北京。

教师：ZZ，YY去没去过北京？

学生3：YY没去过北京。

（2）分小组统计，并汇报。

	北京	上海	广州	西安
谁去过				
谁没去过				

步骤二：

教师：（写一个简单的字）这个字你们认识吗？

学生：我们都认识。这个字我们学过。

教师：（写一个很难的字）那么，这个字呢？

学生：不认识。

教师：不认识？（引导学生说出）对，我们没学过。

教师：你们知道北京烤鸭的味道吗？……

学生：XX知道。

教师：你怎么知道？

学生：我吃过。

教师：很好。我再问你们：老师住在哪儿你们知道吗？

学生：知道。……老师以前说过。

步骤三：

（1）听一段话，并回答问题。

玛丽喜欢旅行。她去过北京，她是去年8月去的。她在北京游览了长城、故宫和颐和园。北京很漂亮。她在那儿拍了很多照片。玛丽还没去过西安。她听说西安也很不错，她明年想去西安。

（2）仿照刚才听到的话，介绍一下自己的一个旅游经历，用“我去过……”开头。

【案例2】“比”字句

步骤一：

教师：你们看，XX和YY谁高啊？…… 对，XX高。XX比YY高。

（教师板书：a比b P）

步骤二：

教师结合例子，依次讲练下面的结构：

（1）a比b P

（2）a比b P一点儿

（3）a比b P得多/多了

（4）a比b 更/还 P

与上述格式配合，依次出现下面的例子：

小王 80kg/70kg/120kg/170kg

小张 69.5kg/69.5kg/69.5kg/150kg

今天 2℃/5℃ /－8℃/－15℃

昨天 6℃/6℃ /6℃ /－10℃

……

步骤三：

看图片（图略），做比较。

学生根据图意说出下面的句子：

这件衬衫比那件便宜一点儿。

王老师比张老师年轻得多。

广州比北京暖和多了。

小张比小李起得更早。

步骤四：

活动：比较你熟悉的两个人/两个地方。

【案例3】“把”字句

步骤一：

教师让学生做几件事：

XX，请把门关上。

YY，请把那支笔拿过来。

ZZ，请把你的词典放到书包里。

教师让学生说一说：刚才他/她干了什么？

板书：

他　把　门　关上了。

他　把　笔　递给了老师。

他　把　词典　放到了书包里。

教师概括格式，引出“把”字句：

S—把—O—V……

步骤二：

教师说明“把”字句的意义：

常常表示对某个人或者东西做一件事情，让这个人或东西受到某种影响，发生某种变化，产生某种结果。

步骤三：

(1) 练习。完成句子：

请你把桌子搬________

他把衣服洗________

他把花瓶打________

提示学生注意："把"字句的谓语动词后面一般都有其他的成分。

(2) 老师说几个词语(对象)，让学生说"把"字句：

那本书　他的书包　空调　房间里的垃圾　那辆旧自行车

提示学生注意："把"的宾语是确定的。

提问：下面这句话对吗？(他要把一本书买来。)

(3) 练习：补上有关的否定词、能愿动词、时间词语

他把门关上了。　　　　(刚才)

他把笔送给老师。　　　(不肯)

他把词典放在桌子上。　(没有)

提示学生注意：否定词、能愿动词、时间词语应放在"把"的前面。

(4) 进一步总结"把"字句格式：

否定词
S—时间词语　　把 O(definite)　V……
能愿动词

步骤四：

活动：给大家看一些家具的图片和一套公寓的平面图，让学生分组讨论怎么布置房间。要求把讨论结果画成一张草图，各组派一位代表向全班介绍。

倾向于隐性教学还是显性教学，采用演绎法、归纳法还是类比法，是让学生先学后用还是边用边学，取决于学习者、学习环境、某一语法项目的特点以及课程设计的不同情况等。比如，对少儿来说语法更适合于隐性教学，让学生在用中学、做中学，在适当阶段可以对语法现象做一定的归纳总结。而成人学习者更希望明确地了解语法规则，讲清道理，举一反三，提高效率，尤其是当他们在本国学习汉语的时候。再如，有的语法点结构规则明确，对上下文依赖程度低，可能更适合使用演绎法教学；有的语法点运用灵活，对上下文依赖程度高，可能更适合使用归纳法。

第三节 情境下的虚词教学

一 语法教学的重点和难点

虚词是汉语作为第二语言/外语教学的重点，因为在汉语里，语法主要体现在句子格式和虚词用法上，但同时它又是教学的难点，这是由于虚词具有高度的抽象性，而且在其他语言中很少有完全对等的词语和用法。传统的课堂教学法以虚词意义和(句法)规则的解释为主，忽视对使用规则，尤其是使用条件(语境、情景等)的说明，另外，结合汉语作为第二语言/外语教学的虚词研究也很不够，因此总让人觉得“离总结归纳某一具体虚词的使用规则还有很大距离”(金立鑫，2005:2)，这就给汉语学习者带来虚词学习和使用上的许多困难。比如，教师期中考试让学生“用指定的词语造句”，其中有一个词是“难道”，于是得到了下面一组句子：

A.难道你去不去？

B.难道你不知道吗？

C.他们已经结婚了，难道你不知道吗？

D.难道你不知道他是英国人？他的英语太好了！

A句违反了句法规则：用“难道”发问的反问句，句末可以用表示是非问的语气词“吗”或“不成”，但不可以用正反问的形式。教师判这个句子错，是病句。B句句法上没有问题，有的教师判对，但也有的教师判错或半对，尤其是对比C句后更是如此。理由是在交际中不能没头没脑地、孤零零地说这个句子。要说出这个反问句，前面必须先要有一个事情/情况/事实，说话者才能用反问的方式表达自己对事情/情况/事实的看法或态度。[①] D句如果是说话者一个人说的，似乎不符合逻辑常理。把后一句话挪到前面，依然如此。按照一般常识推断，应该是另一个人发出感叹后，说话者用反问句接

① 邵敬敏主编的《现代汉语通论》把反问句归为“疑问句的交际类型”，可参考。

续。分析B、C、D三组句子后，我们可以发现，使用“难道”构成反问句，除了应满足句法规则的要求以外，还要符合两种情景/语境：(1)如果说话者是自陈而发话，他就必须先把要反问的事情/情况说出来，然后再用“难道”反问，反问不能用在第一句“起始”，只能用在第二句话“承接”。这是在上下文(context)层面的使用条件。如C句。(2)如果用“难道”的反问句要处在起始的位置，即第一句话，那么它一定是在对话中“承接”交际的另一方所叙述的事情/情况，对其表示自己的看法。这是在话语(discourse)层面的使用条件。判B句正确的教师，据我们调查，除了认为其句子语法没有问题以外，有的也感觉到孤零零的一个句子似乎不妥，但阅卷时教师大脑里会为学生做交际的“设想”或“假设”，补出了“前提条件”，如“(她是一个非常有名的演员，)难道你不知道吗”、“(这个问题很简单，)难道你不知道吗”等。这是汉语教师在批改学生的造句或作文等练习时常见的情况，为的是要给学生一点分数而为学生“着想”。

通过上面这个例子，我们可以看出语境和情景对于虚词使用的重要性，对虚词教学的重要性。语言是交际的工具，真实的语言，尤其是口语，总是情景化了的。第二语言/外语教学的目的就是要培养学生在真实的情景中运用语言的能力。“我们要教给学生的并不是语言抽象属性的某一层面而是在实际生活中真正使用的语言”(何向明，2004，导读：F8)。为了能使学习过程更交际化，语言项目的教学一定要和情景、语境紧密联系起来，虚词教学亦是如此。

二　情景与情景教学法

我们这里所说的情景包括上下文语境(如句子内部前后成分和句子间的同现关系：text's cohesion)、话语的内部语境(如说话者和听话者的意图、假设、预设等：the internal context of utterance)，以及交际的外部环境(the external context of communication/situational context of the speech event)，后者通常指的是场景(the setting)、谈话方式(the way of talking)和交际的参与者(participants)等。Hymes(1974)在前人的基础上将这些因素归纳为八个变量，以词首字母编排成一个词，即所谓的SPEAKING：Setting（时空场合/实际环境/场景）、Participants（交际的听说双方），Ends（交际者的意图、目的和言语表达效果）、Act sequence（话语的形式和内容）、Key（说话的语调、方式和态度）、Instrumentalities（交际的渠道的选择，如口头还是书面和语码的选择，如用母语还是外语等）、Norms of interaction and interpretation（交互和理解的规范/方式）、Genre（语类/口头或书面语言活动的种类）（参见Kramsch，1993；朱永生，2005）。这些因素结合在一起成为一个整体，在交际时共同影响和决定着语言形式的选择和语言结构。因此，在语言使用中，情景和上下文语境的作用怎么强调也不过分。让我们看下面几个例子：

E.你一定要带上伞，**由于**天上有很多乌云。

F.我**不禁**流下眼泪。

G.**都**三岁了，还这么贪玩。

从这几个例子来看，外国学生似乎都理解了"由于"（表示原因）、"不禁"（表示抑制不住、禁不住）、"都"（表示已经）的抽象意义，但句子仍然不能被母语为汉语者所接受。E句中，除了"由于"应置于第一个分句，且常与"所以"、"因此"同现配合之外，还混淆了交际渠道，前一个小句偏向口语，而后一个小句却使用了带有书面语色彩的"由于"来解释原因。F句中的"不禁"是将原因/情况和感情失控的结果衔接起来的语言标记。当人们听到"不禁"时，便明白前一句是在说明原因/情况。从话语的角度出发，"不禁"句前必须出现表示原因/情况的句子："（听到这个不幸的消息）我不禁留下（了）眼泪"。孤零零一个句子，就显得非常突兀和"前言不搭后语"。另外，在话语中使用"不禁"还有一个重要的条件，即它不能用在对话中应答，而必须是说话者独白的描述。在课堂教学中，有的教师不讲词语的使用条件或语境，只告诉学生"不禁"的意思是"控制不住自己"，学生就造出了F这样的句子。G句没有句法错误。通常"三岁"和"贪玩"符合我们心理层面的价值期待：三岁的孩子自然就是贪玩的，随着年龄的增长，向反向发展，如果是一个十六岁的高中生甚至大学生就不应该再贪玩了。通常在年龄前用表示已经的"都……了，还……"结构是预设在某个年龄段的人就不应该做什么或怎么样了，如果还做什么或怎么样就违反常理了。学生在使用“都”时，只注意了句法条件，却没有将社会心理因素或使用条件考虑在内。

“尽管语境的重要性早就有前辈学者大声疾呼过，但目前的外语教学在实施过程中对语言的形式的关注仍然多于内容。教学活动更多地还是以句子为基本单位来进行，而不是把连贯的语段或语篇作为体会或分析语言的基本单位。”（何向明，2004，导读：F12）

情景教学法（Situational Approach）又称视听整体结构法（the Audio-visual Global and Structural Method）或视听法（Audio-visual Approach），创造于20世纪50年代的法国，因其鲜明的特色和对二语/外语教学的特殊贡献，一直延续至今，不论是今天流行的课堂教学法还是教材，都可以看到情景教学法的身影。其精髓也被后来的其他教学法所吸收，如交际法或交际语言教学。从情景教学法的三个名称可以看出它最重要的三个方面的特点：首先是视听结合。这里的“视”不是指看书，而是看幻灯片或电影的画面或情景，在今天来说可以是通过多媒体展示。画面展示的情景视觉感受和录音播放的听觉感受相结合，双通道同步作用于大脑，使其把声音和画面情景这两者自然地联系起来用于整体感知话语，帮助话语内容的理解和记忆的长期贮存。其次是情景。视听法的创始人认为，在人们运用语言进行交际时，面前呈现着具体的、真实的情景，情景又决定着说话时所要选择的方式、节奏和语调，而活的口语又总是情景化了的。培养听、说、读、写能力必须创造出能看得到的现实情景，同时结合自然、正常的语速和语音、语调的完整结构的录音（章兼中，1983：120）。再次是所谓整体和结构。情景法强调，听懂和理解语言材料总是在听完整的结构基础上实现的。要把一个情景、上下文或图像跟一组词及意义经常地联系在一起。这些词和意义组成一个整体，并按着结构的方式发挥作用（章兼中，1983：119）。我们要让学生在真实的、有意义的语料和环境相结合的整体中掌握词语的含义和用法，而不是孤立地学习只言片语。在情景教学法中，“整体”和“结构”是其突出的重点。

情景原则下的虚词教学就是要让学生在真实的、有意义的、情景化了的材料输入中，体会虚词的作用和用法或者说“整体”和“结构”，而不是单纯地让学习者在孤立的语言片段中体会高度抽象化的语言现象描写和语法规则解释。

三 情景教学法在虚词教学中的运用

情景教学法认为，在儿童入学后，其另一种视觉感知能力（即看书，阅读文字）和视觉记忆能力不断加强，相对来说，听觉感知能力和听觉记忆能力则有所减弱。这在儿童学习外语时表现得尤为突出，成人则更是如此。在汉语作为第二语言/外语教学中我们注意到这样一种现象，不少学生看着书听录音似乎就听懂了，而抛开书光听录音就听不懂。这一现象表明他们的听觉感知似乎更加依赖于视觉感知。情景法希望通过视觉图像和声音的结合，提高学习者的听觉能力，“从而改变成年人习惯于借助眼睛学说外语的传统的教学方法”（章兼中，1983：123），声音和图像画面的结合可以使学习者直接建立起意义上的联系，有助于摆脱母语的干扰。

情景教学也符合认知心理学的理论。有关基于图示理解（schema-based understanding）的研究表明，在情景/语境中学习语言（如在更大的话语构架中）比在“只言片语”（bits and pieces）或孤立的句子结构中加工语言更容易。

Hadley 在其名著《在语境中教语言》（2004：90－91）中阐述了其外语课堂教学的五条原则，其中第一条就是必须为学习者提供操练/练习在目的语文化可能遇到的各种情景中使用语言的机会。在情景中学习语言并把学到的知识用于应对真实的语言使用环境。我们认为在虚词教学中，情景的作用表现在两个方面：一方面是视听教学手段的运用和语境的提供（尤其是使用条件），可以使汉语学习者在情景中整体感知和理解虚词的使用规则和使用条件，体会其用法；另一方面可以利用视听教学手段和教师的话语设置情景，创造语境，给学习者提供使用虚词（进行表达）的环境和条件。

利用情景进行虚词教学，关键是情景的设计与教师的诱导。这里我们举两个例子，一个是教师给出语境，让学生体会归纳虚词的使用条件的例子，另一个是多媒体情景教学的例子。

第一个例子是“果然”的教学。“果然”，《现代汉语词典》解释为“表示事实与所说或所料相符”，释例为：“果然名不虚传/他说要下雪，果然下雪了。”《现代汉语词典》(汉英双语)，中文释义和释例相同，英译为 really, indeed, as expected。《汉英词典》释为 really, as expected, sure enough。教材的生词翻译也是 really, as expected。教师按照传统的方式，上课时根据词典的解释向学生转述：“果然”的意思就是“一个/这个事情或者情况跟你说的、想的一样”。学生马上就造出了句子：

H.老师(招呼语)，我果然不爱他。

学生造出这样的句子，也许是根据教材的英译把“果然”理解为“真的、确实”，也许是由于教师解释的缘故，学生觉得自己讲的情况跟自己想的是一致的。

尝试引入情景教学时，教师首先给出一组具有上下文语境的例子，让学生在语境中体会“果然”的使用条件和意思：

(1) 他说要下雪，果然下雪了。

(2) 她说她要跟她先生离婚，果然离了。

(3) 我说他不会来的，他果然没有来。

(4) 早就听说上海博物馆很好，昨天我去看了，果然不错/名不虚传。

(5) 医生说他的病不太严重，果然没过两天他就好了。

……

通过这组例子，学生可以体会到“果然”的使用条件：它通常放在第二个句子里，表示后面发生的情况与前面说的一样(教师可再归纳一下)。以这个方法进行教学，在后来的测试中，同样是用“果然”造句，有个意大利班的全部 13 个学生，基本上都造出了合格的语句，没出现“果然”单用的情况：

I.医生说这种药有效果，吃了以后，我的病果然好了。

J.听说那个电影真不好，看了以后果然真的不好。

K.我整天(今天一天都在)告诉你们她不愿意来，果然她没来。

L.昨天他感觉不好，果然今天没有上课。

M.我们都觉得她不会来，果然她没有来。

N.他不太努力，果然他的汉语水平不太高。

O.在意大利老师告诉我在中国人山人海,到上海,人果然太多了!

P.气象预报说今天天气会转阳(阴),果然晚上下了大雨。

Q.我爸爸很喜欢喝酒,昨天他的一个朋友送给他一瓶非常贵的葡萄酒,果然他高兴得要命。

R.医生说这种药很有效果,吃以后,果然我觉得好一点儿。

S.他说这部电影值得去看,所以昨天我去看,果然它非常好看。

T.大家都知道在国庆节的时候买飞机票很难,果然她排了很长时间的队。

U.我在意大利的时候我的朋友对我说,“上海又漂亮又时髦”。刚到这里的时候我发现上海果然是这样。

教材中还常有用“果然”完成句子的练习,如:

我听说这部电影很好看,____________________。(果然)

我们可以把这个题型倒过来,给出下半句,让学生说出/写出使用“果然”的语境(前提),从而体会“果然”的意义和使用条件,效果也会不错。

传统的情景教学法的视听媒体是幻灯片/电影与录音,随着科技的进步,视听媒体已由过去的幻灯片/电影与录音相结合发展为使用现代多媒体技术。多媒体技术为语言学习提供了视觉及听觉的共同刺激,两者同步作用于大脑,诱发其做出更为迅速的信息处理。还因为多媒体能被很容易地无限量重复使用,其唤起知觉的强大功能,也能促进记忆材料的长期贮存。多媒体技术可以设置和创造出生动、有趣和逼真的情景,呈现给学习者多种多样的交际活动。媒体本身的特性及其作用促使其成为情景教学中的重要手段。以“居然”的教学为例。一方面,我们可以利用多媒体技术(PPT、FLASH、DVD 等)设置各种表示“出乎意料”、“没有想到”的事件场景,诱导学生使用“居然”。比如,设置一个谦谦君子、公司职员偷办公室同事东西的场景,诱导学生说出类似“他居然是小偷”、“我真没想到他居然会做出这种事来”等话语。另一方面,图像画面所呈现出来的说话者(即学生所要扮演的角色),其夸张吃惊的表情及生动的肢体语言,也更能让学习者感知“居然”表情达义的功能。下面是利用情景进行“居然”教学的一个实例片段(图 9—1):

● 理解“居然”的意义：

没有人相信小华会当冠军，但是小华当了冠军。

● 说明“居然”出现的使用条件：

存在“甲”事实/事件⟶应该发生与“甲”相符的预期结果“乙”⟶“乙”没有出现，而出现了与“乙”相反的结果“丙”⟹“居然”出现在句子“丙”中，表示没有想到，出乎意料。

图 9—1

虚词由于其功能、意义的多样化且高度抽象，给教学带来不少困难。情景教学法可以改变传统的教学方式，创造出各种符合交际需要的场景、语境和情景，一方面让学习者在完整的一段情景活动中理解虚词的抽象意义和使用条件，并长期储存此类记忆(如通过图示)，另一方面又让学习者在情景中使用虚词。在实际的真实的交际过程中，学习者可以通过激活大脑中的情景图示，并选择相关的虚词信息组织成话语，从而顺畅地达到交际目的。从这个意义上说，不仅是虚词，整个语言教学都应该是情景化的。

思考

1. 汉语的语法特点是什么？这些特点对汉语语法教学有哪些影响？

2. 影响语法教学的策略和方式的因素有哪些？试举例说明。

3. 在语法教学中如何兼顾语言运用的准确度、流畅度与复杂度？

4. 试从语境角度分析“毕竟”这个虚词的使用规则。

任务

1. 比较三种以结构为纲的初级汉语教材，看看在语法点的选择、解释以及练习设计上有何差异，列表说明并做分析。

2. 拟定某个具体的教学对象，为下面的语言点设计教学过程。

(1)形容词重叠。

(2)动作的进行。

(3)结果补语。

3. 分析本章第二节中“语法教学的方法”里列举的三个语法教学示例中，教师分别是如何搭建支架，逐步推进，从而实现教学目标的。

4. 根据情景教学法的原则，设计在课堂上讲授“都……了，还……”这一结构的教学情景。

第十章　词汇教学

随着语言学习的深入，词汇学习变得越来越重要。具有充分的词汇量，理解词语的意义，掌握词语的用法，是语言学习成功的关键因素之一。一个词有词音（词的声音形式）、词形（词的书写形式）、词义（词的意义）、词用（词的用法），因此词汇教学也就必然涉及语音和语法（词语的用法就体现了语法规则），以及汉语的书面形式——汉字。这一章我们主要讨论词汇教学的内容和课堂教学中用于解释词语意义的方法。我们认为，课堂教学技巧的使用不仅要考虑到教学的目的、对象、环境以及教师自身的能力和条件，更重要的是它们是否符合（或违背）教师对语言及语言学习理论所持的理念与信仰。

第一节　词汇教学的内容

词汇教学其实是一个复杂的工程，涉及方方面面。一个词有词音（词的声音形式）、词形（词的书写形式）、词义（词的意义）、词用（词的用法）。

词音涉及词的发音/读音（汉语作为第二语言学习者常常是依据拼音或汉字来认读词的语音形式的），发音/读音准确不准确常常被以汉语为母语者用来“判定”一个汉语学习者所说的汉语“地道”不“地道”。按理说发音问题归语音教学管，可词汇教学也不得不管，因为它是词的声音形式，学习一个词首先就要学会它的发音/读音，不会发音就无法用这个词来进行口头交际（国外老一辈的汉学家里有些很熟悉汉字，书面语能力很强，但却不会说），发音不准有时也会影响交际，这就是为什么有的教师会带着学生一遍又一遍地读生词的原因之一。现在中国国内的对外汉语教学，零起点学生的语音教学阶段，最多也就是一两个星期，训练时间不够，学生无法完全习得汉语语音（声、韵、调、音节、语流），因此，词汇教学，甚至课文教学依然要重视语音训练，包括生词朗读（音节、音节变调、同音词、同形词等）、课文朗读（停顿、语流音变等）。训练学生语音的方法有许多种，国外有些学校的做法值得我们借鉴。比如，在法国国立东方语言文化学院，语音阶段结束并不等于语音训练就结束了，实际上整个语音训练要贯彻一学年。具体表现在：教师在每课书的教学过程中，都要抽一定的时间进行一些课文里没有的词语的朗读和拼音的听写，这种朗读和听写练习，从双音节到四音节逐步过渡，音节的组合由教师自选，完全不考虑学生明不明白词语的意思，是纯粹的语音训练。期中考试学生要用拼音听写 40 个双音节词（意思可能完全不懂），期末考试要听写 20 个四音节词语（通常是成语类的），因此教师上半学期主要训练学生双音节词的听读，下半学期主要训练四音节词语的听读。尽管这种做法可能是某些教学法流派所不主张甚至反对的（主要争执在是不是要结合意义的问题），但这种训练对提高学生的语音能力是切实有效的。

词形涉及词的书写形式，也就是汉字的认读和书写问题。按理说汉字教学，尤其是对非汉字文化圈的汉语学习者（如欧美学生、阿拉伯学生等）的汉字教学，应该开设专门的汉字课，进行专门的汉字教学①，但事实上是，在汉语教学界一直有着所谓"语文并进"、"语文同步"、"随文识字"与"先语后文"、"语文分离"、"拼音先行，汉字滞后"的争论。而中国国内目前汉字教学的主要做法是"语文并进"、"语文同步"、"随文识字"②，汉字教学常常是和词汇教学结合在一起的，很少有院校开设专门的汉字课，除非学生全都是来自欧美等国家和地区的。因此，词汇教学也不得不管汉字的认读和书写。汉字的书写主要是

① 其实，即使是汉字文化圈的汉语学习者，如日本学生、韩国学生、越南学生，也同样存在汉字问题，只是其表现形式跟非汉字文化圈的汉语学习者不一样而已。

② 倒是在汉语作为外语的环境下，常有"先语后文"、"语文分离"、"拼音先行，汉字滞后"的做法，可参见王若江，2002，2004；吴勇毅，2010；赵金铭，2011。

教学生汉字的结构(部件、偏旁、部件的组合规律和特点等)、书写规则(笔画、笔顺)以及汉字的一些理据。汉字的认读涉及字形的记忆、同形字(词)的辨别等,其实汉字的认读不仅包括汉字的记忆,也涉及词语的记忆,有些学习者习惯于或者说擅长于通过声音(词音)来记忆词语(意义),而有些学习者则习惯于通过汉字(字形)来记忆词语(意义),学习者习得词语的策略方法可能是不同的。①

汉语中有的词只有一个意义(单义词),有的词有几个意义(多义词)。比如"打"(动),《现代汉语词典》列有 24 个义项,还不算介词"打"(关于"打",还可参见俞敏,1991)。有的词意义相同或相近(同义词、近义词),有的词的意义正好跟另一个词相反(反义词)。准确掌握词义是汉语学习者的一个重要任务。对教师来说,就是要帮助学生在实践中(而非只是理论知识)理解词义,掌握辨析词义的方法,比如,如何辨析同义词、近义词,如何辨别多义词,等等。另外词汇教学很重要的一点就是如何根据教学对象的不同特点用不同的方式给他们讲解或者说解释词语的意义,这也是这一章我们要讨论的重点,即词语解释的方法。

对学习者来说,掌握了一个词的读音,会用汉字把它书写下来,理解了它的意义,这还不够,要在交际中正确地使用词语还必须掌握词语的用法。比如,词语的搭配,一个词必须或者经常跟哪些词一起出现。有外国学生造出"我要结婚她"这样的句子,教师就要告诉学生,在汉语里要说"跟/和(谁)结婚",而不能说"结婚(谁)"。又如,汉语说"一把椅子",日语却说"一脚椅子"。懂得词语的意义可以帮助学习者在交际中理解对方所要表达的意思(口头的、书面的),而掌握词语的用法则可以使学习者在交际中正确地、准确地表达自己的意思,让对方理解。因此也是词汇教学的重点。

词汇练习的目的无非是采用各种有效的方式和活动(包括游戏)帮助学习者:记忆词语(音、义、形);理解词义,尤其是词语在上下文中的意思(这些练习

① 汉字的教学方法和训练策略我们这里不做讨论,请参阅《汉语课堂教学技巧 325 例》(周健主编,2009)、《汉语课堂教学技巧》(崔永华、杨寄洲主编,2002)、《汉语可以这样教——语言要素篇》(张和生主编,2006)、《对外汉语教学导论》(周小兵主编,2009)。

和活动常常是跟阅读结合在一起的);掌握词语的用法;扩大词汇量(词语的学习应该按照科学划分的等级有序推进,而词汇量的扩大又是跟阅读,尤其是泛读密切相关的)。但无论进行什么样的活动,教师都不应忘记汉字在其中所能够起到的作用,比如,汉字对帮助理解词语意义的作用、对帮助扩大词汇量的作用、汉字的联想功能等。这一点是非常重要的。至于采用哪些方式和活动进行词汇练习,教师完全可以根据当地当时的教学实际发挥自己的创造力,设计出既生动有趣又有实际效果的练习方式。比如,用"词语接龙"做复习和扩大词汇量的练习,常常是学生比较喜欢而又有实际效果的:

(教师或第一个学生起头,后面的学生依次接上,接不上受"罚",接得多"奖励",可用小组或个人比赛方式进行,也可采用抢答的方式,关键是"群策群力"。如果词较难接,同音词亦可。)

学生→生活→活动→动心→心情→情景→景色→色彩→彩虹……

→生命→命运→运气→气味→味道→道路→录音→音乐……

→汽车→车站→站住→住址→只好……

词语练习的一些活动可参阅《汉语课堂教学技巧》(崔永华、杨寄洲主编,2002)和《汉语可以这样教——语言要素篇》(张和生主编,2006)、《汉语课堂教学技巧325例》(周健主编,2009)等。

第二节 "术"与"道"的关系

在第二语言/外语教学中,如何解释词语的意义或者说解释词语意义的方法通常被认为是属于课堂教学技巧(techniques)范畴的,因而是"术"而非"道"("道"在这里可以比作某种第二语言教学理论或教学法——approach)。也正因为是"术",是"(雕虫)小技",所以很少有文章专门论及。

然而,对学习者来说,明白词语的意义并且掌握其用法却是一桩大事,因为它是理解(听懂/看懂)的关键,也是表达(说/写)的基础。解释词语的意义在课堂教学中是不可或缺的,也是教学的重要环节之一。在第二语言/外语学习的入门阶段，许多教师上课时似乎并不怎么跟学生解释词语的意义，而主要是操练词语。其实教科书的生词表大都是双语或三语的，这就是在用“对译法”解释词语的意义，只不过解释者不是教师，而是课本罢了。

使用什么方法解释词语不仅涉及教师自身的能力、特长，而且跟教学对象——学习者有关。比如，新教师、兼职教师和外语好的教师“入行”初期，由于对第二语言的教学规律还缺乏深入的认识，会偏爱用学生的母语解释词语（有些人甚至会利用这个机会操练外语）；学戏剧表演出身的教师“转行”过来后仍然会利用自己的优势和特长，用表情、手势、动作和身段来帮助学生理解词语的含义。教小孩子学习第二语言/外语以实物、图片、模型等之类的直观教具解释词语的意义效果可能很好，但对成年人也许未必有用[①]。在一次对外国大学生进行的问卷调查中，调查者询问他们汉语教材中的图片对他们学习汉语是否有帮助，结果大部分学生的回答是没有什么帮助或没有多大的帮助，图片的作用只是为了花哨装饰的需要，尽管有时也能引起一些学生的兴趣和注意。也许教材的作者确实没有很好地利用图片，或许还有其他原因，比如图片本身画得吸引不吸引人等，但从学生的回答中我们至少可以发现一点：对于一个逻辑思维发展已经成熟的成年人来说，对实物、图片、模型之类的直观教具在第二语言/外语学习中所能起的作用的认识跟那些逻辑思维能力尚未成熟的孩子是不一样的。

不仅如此，使用什么方法解释词语还跟教师对语言和语言学习的理念与信仰相关，换句话说，就是“术”与“道”是相关的。具体指的是有的解释词语的方法是某种第二语言/外语教学理论或教学法所提倡鼓励的，有的则是某种第二语言/外语教学理论或教学法所反对甚至禁止使用的，而教师的选择取舍，从根本上来说取决于他/她对第二语言/外语学习的认识和信仰。比如，用学生的母语解释词语是翻译法（Translation Method）、自觉对比法（соэнательно-сопоставительный метод）所倡导的，前者主张“无论讲解语法、语音，还是讲解词汇和分析课文中语言现象都用母语”，后者认为“‘教学全过程’都要‘用母语

① 注意：用直观教具解释词语跟用其操练词语是不一样的。

来讲解外语'，特别是'用母语来解释语音、语法和其他材料'"（章兼中，1983）。但这种方法却恰恰是直接法（Direct Method）、听说法（Audio-lingual Approach）所排斥或限制的，前者强调"用外语教外语"，以"顺乎人类学习语言的自然规律"，后者"主张用直接手段、情景、借助上下文和所学到的外语直接释义，反对借助翻译手段讲解词义"（章兼中，1983）。又如，在英语作为第二语言或外语教学中，利用构词法（知识）讲解词义是一种常用的手段。在学习者有了一点词汇量时，就有可能通过构词法分析讲解新词的意义或让学生通过规则自己发现新词的意义，像从下面这些词的前者到后者的过程：drive→driver，write→writer，work→worker，love→lover。"这种方法可以使学生自然地理解词义，借助构词法知识记忆单词，同时还可以培养学生分析语言现象的能力"（李庭芗，1983），很符合认知法（Cognitive Approach）"有意义的学习"（meaningful learning）和"发现学习"（discovery learning）的教学原则。

解释词语意义的方法有很多，有人说可以"综合"运用，但综合运用绝不是"捣糨糊"，可以毫无目的地乱用、瞎用，说到底它仍然是遵循着你所依托的语言教学理论。因此，使用不同方法时必须考虑到教学的目的、教师自身的条件、教学对象的情况以及你所使用的方法是否违背了你所主张或信仰的第二语言教学理论和教学法，而后者又是至关重要的。千万不要孤立地看待课堂教学技巧的使用，忽视了其背后的东西。教学理念与教学方法、教学技巧的一致性是从事一线教学的教师常常容易忽视的东西。

第三节　词义解释的方法

一　从语言与非语言的角度

从语言与非语言的角度，我们可以把用语言手段解释词语的意义跟用非语言手段解释区分开来。我们先讨论后者，前者在下面几节讨论。用非语言手段解释词语的意义主要有三种方法：一是实物法，即用实物、图画（包括印刷的图画、教师在黑板上画的画、照片、图表等）、模型、幻灯、多媒体等来解释词语的意义；二是演示法/表演法，即用动作（包括身段）、手势、表情来解释词语的意义；三是场景法，即利用场景/环境来解释词语的意义。

用实物、图画、模型等手段来解释词语是直接法所提倡的，它的“第一批词是通过指示实物、图画或演示动作等办法来讲授”（《韦氏英语大辞典》，见章兼中，1983）。运用这种方法的目的是希望通过实物直接建立起声音与概念（意义）之间的联系，对孩子学习第二语言/外语来说，或许可以帮助他们建立起新的概念（系统），但对成年人来说只不过是通过实物激活大脑中已有的概念来跟新的声音匹配。是“直接”匹配，还是通过第一语言系统“间接”匹配，形成新的音义结合体“内化”后，再摆脱第一语言系统，根据众多学习者学习外语的经验，以及多年汉语教学的观察和体会，我们更倾向于后者。这也是我们对用这种方法解释词语意义能对成年人学习第二语言/外语起多大作用有所保留的原因之一，何况这种方法本身具有较大的局限性，如表示抽象意义的词语一般不能解释，而且也只有在学习的最初阶段起些作用。有人说实物、图画、幻灯等在教学中的作用好像远不止于此。不错，但那主要是指用这种手段来操练语言，进行技能训练，尤其是练习语言的表达（如叙述、描写、看地图找位置等），它的作用是很大的。但这是两种用途，不应混淆。

用动作（包括身段）、手势、表情来解释词语可以用在很多方面。比如，教师在解释“拉、推、拖、提、拿、放、端、举、抬、挑、扛、背、抱、挎、捅、拽、撕，站、坐、靠、跪、蹲、躺、踮；走、跑、跳、踩、踢”等一系列动作动词时，用直观的动作、手势来解释或辅助解释效果会比较好；而“哭（各种哭）、笑（各种笑）、难过、高兴、生气、发怒、发愁”等词语运用表情则可以比较准确生动地解释意义。举个具体的例子来说：某课文中有“他们办事就这样，什么事都拖拖拉拉的”这样一句话。《现代汉语词典》解释“拖拉”为“办事迟缓，不赶紧完成”。这样的解释对初级学生来说不容易懂。如果教师边说边用动作演示——有个人站着，另一个人拖着他往前走（动作），还有一个人拉着他往后退（动作）。教师问学生“这个人能不能走得很快”（诱导），学生会回答“不行，一定很慢”。教师紧接着就说：“好，‘拖拖拉拉’的意思就是做事情很慢。”学生一下子就明白了这个词的意思。这种解释方法是特别符合“全身反应法”（TPR，Total Physical Response)的精神的，因为从操练的角度看，“全身反应法”在入门阶段就是以祈使句打头，让学生跟着教师的命令用各种动作做出反应。

场景的利用对诸如方向、方位等的解释是很有用的。利用课桌、讲台、学生的位置可以解释“上下、左右、前后、里外”等方位词语；利用门、教室、走廊、窗户、电梯也可以较好地解释“走进来/走出去、走过来/走过去、请进来/请出去、坐上去/坐下来、跑上去/跑下来、跑过来/跑过去、看出去/看进来”等词语意义的区别（趋向补语）。

二 从语内和语际的角度

从语内和语际的角度，我们可以把用学生的目的语解释目的语的方法和用学生的母语解释目的语的方法区分开来。用学生的母语解释目的语可以用翻译法。翻译法包括“词语的对译”和“用学生的母语解释说明”（如“伯母”，光用单个词 aunt 对译解释显然不够，准确些要释为 wife of father's elder brother）。

教科书中一种语言对一种语言（双语）或一种语言对多种语言（如三语）的生词表采用的就是对译的方法。用这种方法解释词语的意义有时是很危险的。主要是因为两种语言的词语很纯的一对一关系是非常少的，它们之间总是存在着这样那样的差异，如在词义概括的方式、范围，义项，搭配、使用范围，褒贬色彩、文化含义等方面（参见胡明扬，1997）。另外，教科书生词表的翻译者有可能不是教科书的编撰者，对词语在教材所选语料中的意义或许并不很清楚，如果一个词有几个义项，翻译者就事论事就有可能选错义项或一股脑儿把所有义项都罗列上去（编撰者自己翻译，如果外语不很好也会如此），造成主次不分，突显不出某个词在这篇语料中的意义是什么，使学习者无所适从，甚至造成误解。

胡明扬（1997）提出了几点解决对译问题的意见，其实也就是如何用对译的方法释义的问题。他提出：在语汇教学的初级阶段，“（1）如果课文中出现的不是有关词语的主要意义，在新词语表中应该补出主要意义，而且应该列在第一位；（2）如果对译方式不能反映不同语言有关语词在语义上的差异，而又不太复杂，可以用夹注方式说明，如'饭　cooked rice or other food (a general term for meals)；喝　drink (tea, soup, etc., including liquid food such as porridge and gruel)'。加上这些说明当然是因为汉语的'饭'不仅指'米饭'，一日三餐吃'面条'和'烙饼'等等也说'吃饭'。英语的 porridge 和 gruel 不能 drink，得说 have，而汉语的'粥'和'(面)糊糊'都是'喝'的。"在语汇教学的中级阶段，"除了加注对译词以外，应该尽可能增加现代汉语原文词典的释义内容，因为这才是有关词语的'原文'，如'结婚　detachable vi. get married; man and woman become husband and wife after fulfilling certain formalities as prescribed by law'"。这可以说是胡先生的第三点意见。

我们很赞成胡先生的第二点意见，但对第三点意见有所保留，对第一点意见则不太同意。我们认为有的法语作为第二语言/外语教材的做法值得借鉴。在有些法语教材中，遇到多义项的词，在解释时先在括号里注上"这里的意思是"(ici)，表明在这篇课文里某个词的义项是什么。这可以提醒学习者这是个多义词，又突出了这个词在这篇语料中的意义和用法。

双语或三语生词对照表只是用对译解释词语的一种方式，在实际的课堂教学中，外语好的教师在遇到用其他方式较难解释词语的意义时，或有些教学经验不足、不善用其他方式解释词语的教师上课时都会时不时地采用对译的方法。在汉语作为外语的教学环境下，采用翻译法解释词语的意义是常见的。

用目的语——汉语(大多数汉语教师的母语)解释目的语(汉——汉)有许多方法，如同义词法、反义词法、定义法、转述法、列举法、举例法等。

用同义词和反义词解释词语意义的基本原则是要尽量使用学习者学过的词语，不然可能越替换越难，不仅无端增加了生词量，加重了学习负担，而且会使学习者的学习心理和学习积极性受到打击。举个不太恰当的例子：在一堂课上，教师请一位同学解释什么是"货币"。教师希望学生以学过的定义来解释，即下一个定义"货币是充当一切商品的等价物的特殊商品"，因为这是每个学生都要背出来的。可这个学生却回答"货币就是钱"。教师顺势又问"什么是钱"，学生答"钱就是钞票"。教师接着追问"什么是钞票"，学生实在回答不出，情急之中用英语回答"钞票就是 money"。教师紧追不舍"那 money 又是什么”，学生实在是没有背出定义，只好又绕回来“money 就是货币”。从这个案例中我们可以推想到，如果跟外国学生解释词语，采用同义词循环绕的方式（货币→钱→钞票→money→货币），且替换的词语他们都没学过，结果也可想而知。这是新教师常犯的毛病。

用同义词解释还要注意词语的使用范围、搭配、褒贬色彩等问题，比如，“美丽”（形容女子的容貌姿态、景色）、“漂亮”（形容女子、物品、景色均可）、“英俊”（用于男子）、“好看”（没有什么限制）；“雄心”、“野心”（英语都是 ambition，但后者是“不好的、坏的雄心”）。利用反义词解释也要注意义项的对等，比如，说水“深”时，只能以“浅”来相对，不能用“淡”；而说颜色“深”（浓）时，既可以“浅”相对，也可以“淡”相对；说咖啡的味道“淡”只能以“浓”相对，而说菜的味道“淡”则要以“咸”相对。

用定义法与转述法解释词语的意义最重要的是语言一定要浅显，要用学生听得懂的话解释。如果说语言输入，考虑到学生的接受能力，教学时给他们的难度公式是“难度＝学生现有水平＋1”，那么同样是考虑到学生的接受能力，教师在解释词语时的难度公式应该是相反，即“难度＝学生现有水平－1”。

用定义法解释词语切忌照搬词典的定义，举两个极端的例子。《现代汉语词典》（第 5 版）对“钢琴”的解释/定义是“键盘乐器，内部装有许多钢丝弦和包有绒毡的木槌，一按键盘就能带动木槌敲打钢丝弦而发出声音”，对“椅子”的解释/定义是“有靠背的坐具，主要用木头、竹子、藤子等制成”。用这样的定义给汉语学习者解释词语恐怕是有百害而无一利的，远没有用对译词如英语的 piano和 chair 或用实物、图片、手势解释来得简单明了。又如“好看”，《现代汉语词典》的解释是“看着舒服、美观”。“美观”是个丙级词（据《汉语水平词汇与汉字等级大纲》，下同），用来解释“好看”这个甲级词显然太难，而“看着舒服”学生能否体会也很难说（“顺眼”才是“看着舒服”），与其这样直接跟学生释义，还不如用“漂亮”（甲级词）来同义替换。“美丽”，《现代汉语词典》的解释是“使人看了产生快感的；好看”。跟上面说的“好看”一样，词典的前一半是定义式的，后一半是同义词。说“使人看了产生快感的”，个人可以有不同的体会和联想，能不能和“美丽”联系起来则很难说，何况“快感”的“快”是“快乐、愉快”的

"快"还是"快走"的"快"(通常后者先学),学生也未必就能把握得住。教师如果采用定义法照搬词典的解释,显然是不行的。

用定义法给学生解释词语要尽量易懂易理解,可以适当修改定义。举例来说,某教师上听力课遇到一些词语,如"同龄人"、"遭遇"、"失眠"等。"同龄"《现代汉语词典》释为"年龄相同或相近"("相近"是超纲词),教师把"同龄人"释为"年龄/年纪一样或者差不多的人";"遭遇"词典释为"遇到的事情(多指不幸的)",教师把它改成"碰到的不好的事情";"失眠"词典释为"夜间睡不着或醒后不能再入睡",教师用"晚上/夜里"替换"夜间",去掉"或醒后不能再入睡",变成简单的"晚上睡不着",学生就容易懂些。为了培养学生的目的语语感,我们主张尽量用目的语解释目的语,即使教初级水平的学生也是如此(尽管这在汉语作为外语的环境下很难做到),但一定要贯彻"难度=学生现有水平－1"的原则。如"饿"词典释为"肚子空。想吃东西(跟'饱'相对)",可以把词典定义中的"肚子空"去掉,就解释为"想吃东西";"渴",词典释为"口干想喝水",把"口干"去掉,只留下"想喝水";"困"词典释为"疲乏想睡",把"疲乏"去掉,在"想睡"后加个"觉"变成"想睡觉"。把"教室"定义为"学生上课的地方",显然比词典的"学校里进行教学的房间"更易于汉语学习者理解。

转述法是基本不用词典的定义,而是用别的话语把词语的意义表达或者说转述出来。比如,"表扬"和"称赞"这两个词,《现代汉语词典》把前者释为"对好人好事公开赞美",把后者释为"用言语表达对人或事物的优点的喜爱"。教师可以根据这两个词最主要的含义,把它们解释/转述成"说一个人/别人好"。必要时可以补充前者是因为"做了一件好事什么的"而得到了"表扬",后者不仅说人,还可以对"想法、方法、态度"等表示"称赞"。又如,"贪污"《现代汉语词典》释为"利用职务(丁级)上的便利(丙级)非法(丁级)地取得财(丁级)物(丁级)('财物'超纲词)"。对刚达到中级水平的学生来说,这样解释太难,而且不容易把握。教师如果把它转述为"把公家的钱放到自己的口袋里",再具体地说"把公司、学校、单位的钱变成自己的",学生显然比较容易理解并能抓住要害。"迫害"词典释为"压迫使受害(多指政治性的)",过于抽象,教师如果把它转述为“让别人吃很多苦(头)”,然后再举教材课文中庞涓挖孙膑膝盖骨并在他脸上刺字的例子,学生或许能较快领会。

使用定义法、转述法有时对词语意义的解释可能会不太准确,但从帮助学生理解和提高语感的角度看却无伤大雅,只是教师在备课时要多花些精力。

有人会问:长期使用简化了的语言教学会不会对学生产生负面影响? 回答是肯定的,会产生副作用。有时我们会听到学生问老师:“为什么你上课说的话我们都懂,但在街上别人跟我们说的我们却(听)不懂?”尽管听不懂的原因是多样的,但有一点可以肯定,即跟教师在课堂上使用的语言有关,教师的语言过于简单和课堂化(语域范围很窄)。这就产生了矛盾:一方面是教师为了帮助学生理解需要简化语言(用目的语解释以培养他们的语感),但另一方面又不能过于简化(这并不违背“难度=学生现有水平-1”的原则)和长期简化。从教师的角度看,要解决这个问题,依赖于对学生状况的“三个”了解或者说把握:教师对学生现有词汇量的了解,教师对学生现有语法结构(语法知识)的了解,教师对学生知识背景和文化背景的了解。有经验的教师跟学生接触过后,即便是接触的时间不长,也会对学生上述三方面的情况做出一个大致的判断。这样教师就可以根据学生第二语言/外语的现有水平、学习进程和发展状况动态地调整自己的语言,而不至于出现学生到了三年级,教师仍然用一年级最简单的语言授课的情况。要注意的是,“难度=学生现有水平-1”是动态的、变化的、发展的。

列举法是利用列举下位具体词语的办法来解释上位词语的意义,通常上位词语是表示普遍的一般的概念的。比如,以列举“黄瓜、萝卜、菜花、青菜、白菜、西红柿/番茄、辣椒、洋葱”等来说明这些都是“蔬菜”;列举“苹果、香蕉、梨子、西瓜、桃儿、葡萄”等来解释这些都是“水果”;列举“桌子、椅子、沙发、床、大衣橱/柜、茶几”等来说明这些都是“家具”;列举“学校、工厂、公司、银行、医院”等来告诉学习者这些就是“单位”。

举例法不同于列举法,它是跟其他方法同时使用,以帮助释义的一种方式,是每个教师都使用的。如“沾光”《现代汉语词典》释为“凭借别人或某种事物而得到好处”,单凭这个解释学生并不能体会这个词所具有的“揩油”、

“占便宜”的生动含义。教师如果把它转述成“别人得到了好处、便宜，你跟着他也得到了”，然后举一两个例子（或者先举例子再归纳意思），如“我认识饭店的老板，我们是朋友，所以我每次去吃饭，他都给我便宜很多；而你不认识他，去那儿吃饭，吃同样的菜付的钱却比我多。以后你跟我一起去那儿吃饭或自己去，因为我认识老板，而你又是我的朋友，所以老板也给你打很多折。这是因为我的关系你得到了便宜，得到了好处，没有我你就得不到这些好处，打不了折，所以‘你沾了光’、‘你沾了我的光’或‘跟着我沾了点儿光’”。

三　从语言形式和语言功能的角度

从语言形式和语言功能的角度，我们可以把利用语言形式本身的特点解释词语意义的方法同着眼于话语在上下文中的功能的方法区分开来。前者有类推法、语素扩展法等，后者主要指功能释义法等。

在英语作为外语教学（EFL）或英语作为第二语言教学（ESL）中，经常使用“构词法”来讲解词义。比如，利用词根、前缀、后缀的关系解释词义或词的部分意义，如：write→rewrite→retell→reopen→reorder→reenter→repass→reunite；drive→driver→writer→worker→lover→speaker→reader；use→useful→useless→user 等。汉语的情况不一样，但仍然可以利用词的构造特点来解释词义。类推法就是利用一部分有词汇意义的语素类推出新词语的意义，比如，利用汉语里后缀、前缀成分，学过了“学员”、“职员”，知道“员”是表示“工作或学习的人或团体组织中的成员”（简单说就是单位中的一个人），教师就可以在教学其他词语时引导学生类推出“演员、教员、店员、邮递员、译员、党员、队员”；学过了“记者”，知道了“者”表示“从事某项工作的人”，可以类推出“作者、学者、劳动者、体育工作者、侍者、听者”，甚至“死者”。同样还有“家”（具有专门知识或从事专门活动的人），如“作家、画家、歌唱家、科学家、艺术家、政治家、思想家、军事家”；“可”（表示“值得”、“使人”、“让人”、“被人”），如“可爱、可恨、可怜、可惜、可口、可怕、可疑、可喜、可笑、可靠、可信”。另一些语素虽然不是后缀、前缀，但组词能力很强，也可用于类推释义。比如，表示地方、场所的

“____馆”，如“饭馆、酒馆、宾馆、旅馆、茶馆、图书馆、博物馆、展览馆、大使馆、照相馆、游泳馆”；“____店”，如“商店、饭店、鞋店、水果店、服装店、日夜商店、帽子店、布店”；“____场”，如“广场、商场、体育场、运动场、市场、菜场、大卖场、机场、超级市场、（驾校）练车场、停车场”；“____站”，如“汽车站、火车站、上海站、长途车站、终点站”。

汉语中的很多词语是通过两个词或几个词，即以词组“压缩”、“缩略”而成的。一个词，如果学生学过其中的某个或某两个语素（字），教师就可以通过“还原”，也就是通过语素扩展的方法给学生释义。比如，“赞扬”（联合式、并列结构），如果学生学过“表扬”、“称赞”的话，教师就可以把“赞扬”还原成“称赞表扬”，学生就很容易理解这个词的意义，同结构的如“温柔——温和柔顺”、“敬重——恭敬尊重”、“烦恼——烦闷苦恼”。又如，“登机”（支配式、动宾结构），如果教师把这个词扩展成“登上飞机”，再强调“上飞机”（“登”就是“上”），学生自然也就懂了。同结构的如“守时——遵守时间”、“选美——挑选/评选美丽的姑娘/美人儿”。还有陈述式、主谓结构的，如“病危——病情危险——快要死了”、“心爱——衷心/内心喜爱——心里很喜欢”；附加式、偏正结构的，如“外企——外资企业”、“欢笑——欢乐/快乐地笑”、“欢迎——欢乐/很高兴地迎接”、“人大——人民大学/人民代表大会”、“观众——观看的人——看表演或比赛的人”；等等。学生乍一看到“某某高新区”可能不容易理解，但教师如果把“高新区”还原为“高新技术开发区”，学生也就不难理解了。语素扩展法比较适合给中高级汉语水平的学生解释词语的意义，它不仅可以复习学生以前学过的词语，还可以提高学生猜测词语意义的能力，培养语感，有利于扩大学生的词汇量。

汉语中有些词语的意义是从字面上解释不出来的，甚至词典里也没有，它的意义要在话语中、上下文里才能体现出来，这给学生理解词语的意义甚至话语的意义造成了很大的困难。学生常说：“老师，这里的每一个字（每一个词）我都认识，可就是不知道什么意义。”这其中相当一部分指的就是这种现象。请看下面几个例子：

（1）那个姑娘长得是不错，可是说话就<u>不怎么样</u>了。

(2)你别看他长得不怎么样,他可是我们班数得着的好学生。

(3)老李:老张,去买菜了啊?

老张:哪儿啊,冰箱里的饮料快没了,我去买了些饮料。

(4)女:老张,又去下棋了?

男:哪儿啊,没那个福气了。打从有了这个小孙子,一天到晚就得围着他转啦。

(5)女:小刚,怎么啦,老师批评你了吧?

男:什么呀,我们老师批评谁也不会批评我呀。

(6)男:丽丽,最近身体不好吗?怎么好像瘦了。

女:瘦什么呀,可能是穿这件衣服显得瘦吧。

(7)女:对不起,不检查护照您不能登机,这是我们海关的规定。请您好好想想,您是忘记带了还是放在别的地方了?

男:谢天谢地,在这儿,我把它夹在记事本里了。

(8)你看你,这么大的人了,连这么简单的事儿也做不好,让我怎么说你呢。

(9)男:我回来了。

女:你看你,简直就像个落汤鸡!

男:出门的时候天气好着呢,谁想到……

(10)丈夫:做一盘蛋炒饭吧。

妻子:(没好气地说)什么叫蛋炒饭?应该叫饭炒蛋!你说饭多还是蛋多?

丈夫:好了,好了,就算是饭炒蛋吧!半夜三更的,那么大的嗓门儿干什么?

上面例子中画线的词语都是非常简单的,每一个字学生都认识,可它们的意思究竟是什么,很多学生却并不清楚。如果教师提问他们,他们的第一个反应就是查词典,有的可能查得到,如"不怎么样"、"谢天谢地"[①],有的根本查不到,

① 1986 年版的《现代汉语词典》未收这两条,1999 年版才开始收。

如“看”、“好”、“什么”、“哪儿”等。学生希望从“看”、“好”、“什么”等的条目里找到例子中的义项，可结果令他们失望。即使是查到的，意思也非原有词义的组合。[①] 这些貌似简单的词语，在话语中无法从词语表面的意义或从语言形式的角度得到解释，必须使用“功能释义法”，对它们在言语中的作用或表示的意思进行解释。“不怎么样”表示的是“否定”的功能，“谢天谢地”是表示“感谢”或“庆幸”(happily; rejoice)、“幸亏”(fortunately; luckily)的意思，“你看你”表示的是“埋怨”(complain; blame)，“哪儿呀”、“什么呀”表示的是“反对”(be against; oppose)或“不同意”(not agree)，“好了，好了”是表示“劝解”(make peace)，大事化小，小事化了。从言语功能的角度给词语释义是一种很重要的方法，尤其是对口语的理解和表达非常有帮助。

四 从释义主体的角度

从释义主体的角度，我们可以把由教师向学习者直接解释词语的意义跟由学习者自己参与释义区分开来。前者见上面讨论的许多方法，后者如猜测法。请看下面这个例子：

女：为什么不去找你在音乐中心的那个同学帮忙买几张票？我们也跟你沾点儿光。

男：你忘了，他不是已经出国了吗？

女：对，我把这茬儿给忘了。

“茬儿”是个北方方言词，同“碴儿”。《现代汉语词典》释为“指提到的事情或人家刚说完的话”。在南方学习的留学生，如果不是教材里有这个词，一般是碰不到的。在这样一个上下文语境中，经过教师有意识的诱导，比如，教师可以提问学生“‘这’指的是什么”、“女的把什么(事情)给忘了”，学生自己通过追溯上文是有可能猜测出“这茬儿”指的是“他已经出国了”“这件事”。用猜测法释义的关键是上下文的语境和教师的诱导方式。

---

① “不怎么样”词典释为“平平常常；不很好”，是从功能的角度解释；“谢天谢地”词典释为“迷信的人认为处境顺利是受到了天地神灵的保佑，因此要感谢天地。现在多用‘谢天谢地’表示感谢或庆幸”，这是从文化和功能的角度进行解释。

五 从词语本义与附着义的角度

从词语本义与附着义的角度，我们可以把解释词语的基本意义同解释词语的文化附着意义区分开来。解释词语的文化附着意义的方法可以称为阐释文化义。

汉语中许多词语有着特定的文化含义，学生理解词语的基本意义或字面意义并不难，但要了解其附着的社会文化意义却不容易。教师在给学生解释基本意义的同时，必须适当地阐释说明词语附着的社会文化含义，不然很难使学生真正理解它们。如“下岗”一般可以用“失业”同义替换，但“下岗”所含有的国情内容，却是“失业”所无法表现的。又如“文革”时的“两地分居”同现在的离婚前奏的“分居”不一样。“上山下乡”、“赤脚医生”、“工农兵学员”等词语背负着时代的烙印；而“望梅止渴”、“画龙点睛”等成语则留有历史的遗迹；至于“傍大款”、“包二奶”、“养金丝鸟”也折射出当代社会生活的一角；网络词语的使用虽然有些会进入全民语言，但大部分却有着特定使用范围和语言规范的局限。

词语的意义，有的可能只适用于以某一种方式解释，有的则可以用几种方法说明。关键是方法的运用必须考虑到教学的目的、教师自身的条件、教学对象的情况（母语、文字、文化背景和汉语水平）以及教师本人所主张或信奉的第二语言教学理论和教学法，同时词语本身的特点和上下文语境也是不可忽视的因素。

思考

1. 一些学习者习惯通过字形记忆词汇，一些学习者习惯通过词音记忆词汇，你认为在词汇教学上教师该如何根据这两类学生的特点进行教学？

2. 请你给出一些具体的建议，帮助汉语学习者扩大词汇量。

3. 解释词语的方法和教学法理念密切相关，根据交际法的教学理念，你认为该教学法偏爱的词语学习方法是怎样的，为什么？

4. 词语解释的方法可以直接用学生母语翻译，也可以用表情、手势等身体语言解释，还可以用图片、实物等直观教具解释，试分析这三种方法的主要利弊。

任务

1. 分别为成人、儿童学习者设计两个不同的词汇学习的课堂游戏。

2. 选择一种初级的汉语教材，针对其中一课的生词，试着选择各种不同的方法对这些生词进行解释。

3. 搜集一些最近出现的流行词语，分析流行词语背后体现出来的社会新现象。

4. 词汇教学中词语操练是重要一环，在汉语教师中开展一个调查，了解他们操练词语的不同方法。

第十一章　课堂教学案例分析[①]

前面我们讨论过课堂教学设计和组织问题，这一章将通过具体的案例，来讨论汉语课堂教学中可能发生或碰到的一些常见问题，对这些问题进行具体分析，讨论利弊，提供可能的解决办法。我们根据课堂教学的基本问题编排案例，这些案例都来自教学实践，每个案例中蕴涵的教学问题可能是多方面的，因此案例的归类和分析难免有交叉、重叠。"教学有法，而无定法"，本章提供的不是唯一的解决办法，也未必就是最佳的解决办法，只是作为一种可能性提出来讨论，希望能对大家的教学实践有所帮助，促使大家进一步反思我们的教学理念，改进我们的教学方法，以提高我们的教学质量和效率。

第一节　推敲细节

我们常说"细节决定成败"，在语言教学中也是如此。对于同样的教学内容，采用不同的教学设计，效果可能大不相同；即便教学设计相似，但是其中的某个细节安排不同，也会造成完全不同的效果；课堂上教师的一个词、一句话，甚至一个表情、一个动作，都会带来意想不到的结果。特别是初级阶段的教

---

① 本章案例除注明出处外，均来自笔者平时教学和听课的积累，谨向为作者提供听课方便的老师及同学致谢。

学，教师可以说是“戴着镣铐跳舞”。由于学生的汉语水平十分有限，要准确地贯彻教学意图，简明地讲解教学内容，让学生积极主动、轻松活泼地学习，细节的设计就显得尤其重要。

第一，教师要根据学生的水平和特点，体察可能发生的问题。教学指令要明确，教学内容要清晰，节奏分明，方法科学，不含含糊糊，不草率了事，也不拖泥带水。

【案例 1】

（教师让学生听写拼音）

教师：b　b　b　p　p　p

有几位学生写了 b 以后就停下来，等着下一个，尽管教师已经报了“下一个”，可是学生并没有意识到，以为还是同一个音。

教师之所以要让学生听写 b 和 p，当然是有针对性的。对有些学生来说，汉语的送气音和不送气音很容易混淆，因此，听写上是有难度的（如果班级里的学生在区分 b 和 p 上没有任何困难，这样的听写就没有意义了）。而教师在让学生听写时，没有说序号，这就更增加了难度。教师最好这么说：

（1）b　b　b　（2）p　p　p

也许这时候学生还没有学习过汉语的数字，听不懂“一”、“二”，但是，学生可以从教师的语气和手势中了解到听写的内容之间的间隔和变换。何况，如果每次听写的时候总是报序号，通过多次类似的活动，还可以有一个意外的收获：学生可能顺便就学会了汉语的简单数字。

再进一步想一想：为什么让学生孤立地听写一个个音素呢？也许以音节为单位来听写更自然。比如，我们可以让学生听音节，填写相应的声母，韵母或者声调：

____à　____à　____ù　____ù

（bà　pà　bù　pù）

b____　p____　b____　p____

（bà　pí　bō　pù）

第二，教师要精心设计教学活动的各个环节，选择恰当的提问方式、内容的展示方式、活动的进行方式，以便达到理想的教学效果。

【案例 2】

教师把一些写有 an、ao、in、ong 等的语音卡片分别发给不同的学生，当教师说出某个音时，哪位学生手中如果刚好有相应的卡片，就把卡片举起来给教师看。可是，开展这一活动时学生们参与的积极性并不高，当某个学生回答的时候，其他学生的表情是漠然的。

教师通过生动活泼的形式来练习语音，用意是好的；采用"听音选卡片"的形式，本身也不错。但是，因为这些音只写在卡片的正面，当某一学生举起卡片出示给教师时，其他学生，特别是坐在该生后面的学生，是看不到卡片上的内容的，他们只看到一张卡片的空白的背面，自然就没有参与的积极性。如果教师在卡片的背面也写上同样的内容，当某学生举起卡片时，班级里所有的人就都能看到卡片上的内容，也就能一起来判断这位同学回答得对不对。再进一步推敲一下，其实也可以让学生自己来写卡片，写的过程对学生来说就是一次很好的练习机会。

【案例 3】

（教师想让学生学习使用"恐怕不行"来表示拒绝，于是提问）

教师：XX，今天晚上我们一起去看电影，怎么样？

学生：嗯？……好吧。

教师希望通过提问引出"恐怕不行"这个回答方式，可学生不明白教师这个问题的用意，感觉有些莫名其妙。出于礼貌，学生斟酌之下，说出了"好吧"。这反映出这位教师缺乏认真、细致的设计。如果教师先把"恐怕不行"写在黑板上，带着全班朗读一遍，跟大家讲清楚"恐怕不行"的用途，然后再问这位同学一个问题，大概就不会有这样的尴尬了，即便学生仍有迟疑，教师可以指着黑板上的"恐怕不行"，暗示他回答的内容。

如果我们再进一步思考一下，其实，教师选择的问题本身也需要改进。如果教师换个问题:“我们明天考试,怎么样?”恐怕全班同学会齐声大叫:“哦,恐怕不行。”

第三,教师对教学内容要考虑周全,讲解准确。让学生回答的问题,教师应该站在学生的立场上事先试着回答一遍;让学生做的练习,教师应事先做一遍,确保无误。

【案例4】

教师板书:

↑ 非常好
很好
不太好
不好
很不好

然后提问:

你的汉语怎么样?

你的房间大不大?

中国的东西贵不贵?

结果,学生说出了“我的房间很不大”、“中国的东西很不贵”等这样的句子。

应该说,上面的教学内容和教学方式是教师花了心思设计的。我们知道,词汇教学中,利用词语的组合关系和聚合关系有系统地教词语,对提高词语教学的效率、满足学习者的学习需求都是有利的。在上面的例子中,教师从表达功能出发,把从极端否定到极端肯定的不同程度的表达方式系统地呈现给学生,其思路是应该肯定的,但是,教师忽略了一点:“很不”的用法是有很大局限性的,我们可以说“很不好”,但是一般不说“很不大”、“很不贵”等。由于事先考虑不周,导致学生按照教师的范例说出了“很不大”、“很不贵”,结果把自己置于尴尬的境地。

第二节 让课堂活起来

关于语言学习，人们往往有这样一种印象：学习语言是很辛苦的，而语言课堂又是枯燥乏味的。如何让语言课堂变得生动活泼，让学习者学得轻松、有趣，是对教师的教学能力、教学技巧的考验。我们的口号是“让课堂活起来”。让课堂活起来的一个重要手段，就是让学生动起来：动嘴、动手，甚至全身都动起来。

第一，设计生动活泼的课堂活动。

【案例 5】

在一堂少儿汉语课堂上，教师要教的是三组词：(1)动物名称，如老虎、猴子、骆驼、鳄鱼；(2)森林、沙漠、河；(3)在……里、有。

在教第一组词的时候，教师设计了三个练习环节：

(1)“找图片”。听动物名称，然后找出相应的图片。

(2)“拍苍蝇”。把图片贴在白板上，学生分两组，每听到一个动物名称，两组中各出一人，持“苍蝇拍”冲上去拍击相应图片，先拍中者得一分，看哪个小组得分高。

(3)“踩石头过河”。把图片散扔于地上，告诉学生眼前是小河，河里有大石头，对面是巧克力店，踩着石头过了河就可吃到巧克力。让一个学生说动物名称，另一个学生踩相应的图片（“石头”）过河，顺利过河者奖励巧克力。

这是通过多样的活动来让学生记住词语。孩子坐不住，爱动，这是他们的天性，那就让孩子们动起来吧。上面就是“让孩子们动起来”的案例。在对少儿的课堂教学中，整个课堂其实就是由一系列的活动组织起来的，活动是珍珠，课堂就是由活动串成的项链。自然，课堂活动背后隐藏着的教学目标，就是串起珍珠的那根线。

成人其实也一样喜欢轻松、活泼的课堂气氛，太沉重的课堂教学，成人也受不了。有一次，在给一批美国学生上课时，因为教学内容比较多，某教师为了赶时间，取消了两节课之间的休息。上到中途，一位平时学习很努力的学生突然站起来，趴在中间过道上做了几个俯卧撑，然后回到座位上，对老师笑笑，说："Ah, much better."那么，我们为什么不能让语言课堂变得轻松一点儿呢？

第二，同样的教学内容需要反复练习才能巩固，教师的一个责任，就是变着戏法让学生练，通过不同的途径达到同样的教学目的。

【案例6】

在学习了"你家有几口人"这篇课文后，为了复习汉字，教师给学生看下面几句话：

(1)你的家人也在这儿吗？

(2)他家有九口人。

(3)中国是一个人口大国。

(4)你们国家的人口是多少？

这几句话里的汉字学生都学过，但是有的句子跟课文内容相近，有的内容很不一样。句子里的汉字有的在形体上有干扰(如"几"、"儿"、"九")，有的词语学生不一定知道意思(如"人口")。教师先让学生念一下句子，猜猜句子的意思，然后告诉学生正确的意思是什么。学生都比较喜欢做这个练习。

记汉字是件辛苦活儿。虽然我们可以尽量通过归纳部件、解释汉字理据等手段帮助学生记忆，可是不断地、反复地认读和抄写似乎是必不可少的。如何让学生面对所学有限的汉字，既达到不断重复的目的，又不感觉厌倦呢？上面的做法是一个有益的尝试。

不止是学习汉字，学习语音、词汇、语法等，都有一个学生语言水平的高度局限性和表达内容的丰富多样性之间的矛盾。特别是在初级课堂上，教学内容要严格控制，太多了学生接受不了。如果我们把教学目标仅仅定位在让学生理解这些教学内容，那不需要多少时间。但是，从"懂"到"会"是一个很长的过程，中间需要大量的“练”。不断地、反复地练习相同的教学内容，必然是枯燥乏味的，那就要在练习方式、表达内容上不断出新，尽量做到丰富多彩。所以，有人说在初级阶段教师不要多说，但是要让学生反复地练，而且要变着戏法练，这是很有道理的。

【案例 7】

某教师喜欢让学生背诵课文。有时，他的班级里以东方学生为主，背诵的效果不错；可是有时他的班级里以西方学生为主，学生大多不愿意背诵，第二天检查时，大多数学生背不出来，这让他很无奈。

有专家学者认为，背诵是学习语言的好办法，背诵有利于完善语音，培养语感，提高表达能力。但是，确实很多人是不喜欢背诵的，觉得背诵是一件死板、无聊的事情。那么，我们能不能换一个方式呢？让学生准备以后到教室前边来“角色扮演”就是一个办法。学生为了表演的时候不出洋相，自然会或不得不在课下努力地把课文里的话背出来（“角色扮演”有不同做法，这只是其中之一）。当然，在表演时，有些学生会“添油加醋”或改这改那，如果无伤大局，倒是一个调节课堂气氛的契机，对学生“创造性地使用语言”也是一个锻炼机会。

第三，利用多元智能，调动全身反应，提高学习效果。

【案例 8】

（教师让学生听一则谜语）

猜一猜，这个谜语说的是什么动物？把它画出来。

胡子不多，眼睛很大；

看见小鱼，叫声“妙妙”；

晚上工作，白天睡觉。

这是一个猜谜游戏，谜底是“猫”。但最后让学生画一只猫，跟语言教学无关，似乎是浪费时间。但是，如果这是针对儿童的汉语教学，让学生在学习之后有一个调节气氛的活动，放松一下，也是必要的，而儿童一般总是喜欢画画的，特别是画动物。当然，既然只是为了起到调节气氛的作用，就无需占用很多时间和精力。

每个人的智能包括语言智能、数学逻辑智能、空间智能、音乐智能、身体运动智能、人际关系智能、内省智能和自然观察智能等。每个人的智能强项各有不同。在教学中，如果有意识地关注到多元智能的相互作用，将有助于提高教学活动的质量，促进语言习得。比如，我们可以设计"我说你画"游戏，通过画画带动意义协商，促进语言交流。又如，我们可以把要学习的句子谱成曲子让学生唱。歌词总是不容易遗忘，而且唱歌的时候发音往往比较准确。再如，我们可以让学生一边口头描述某种行为，一边用手势、动作表演出来（如描述回家以后脱鞋、脱衣服、洗手、喝水等一系列先后动作），这同样有助于加深印象，提高语言学习效果。

第四，细化过程，掌控全局，保证课堂活而不乱。

【案例 9】

教师让三位学生上来表演：家长批评孩子。一位扮演父亲，一位扮演母亲，一位扮演孩子。结果，上来的学生憋了半天，扮演父母的只说出了两个句子："你真不像话！""孩子，你错了！"孩子："呜——"（做哭泣状）

另一次，教师让每个学生带一样小东西来，讲一讲小物品背后的故事。结果，全班学生带来了一大堆东西，大多是旅游时买的纪念品。教师先让大家展示一下自己带来的东西，结果大家为这些五颜六色的小玩意儿所吸引，十分好奇，争相观看把玩，课堂上的时间就花在认识、谈论这些物品上了。

没有对过程的细化处理，课堂是不可能真正活起来的，简单化的活动安排，只会导致两个结果：或者是沉闷无语，或者是乱成一团。

在前一个活动安排中，教师的处理过于简单，除非学生有充分的想象力，否则确实不知道该说什么。如果教师让学生先阅读一个小故事，了解孩子做了什么错事，然后讨论一下，在这种情况下，父母知道了以后会是什么看法、什么心情，会怎么处理这件事，孩子又是怎么想的。然后告诉学生：正当父母亲在谈论怎么处理这件事时，孩子回来了，这时，父母会说什么，孩子又会说什么？请表演一下。这样，学生们就不会感觉莫名其妙，无话可说了。

在第二个活动安排中，教师失去了对课堂的控制。比如，教师可以事先发给学生一张表格，让学生填写：物品名称、来历（时间、地点、过程、结果）、你喜欢它的原因等。上课时让学生上台展示自己的物品，并讲出自己的故事。这样才能保证教学秩序，学生在这一过程中才会有更大的收获。

为活动提供充分的基础材料，帮助学生做好相关准备，明确活动的最终“产品”，并对产出过程加以指导、控制，是保证活动生动、有序进行的两个重要条件。

【案例 10】

教师把全班分成几个组，让学生分组活动。有的组大多数成员一声不吭；有的组开展了讨论，但是话题东拉西扯，语言杂乱无章；有的组倒是说得很热闹，可是仔细一听，大家是在用母语讨论什么事情。

小组活动是让许多教师感到困惑的教学形式，甚至有很多学生也不喜欢小组活动，觉得是浪费时间。关键在于，小组活动的质量如何得到保证，学生能否通过小组活动在语言的准确程度和熟练程度上获得进步。

小组活动能否成功，涉及很多因素，比如，小组活动的组织方式是否恰当，活动目标是否明确，教师对小组活动进程的监控程度如何，等等。在小组活动中，小组成员的组合和分工非常重要。要有组长负责组织，要有人记录，要有人事后向全班汇报等。不同母语的学生安排在一起，可以减少小组内使用母语的机会，教师也可以让各小组之间互相监督。如果教师觉得学生太随意，可以在每个小组放一个录音机或一支录音笔，并告诉学生，讨论中的话都要录下来，学生就可能会注意自己的语言质量了。

第三节　结合意义，讲清用法

在语言课堂上，我们要教的内容自然会涉及关于语言形式的规律，但是语言形式离不开意义，语言形式是用来表达意义的。不结合意义，就无法讲清楚语言形式的使用规律。这里的意义包括理性意义和语用意义。教学中，无论是教语音、汉字、词汇还是语法，只有结合意义，才能充分激发学生的学习积极性，才能让学生真正理解特定的语言形式的交际价值，才能更准确地理解语言形式、使用语言形式。

第一，结合意义进行语音教学。

【案例 11】

一位教师在语音教学时设计了不少词语和短句，先让学生听辨，然后朗读。如：

jīdàn　　zǐdàn

qǐngwèn　　qīnwén

dùzi bǎo le　　tùzi pǎo le

……

可是由于教师没有给出这些词语或短句的意思，学生虽然也听得很认真，但是课堂气氛总是很沉闷。后来，这位教师把这些词语的意思翻译成英语，写在黑板上，结果，学生们练得特别积极，老师还没说练，学生们就主动练起来了。

语音教学往往容易显得枯燥乏味，但是在初级阶段加强语音教学是十分重要的。结合意义既可以让学生更好地明白语音的价值，也可以调节课堂气氛，所以，要在教学中尽量地结合意义。比如说，教了 g 和 ou 以后，就可以让学生拼读 gǒu，并把 gǒu 跟"狗"这个词联系起来，告诉学生这个词的意思。

教零起点学生的第一节语音课，我们通常是按照韵母（a，o，e，i，u，ü）、声母（b，p，m，f，d，t，n，l）、声调的顺序进行教学，其实，可以在先教韵母的基础上马上引入声调，然后再教其他韵母和声母，这样，就可以更早地练习音节，也就可以更早地结合意义进行教学了。

第二，在汉字教学中适当讲解汉字"理据"。

【案例 12】

教师在教"挤"这个汉字时,先告诉学生左边是提手旁,跟"手"有关,比如,在坐公共汽车的时候,车上太挤,没座位,我们得用"手"抓住扶手。然后再让学生看右边的部分,让学生把右边部分想象为一个人被"挤"在公共汽车上的样子,上边的一点就是他的头,下边的一横是肩膀,再下边是双臂和双腿。教师给学生模仿了这个人的样子,从此,学生可能再也忘不了这个"挤"字了。

汉字对于非汉字文化圈的学生来说是一个突出的难点。汉字的形体是有一定的理据的,或者是由象形字发展而来(象形),或者是意义相关的象形字的组合(会意)、在象形字的基础上添加特殊符号(指事),或者是由形旁、声旁构成(形声字)等,明白了这些,有助于理解某个汉字为什么是这样的形体,要记住它就容易得多。比如说,上面这个例子里,教师告诉了学生提手旁的意思,这对有系统地学习汉字是非常必要的。另外,有时我们甚至可以发明一些"理据",帮助学生记忆,这就是所谓"俗字源"的解释,尽管是不科学的,但是作为一种教学技巧,在课堂上也不妨一用。"挤"本是形声字,"齐"只是声旁,教师这么讲当然是不符合这个字的科学理据的,但是在特定的情况下(学生没有学过"齐"这个字),效果倒是明显的,而且,对提高汉字学习的趣味性也有益。

第三,把词语和语法格式放到语境中,让学生更准确地掌握词语的意义和用法,不仅要让学生掌握结构格式,更要让学生理解相应的语义和语用含义。

【案例 13】

在教语法格式"A 不比 B……"时,教师举了很多例子,如"他不比我高"、"今天不比昨天冷"等。可是学生还是似懂非懂。有学生问可不可以说"他没有我高"、"今天没有昨天冷",教师的解释是:也可以。不过,"他不比我高"可能是"他没有我高",也可能是"他跟我一样高",所以是有区别的。

这位教师的解释不仅没有解除学生的困惑,反而误导了学生。格式"A 不比 B……"跟"A 没有 B……"不同,它是针对"A 比 B……"这一预设而言的,就是说，说话人认为有人认为“A 比 B……”，所以说话人要声明：这一想法是不对的。当然，要让学生明白这样一种语用含义，可能是有难度的。如果我们为格式“A 不比 B……”设计一个恰当的情境，或许有助于学生理解该格式的用法。比如，我们可以给学生举这样一个例子：

如果你在商店买衬衫，你试了一件衬衫，觉得太小，希望营业员把挂在旁边的另一件衬衫拿过来试一下，可是营业员告诉你说：“不用拿。那件不比这件大。”你想，她是什么意思呢？——她想告诉你，你觉得那件比这件大，这是不对的。其实，那件跟这件一样，都很小。

在教学中，我们一贯强调的是，汉字要放到词语里学习，词语要放到句子里学习，句子要放到语篇里学习，形式要跟意义、用法结合起来学习。

第四节 把汉语作为交流的工具

在现实生活中，语言始终是交际的工具，只有在语言课堂上，语言才成为了教学的对象。但是，如果仅仅把语言作为教学的对象去观察、分析，语言课就变得没有意思，味同嚼蜡一般，而且也无法真正有效地培养学生的语言交际能力。最好的办法是既把语言作为交流的工具，同时又把语言作为教学的对象，就是说，让汉语课更多地具有使用汉语的氛围，师生之间、生生之间交流时尽量使用汉语，并且增加听说读写活动中的信息量，开展信息差活动，让学生更多地围绕特定的内容展开交流。当然，在使用汉语的过程中，也不能忘记语言课的根本目的，因此，也得同时关注语言形式，使学生在使用语言的过程中提高语言的使用水平。

第一，减少学生母语或媒介语的使用，尽量营造目的语环境，使整个教学过程都成为学生接触、使用汉语的过程。

【案例 14】

学生：老师，第几页？

教师：Page fifty three.

在初级阶段，由于学生的汉语水平有限，课堂上使用一定的媒介语是不可避免的，尤其是在汉语作为外语的环境下，但过分依赖媒介语却是不可取的。教师应该充分利用学生的现有知识，包括第一语言的知识，帮助学生学习汉语，但是教师也应该尽量排除学生对一语的依赖，以及一语对学生学习的干扰。

教师要尽可能营造目的语的氛围，鼓励学生充分使用已经学过的表达方式，尝试结合语境理解他们可能没有学过的表达方式。把目的语作为教学语言，本身就是一种很好的输入，教师和学生应该充分认识这些输入的价值，利用这些输入的价值。以开学第一天为例：有人觉得，开学第一天，学生完全不懂汉语，怎么可能用汉语来交流呢？不用媒介语作为教学语言怎么可能呢？其实，在一定程度上，师生是有可能用汉语进行交流的。比如：

教师：请大家打开书，打开书。（教师一边说，一边做打开书的手势动作，示意学生把书打开。）

教师：把书翻到第三页。（在黑板上写上 P3）把书翻到第三页。

学生尽管从来没学过汉语，但是都明白了。以后每次上课，教师都始终这么说，不轻易改变说法，一个星期以后，学生竟也自然而然地学会了这两个句子。其实，这是很正常的。我们就是这样学会说话的。如果离开媒介语就没法学习目的语了，那孩子是怎么学会母语的呢？况且，在对来华留学生汉语教学中（汉语作为第二语言的环境下），往往是“混合班”，有来自世界各国的学生，如果教师整堂课大量使用英语解释，有些学生甚至会提出：“我们英语不好，老师为什么不用我们的母语解释呢？”即使是在学生本国教汉语（汉语作为外语的环境下），考虑到学习者走出课堂后缺乏汉语环境，如果我们在课堂上不能充分营造目的语的语言环境，那学生得到的汉语输入就相当可怜了。

其实，除了使用英语解释，教师还可以采取多种教学辅助手段，使学习的内容尽可能直观化，一看就明白，如使用实物、图片、多媒体课件等，这样就不必再经过语言转换。如果一定要使用英语，可以仅把几个关键的词写在黑板上，而教师嘴巴里说的仍然是汉语，这样，一方面避免了非英语母语国家的学生听不懂，另一方面也保证了整体上的汉语氛围。

如果学生今天已经会用汉语表达相关的意思了，可是教师却还停留在昨天的思维定式上，像上面的案例14中那样，那就更不可取了。

第二，提供机会，激发兴趣，让学生积极参与交流。

【案例15】

（教师讲解“九年制义务教育”）

教师：“九年制义务教育”是每个少年儿童都必须接受的国民教育，从小学到初中上九年学，不用付钱。听说很多国家也实行九年制义务教育，在有的国家，上高中也不用付钱。

有一种误解，在教新知识的时候似乎只能听教师说。有的教师说：“不是我不让学生说，是没到时候，等我把用法什么的都讲清楚了，把生词、语法、课文讲完了，我会安排学生自由表达的。”其实，互动过程应该贯穿在教学的整个过程中。学生的储备知识永远不可能为零，学习新知识总是建立在旧知识的基础上。即使是在教新的内容时，也可以调动学习者的积极性，让他们主动地学习，在交流中学习。比如，上面这个例子中，教师讲到关于别的国家的义务教育情况时只是“听说”，那么，为什么不可以当场来“听”学生“说”一下呢？比如，可以有这么一段对话：

教师：……那么，什么是义务教育呢？要不要付钱？

学生：不要付钱。

教师：什么时候不要付钱？小学、中学都不要付钱吗？

学生：……

（教师解释中国的学制，小学六年，中学六年，包括初中和高中。）

教师：那你们国家呢？也有义务教育吗？也是九年吗？

学生：……

这样，课堂上互动的机会就增加了，学生的开口率也提高了，课堂气氛自然也就活跃了。

【案例 16】

有一个学生平时在课堂上很少发言，可是有一次教师让学生说一件倒霉的事情时，他突然主动要求发言，而且说得很好。原来，这位学生刚刚被偷了自行车，正需要向人倾诉。

有时学生不是不愿意说，是对话题不感兴趣，觉得"无话可说"。我们需要针对学生的兴趣点，激发学生的表达欲望。学生用汉语进行真实交流时，也是帮助学生提高汉语水平的最佳时机。当然，也有些学生即使是"有话可说"，也不习惯主动开口，教师应该体察学生心理，采用点名的方式，给这些同学表达的机会，"逼"他们说。

第三，交流内容应贴近学生生活，容易为学生所理解、接受。

【案例 17】

精读课上，生词较多，某教师在处理生词时，主要以自己举例的方法讲解词语的意思和用法，整个环节大约 20 分钟，所举的例子都比较生活化，基本上围绕着"我老公、我孩子"展开。在教到"一文不值"这个成语时，先讲了自己对化妆品很感兴趣，将来还打算开个美容院，然后讲到"老公"认为自己买的化妆品一文不值。

举例贴近生活当然好，举例时适当涉及教师的家庭或许可以增进学生对教师的了解，缩短师生距离。但生活不仅仅是"老公、孩子"，而且贴近生活主要是贴近学生的生活，有利于学生在遇到相似的情景时能准确地激活并使用学习过的词语。教师教"一文不值"这个成语，讲到了自己和"老公"对买的化妆品的不同看法，这种对同一事物的价值认定完全不同的例子生活中随处可见，成语"一文不值"的意思和用法也不复杂，完全可以通过提问引导学生自己说出来，避免使用大量"老公、孩子"的例子。另外，贴近生活和讨论隐私问题是两回事，在课堂上谈论过于私密化的事情是不恰当的，不论是教师自己主动"晒隐私"还是不恰当地关心学生的个人问题，都会造成学生的尴尬甚至误解。

顺便需要指出的是，教师的课堂用语应该得体、规范，不能太俗。在这个案例中,使用“我丈夫”比使用“我老公”更恰当。

第四,设计语境,围绕主题,引导学生在使用语言中学习语言的使用。

【案例 18】

(学习词语:乱七八糟、整齐、收拾、具体)

教师:你的房间整齐吗?

学生:我的房间乱七八糟。

教师:请说得具体一点。

学生:我的床上有很多书,地上还有很多脏衣服。

教师:为什么不收拾呢?

学生:没有时间。

教师:大家注意,我们明天下午一起去他的房间,帮他收拾房间,怎么样?

(学生笑)

在上面的例子中,教师把相关生词围绕一个主题组织在一起,跟学生展开了一个相对完整的会话交流活动。在这一交流活动中,自然地使用了相关词语,这里的“使用”,包括“听”、“读”理解,也包括“说”、“写”表达。让学生在使用语言的过程中巩固对这些词语的印象,也加深了对这些词语的意义和用法的理解。

【案例 19】

(教师教“牵手”)

教师:你们牵过谁的手?

学生:我牵手……牵手过……我妈妈。

教师:哦,你牵过你妈妈的手。

教师:你还牵过谁的手?

学生:我还牵手过……牵过我朋友的手。①

① 此案例是根据北京语言大学《对外汉语课堂教学示范片》的片段所做的记录,有所改动。

上面这段对话其实是在教师的精心导演下产生的。教师的目的在于告诉学生——“牵手”是一个离合词。但是，教师并不是采用下面这种简单的方式：

> 同学们，请注意，“牵手”是一个离合词，就是说，“牵手”后面不能带宾语，例如，我们不能说“我牵手过他”，得说“我牵过他的手”。下面请一位同学来造个句子……

这是“学后用”的模式，即，先讲清楚抽象的格式用法，然后就这一格式来进行练习，至于在实际生活中结合真实的内容来运用这个格式进行表达，则是课外学生自己的事情。而在我们上面引用的案例中，是采用“用中学”的模式，即，让学生直接使用某个词语或语法结构来表达真实的内容，在使用的过程中逐渐掌握正确的用法。我们认为，“用中学”的模式可能更有利于调动学生的学习积极性，如果在“用中学”的过程中适当处理内容和形式的平衡的话，将更有利于发展学生的交际能力。

第五，引导学生关注语言形式，提高语言使用的质量，在使用语言的过程中保证教学目标的完整实现。

【案例 20】

(教师讲练“首先……，其次……，另外……”)

教师：如果你要交朋友，你会注意哪几个方面？

学生 1：性格。

教师：对，首先，他要性格好。其次呢？

学生 2：善良。

教师：对，他应该善良。另外呢？

学生 3：……

教师：你们呢？

学生 4：差不多。

教师：嗯，都差不多。

这个对话的目的是让学生练习“首先……，其次……，另外……”，但是，现在从学生嘴巴里说出来的只是几个孤立的词而已，显然没有达到教学目的。这可以有两个解决方案：(1)让每个学生回答一个方面，但是得使用完整句，然后请第四位同学用“首先……，其次……，另外……”连贯地说一遍，最后请第五位同学用“首先……，其次……，另外……”连贯地谈谈他的想法，即使他的想法跟前面的同学的想法一样，也得重复一遍。(2)给学生一分钟准备，然后请三四位同学先后用“首先……，其次……，另外……”连贯地说一说他们各自的想法。

【案例 21】

在一堂高年级的精读课上，课文是关于城市风格的，学完后，教师要求每位同学回家后在一张纸上写三个能体现某一城市风格的词。第二天上课，教师让每个学生念出自己写的三个词，请其他同学猜是哪个城市。学生都踊跃参加，最终所有的城市都猜了出来。这堂课的课堂气氛看上去十分活跃。

虽然从课堂气氛来说，这个活动非常有效，它调动了所有学生的积极性，但从语言课的角度来说，并未真正实现语言学习的目的。因为在这个活动的过程中，虽然学生都愿意开口，但其实每一轮真正使用的语言范围不超过描述城市的三个词和一些城市名。而这是高级汉语课堂，学生的语言水平远远超过了三个词的水平，而且学生来自世界各地，选择的都是有名的、有特色的城市，不需要使用很难的词或许就能概括出城市的特点，猜的人也不用很费劲儿就能猜出来，不需要多轮来回地猜测、提示。

这个活动确实是学生非常感兴趣的。可以改进一下，在已激发学生表达欲望的基础上，提供更多的开口机会，提高交际练习的有效性。教师在布置任务时，可分两步走，首先要求用三个词准确概括出城市的特点，然后要求就这个城市的某一特色准备一段较为详细的介绍。在课堂实施时，台上学生介绍完后，如果时间充裕，还可以进行互动，可以是其他学生提问，也可以是发言的学生提问听的学生。这样，在学生积极性已被调动的情况下，能比较容易进行深入的交流。

第五节 面向全体与因人而异

有经验的教师大概都有过这样的经历，即使是同样水平的学生、同样的教学内容和方法、同样的教师，但教学效果可能仍然差别很大，更何况学生之间还存在着显著或不显著的个体差异。影响课堂教学效果和效率的因素有很多，不是备课时都能准备到的，这就需要教师具有自觉反省的精神、随机应变的能力，在教学过程中留心观察课堂，随时调整自己的方式、方法，灵活处理教学内容。

第一，尊重学生的差异性，让每个人都有所收获。

【案例 22】

教师：你们是什么国籍？

学生：什么？

教师：就是说，你们来自什么国家？

学生：来自？

教师：怎么，不懂“来自”？你都学了一年了，怎么会不懂“来自”？

这位教师可能是由于缺乏教学经验，对学生提出了过高的要求。其实，“来自”是书面语，学生学了一年，听不懂“来自”是可能的、正常的。况且，更重要的是，即使学生学了两年、三年，仍然听不懂“来自”，教师也不应用这种口气责备学生。学生学习背景不同，基础不同，即便是同一个班级里的学生，也不可能保持在完全相同的水平上。我们不宜用一个统一的标准，甚至是主观的推断去要求学生，我们应该尊重学生的差异性。教师的主要责任，不是简单地对学生做出什么鉴定，而是要想办法让每一个学生在每一堂课上都有所收获、有所进步。

第二，根据学生情况调整教学要求和教学方式。

【案例 23】

某教师教的是一批初级班的语言进修生(非学历生)。每次上新课之前,他总是要让学生听写,以便检查对上一课的掌握情况。刚开始的时候学生比较配合,成绩也不错,慢慢地,学的汉字越来越多,学生总也记不住,听写的成绩也越来越差。一两个月以后,这位教师发现,每次遇到要听写的时候,班里的学生总是不约而同地迟到一刻钟,试图拖到听写结束再进课堂。这位教师决定改变原来的听写方式:(1)他首先在黑板上用拼音写上五句话,让学生自己查课本,写出汉字。(2)给出这五句话用汉字书写的正确答案,让学生自我纠正。(3)教师再随机选取其中的三句,让学生听写。学生们知道了老师新的听写方式以后,又准时来上课了。

在很多情况下,教学要求并不是一成不变的铁律,教学原则和方式也是相对特定的学习者而言的。对一个要到中国的旅游者而言,教学内容的实用性是第一位的;对一个在本国学习汉语的儿童来说,趣味性才是第一位的;对一个学历生而言,拿到学位对他来说才是重要的。教育机构当然也应该根据培养目标的要求来衡量能否给予相应的学分,作为教师,则可以利用这一最终目标来激发学习者的动机。而对一个仅仅把汉语学习作为业余进修内容的学习者而言,每天有所收获才是最实际的考量。作为教师,提高学生的成就感是激发其学习动机的重要手段,为此,对于一堂课下来学生的掌握情况,在要求的标准上不妨灵活调整。

其实,最重要的不是学生达到了什么水平,而是学生是否在不断进步,是否通过努力在他自身原有的基础上有所提高。“形成性评价”的精神实质就在于此。

【案例 24】

中级口语课上,教师让学生分组进行会话练习,然后每组上台演示刚才的会话。教师基本不打断学生的会话,偶尔在演示结束后纠正一两个错误。在这节课结束时,一位德国学生上前提出:“老师,你为什么不纠正我们的错误?这样我们怎么提高口语水平?”

作为教师，一般比较注意保护学生学习的积极性，不打击他们学习的信心，因此，在纠正错误时，尤其是口语课上，有时教师只选择典型的或具有普遍性的错误予以纠正，而对于那些小的或不普遍的错误持宽容态度。但是，学习者的学习风格是多种多样的，有的学生期待更多的鼓励和安慰，不喜欢批评，有的学生则比较独立，能够自动激发动机，喜欢教师严格要求，认为这样才能进步。在这个案例中，经过询问，这位学生以前在本国学习时，其中文教师对学生要求十分严格，学生发言后，教师会当场就语音、词汇、语法等各个方面指出错误，这个学生已经接受了这种教学方法，认为是十分有效的，故而会出现上述情形。因此，教师在课堂教学中必须了解不同学生的学习风格，区别对待，努力实现个性化教学，提高教学效果。

教师应该对学习者的特点有充分的了解，在此基础上确定适应学习者需求的教学内容，采用学习者适应的教学方法，并逐步引导学习者完善学习策略。教学方法应该建立在师生相互协商的基础上，这就是以学生为中心的理念的体现。

第三，面向全体的差异性教学。

【案例25】

某教师接受的一个班级共有四人，两人水平较高，两人水平较低。在不可能进一步分班的情况下，该教师只能勉为其难。他决定把教学难度定位在“中等”水平，让四人向中间“靠拢”，结果，两个水平较高者觉得教学内容太容易，另两位水平较低者则觉得教学内容太难，他们都不来上课了。

从教学管理者来说，分班应该尽可能准确，以保证班级里的学生的语言水平基本一致。如果班里学生水平差异过大，如何能保证每个学生各有所获？这样教师就面临极大的挑战。在上面的情况下，教师可以考虑对学生分组，进行差异性教学。这个班级的学生有两种水平，可以分为两组（姑且叫高级组、低级组），在教学内容上、教学要求上区别对待。比如，教师让低级组的同学看图片，经过准备后向高级组描述一套公寓的房间结构和家具布置，高级组的同学按照描述画出该公寓的房间结构和家具布置平面图，在此基础上写一个出租公寓的启事。在低级组做描述任务前的准备时，高级组阅读一组启事，并完成相应练习。在高级组写启事的时候，低级组完成口头描述任务后的结构焦点型练习。

当然，在大多数情况下，班里学生的差异并不是十分严重。教师在课堂提问等环节中适当区别对待就可以了。比如，可以让水平稍低的学生回答简单的问题，水平稍高的学生回答复杂的问题；或者让水平稍高的学生先回答问题，然后请水平稍低的学生重复问题的答案；也可以让水平稍低的学生看课文说出某个词语，让水平稍高的学生上来写出这个词语；等等。

第六节　理解与表达

听和读是理解性技能，说和写是表达性技能。不论是理解还是表达，活动或任务前的准备和活动或任务后的反馈是十分重要的两个环节。对于理解性活动或任务，之前的准备激活了相关知识，为顺利理解打好基础，之后的反馈深化了对于输入的理解，并从中吸收新的语言知识。对于表达性活动或任务来说，之前的准备为表达搭建了“脚手架”，之后的反馈为进一步完善语言输出提供了机会。

从语言技能来说，理解性任务和表达性任务各有自己的重点微技能需要培养。从语言综合能力的发展来说，可以把理解性任务看作输入，把表达性任务看作输出，前者为学习者提供了新的语言素材，供学习者吸收、整合，从而为后者打下基础，发展学习者的综合能力。在实际的教学过程中，理解性任务离不开表达，表达性任务也离不开理解。听说读写各技能在教学中不可能截然分开，输入和输出更是互相交融在一起的。

第一，激活已有知识，为顺利完成理解性任务打下基础。

【案例 26】

上听力课时，教师先放录音让学生听，然后做练习。有一道题是这样的：

男：老师，您千万别给我爸打电话，爸爸会打我的。

女：作为班主任，有责任让家长了解情况。

问：女的要干什么？

A. 向孩子的家长反映情况　　B. 向家长了解情况

C. 劝家长不要打孩子　　D. 向孩子的父亲提意见

可是，很多学生反映录音太难，听不懂，于是教师让学生再听一遍，学生还是听不懂。教师只好给学生逐字解释。

在上面的材料中，学生有的是因为不理解其中的关键词语，如“班主任”、“责任”、“作为”等，词语有一定的难度；有的是因为不理解背景知识，如果不了解中国中小学的班主任制度以及教师和家长的关系等，就很难理解上面这段对话。而事实上，在现实生活中，在大多数情况下，我们听到的、看到的语料总是有特定语境的，我们往往会根据相关的图式对即将听到、看到的内容有所预测。因此，教学中，在听力或阅读活动开始之前，一个重要的教学环节是激活学生的原有知识结构，必要时还需要让学生适当了解相关的词语，以便适当调整文本难度，并且指导学生采用恰当的聆听/阅读技能，如猜测词语、跳跃障碍等。当然，在进行听力、阅读活动/任务之前的准备活动时，教师需要把握好分寸，一方面要通过准备环节把语料难度调整到适当的层次，另一方面要保留必要的信息差，从而保证“自上而下”与“自下而上”模式在理解过程中的互动。

第二，搭建“脚手架”，有控制地引导表达。

【案例 27】

在某国的一次华文课堂上，课文是关于华人先辈漂洋过海、艰辛创业的历史的，学生磕磕绊绊勉强读完了课文。下课前，教师要求学生回家写一篇作文，介绍自己的先辈是怎样来本国创业的。结果，学生交上来的作文错误百出，简直不可卒读，教师不知道从何改起。

对习得语言来说，仅仅有输入是不够的。因为在接触可理解输入时，学习者往往只关注语义，而忽视那些不影响语义理解的语法因素。而要提高表达能力，就必须通过可理解输出来促使学习者有意识地发展语法能力。一方面，输出是对学习者在输入基础上形成的某个假设的检验，是对吸收的成果的反馈；另一方面，输出迫使学习者从语义分析转到句法分析。在理解输入时，学习者可以利用百科知识、语境和交际策略来帮助理解，但是在表达时，说话人就不得不有意识地关注语言的形式方面。当学习者在表达中遇到困难、面临交际失败时，是会努力完善他的输出的。

上面是一个书面输出的例子。问题在于，教师应该如何帮助学生去完善他的输出。就上面的真实案例而言，学生尽管已经学习了相关主题的课文，但是我们从课堂观察中可以发现，学生的水平是比较低的。课文确实提供了该主题的表达范本，但是，每个学生的情况是各不相同的。当学生真的要写自己的先辈的情况时，就发现千头万绪，无从写起，而且，涉及的有关词语也捉襟见肘，勉强写来，结果只能是给自己、给教师增加挫折感。如果我们的设计做得细致一些，也许就能够避免这样的问题。比如，在学完课文后，安排下面的一系列活动：

(1)填写亲属关系树形图。学生可以进一步提问、补充。

(2)看图，说职业名称。学生可以根据自己的兴趣提问、补充。

(3)听一段谈论家庭历史的录音，填表记录。

(4)阅读一篇跟上述录音内容一致的文章，看看人家是怎么写成文章的。

(5)根据上述内容制作一张空白表格，拿回去问父母，填好表格。

(6)下次课堂上，根据表格里的内容，上台“口述历史”。

(7)写一篇介绍自己先辈创业史的文章。

现在的写作教学和口语教学，特别是在初中级阶段，往往走向两个极端：一个做法是由教材提供范例，教师在课堂上详细讲解范例——学习新词语、学习新语法点、学习课文，等等，只在最后一个环节让学生进行口语或者书面语表达，这样，口语课和写作课就变成了精读课，而且最后的表达阶段的内容跟前面学习范本阶段的内容往往是脱节的，学生说的、写的东西往往不是课文里所教的，而课文(作为范本)要教的东西，学生又不愿意用，或者根本用不上。

另外一个做法是不用教材，完全根据学生的兴趣选择话题来说或写，教师事先几乎不做指导，只是事后讲评，这样又走向了放任自流，学生较难有收获和进步。如果我们能采用有控制的引导表达的教学模式，注重“过程”，处理好输入和输出的平衡，那么对提高口语教学和写作教学的质量是非常有益的。

【案例28】

口语课上，教师对学生进行分组，要求学生结合自身的经历谈谈让自己产生自豪感和成就感的事情。分组讨论结束后，让学生轮流上讲台讲述。半数左右的学生站到讲台上都要先停顿一会儿。教师认为学生是害羞或紧张，因此不断地鼓励：“随便说，随便说，想说什么就说什么。”

这实际上是两个课堂活动，一个是课堂小组讨论，一个是口头报告。教师事先并没有强调小组讨论结束后要求每个人都做口头报告。这两种活动所使用的语言存在一定差别。小组讨论是对话形式，语言更为随意，说话人常常停顿、说断句、转换话题，或被小组其他成员打断，如对感兴趣的部分进一步提问，要求补充信息，要求对没听清或听懂的部分予以重复等。而口头报告相对来说则是成段的连贯的语言。如果在小组讨论结束前，学生没有进一步对刚才的对话内容进行整理就上台，是很难立刻展开讲述的。因此学生在台上的停顿不一定是紧张，而是在思考刚才对话的内容并进行语言上的转换和加工。由于课堂时间极为有限，因此教师在组织课堂活动前必须思考每个环节，对活动提出明确细致的要求。

另外，这是有目的、有组织的课堂活动，学生在口头报告前已经花了相当长的时间认真讨论，讲述的内容是确定的，教师不应该多次强调“随便说”。如果为了消除学生的紧张情绪，首先可以选择让语言水平较高、性格开朗活泼的学生上台报告，给其他学生留下较多的时间适应和思考。如果鼓励学生，可以使用“别紧张，你刚才准备得很好”之类更为直接、更正面的语言。

【案例29】

一本高级汉语口语教材的第一课“环境保护”中有这样的练习：

阅读下面短文：

一家旅馆的浴室里有这样一个牌子：

您知道全世界的旅馆每天要洗多少条本可以不洗的毛巾吗？洗这些毛巾又造成怎样的水污染吗？——为了保护环境，请您这样做：如果把毛巾放在架上，则表示要继续使用；如果把毛巾扔到水池或地上，则表示让清洗。谢谢您的支持！

用下面的句式谈谈你阅读上面的短文以后的想法。

……，与此同时……

不仅……，也……，同时还……

从……到……，无处不……

不单……，……更……

可以说是……，但(是)……

从……来讲，……

也许有人会说，……

……是……，但是……

高级阶段的口语教学主要训练学生成段乃至成篇的表达能力，要求能使用比较复杂的句式和词汇。上面的练习提供了课文中的重点句式，并提供了使用的情景，但是作为高级口语课本的第一课，这样的练习还是比较难的。对这样的牌子，学生可能仅仅表明支持或反对的态度，但却难以展开具体的论述，更不用说使用这么多复杂的句式去论述了。如果教师一开始不搭建"脚手架"予以帮助引导，可能会花费很多课堂时间，而练习效果却不能尽如人意。因此，教师可设计一些具体问题，进行提示，如：

如果你看到这样的提示牌会怎么做？(如果……，我会……，因为……)

清洗这些毛巾需要什么？(不仅……(水)，也……(电)，同时还……)

为什么酒店放这个牌子？(不单节约……，更……，与此同时……)

有人说，住酒店是享受服务，你怎么看？(也许有人会说……，但是

……(责任))

有人说天天换毛巾更卫生，你怎么看？(从卫生角度来讲，……)

可以看出，教师的问题是引导学生首先表明自己的观点，然后运用递进复句详细说明理由，最后引出相反的意见，并予以驳斥。可以相信，不论是学生个别准备，还是小组讨论，最后都能够形成一段比较标准的论说。

可见，正是由于有这些问题的提示引导，练习的难度降低了，而练习的质量和效果却大大提高了。这就是搭建“脚手架”，帮助学生一步步攀登去实现既定的目标。

第三，在训练语言技能的同时关注语言形式，引导学生学习新的语言表达方式，提高语言综合能力。

【案例 30】

有这么一篇听力短文：

老麦 61 岁，当过船长，有四个儿子，一个女儿。老麦当船长是自己给自己当，也就是说，他的船是他自己的，船员是他的儿子。他自己开着船，到处去捕鱼。他带着他的几个儿子撒下网去，总能从大海里捕上满网满网的鱼，换回一厚叠一厚叠的人民币。他在船上一边喝酒一边吃鲜鱼，日子过得快活而自由。

后来，儿子一个一个地都结了婚，成了家，老麦就把他那条花了 60 万买的船留给了儿子们，自己弄一条破旧的小船，捕几条鱼养活自己。也没有固定的住所，船到哪儿算哪儿。只是在过年的时候才回家去看看老婆和孩子。所以，村民们说：不到过年的时候，别想在村子里找到他。

这样，老麦仍然是船长，是他那条只有一个人的小船的船长。老麦仍然快活而自由。他很骄傲地说：“我永远是船长。”

听录音后，教师让学生回答下面的问题：

(1)老麦的职业是什么？

A. 退休职工　　B. 渔民　　C. 船长　　D. 村民

(2)这段话主要告诉我们什么？

A. 老麦一生的经历　　B. 老麦和他的家庭

C. 老麦的生活情况　　D. 老麦的工作情况

(3)关于老麦我们还知道什么?

A. 他的一个儿子已经结婚　　B. 儿子成家后他单独生活

C. 儿子花60万元买他的船　　D. 过年时他也从来不回村子

完成了上面的练习以后,教师又让学生再听一遍录音,要求完成下面的填空:

(1)老麦当船长是自己给自己当,______,他的船是他自己的,船员是他的儿子。

(2)他没有固定的住所,船到哪儿______哪儿。只是在过年的时候______回家去看看老婆和孩子。

(3)老麦仍然快活______自由。他很骄傲地说:"我永远是船长。"

这两个练习的目的是什么?为什么除了第一个练习以外,还要让学生做第二个练习?

听力课和阅读课的教学目标是相似的,主要有三个方面:巩固、强化已学知识;培养相关技能;吸收新知识,提高语言综合能力。上面例子中的第一个练习是针对前两个教学目标的。就培养聆听能力而言,如果学生能正确完成第一个练习,就已经达到目的了。第二个练习中要填写的词语对理解本文没有影响,即使没有听清楚也没关系,何况,在培养听力微技能中,本身就有"跳跃障碍,把握大意"的内容。但是,如果我们的教学目标还包含了上述第三项目标的话,那么,这第二个练习就显得很必要了。在听或读之后,适当引导学生关注语言形式,有助于学生通过听或读吸收新的语言知识,从而提高语言综合能力。

有些学生对语言形式比较敏感,即使在自然环境下的语言交流中,有时也会主动问:"你刚才说什么?用了一个什么词?请再说一遍,让我记下来。"而有些学生在交流中只关心内容,对话语中的新的语言形式置若罔闻,这不利于语言水平的提高。如果在语言课堂上,对输入材料也是如此心不在焉,那么语言教学的质量就大打折扣了。所以,语言教师如何引导学生关注输入材料的语言形式，是语言教师的重要责任。

【案例 31】

在口语或者写作任务完成之后，教师按照惯例要进行一番讲评，可是，教师发现每次讲评时，学生常常心不在焉。而且，这次纠正的错误，到下次表达时，往往又犯了，跟没讲评过一样。教师很怀疑这样的讲评价值何在。

这一怀疑是有道理的。学生完成了口头或者书面的表达任务之后，会舒一口气，轻松一下，这是可以理解的。这时候，教师的讲评对学生来说似乎无关紧要，因为作业已经完成了，成绩也已经打好了。如何使学生重视讲评呢？教师可以采用两种手段：一是在讲评之后要有一个形式操练的环节，即针对刚才涉及的错误，让学生做一些机械性操练，一方面是为了强化学生对有关的语言形式的掌握程度，另一方面也是为了检查学生对教师讲评的重视程度。二是设计延伸任务或活动，即让学生再做一个跟刚才类似的任务，这时学生总是会做得更好一些，因为教师刚刚指导过。之所以设计延伸任务或活动而不是重复同一个任务，是为了给学生新鲜感。

就现实交际而言，人们关注的当然是表达的内容，即结果，但就语言教学而言，表达的过程才是最重要的。学生正是在输出的过程中不断学习、不断调整、不断完善自己的语言。教师应该充分地重视这一过程。写作教学中有所谓"过程式教学法"，即让学生在多次修改作文的过程中提高作文质量，同时也提高自己的语言水平，这一思路，口语也可以适当借鉴。

第四，重视语体风格差异，加强技能训练的针对性。

【案例 32】

在写作课记叙文单元的第二次课上，教师先发下批改好的前一次的作文，然后请写得好的同学上台朗读自己的作文。而后简单布置了这次课的作文题目，让学生分小组讨论，结束后每组派一位组员上台发言，教师、学生可针对发言提问。作文由学生回家完成。

写作可能对多数学生来说都是最难的，学生对写作课既有畏难情绪又寄予很高的期待。写作课的目的是为了提高学生的书面表达能力，但如果只有单纯的写作练习，课堂容易枯燥沉闷，而且写作本身是一项综合性很强的活动，因此写作课上常常要结合其他语言技能，采用多样化的训练形式。在这个案例中，教师的课堂活动结合了听、说技能训练，课堂气氛也比较容易活跃。通过这些听、说的练习，为学生提供了一定的写作思路和内容，使学生写作时有话可说。但是，如果整个学期的写作课都这样设计和实施，最后提高得最多的可能是学生的口语水平。

口语和书面语特点不同，口头表达和书面表达的特点也不同，把书面表达训练完全留在课后由学生独立完成是不妥当的。在写作课上，朗读、分组讨论、口头发言最终都是为提高写作能力服务的，应该落实到训练书面表达的目标上来。比如，朗读优秀作文是一语写作教学经常采用的形式，在二语写作课堂上也会采用，但如果不伴随后续活动恐怕就收效甚微。学生在上面朗读，有可能其他学生很多地方听不懂，也可能听了后面忘了前面，无法在脑海中形成完整语篇并自觉进行批判性思考，如果这样，活动就流于形式了。如果教师将优秀作文分发给学生，或边读边看，或读完后教师、学生进行点评、讨论，形成书面意见等，则更有可能为其他学生吸收、借鉴。再如，对作文题目进行讨论后，不只是像口语课上那样进行口头报告，而是要求每组撰写书面提纲并报告，甚至展示在黑板上，这样最终课堂训练就落实到了书面表达训练上，实现了写作教学的目的。

【案例 33】

中级写作课上，教师对前一次的作文进行讲评，首先是语言使用方面的讲评。教师先在黑板上板书了有语法错误的句子并予以纠正，然后又板书了一组没有语法错误的句子：

杭州是旅游的好地方。

客人住满了宾馆。

暑假去九寨沟，听说很有名。

教师告诉学生，这些句子没有错，但在书面语中更合适的说法是：

杭州是旅游胜地。

许多宾馆都挂着“客满”的牌子。

暑假我慕名而去九寨沟。

写作由于时间限制相对较少，因此是学生探索语言运用的好机会，写作教师也会不断鼓励学生尝试使用各种新鲜的、平时不太使用的表达方式，而不仅仅是使用那些已经熟悉的、容易的表达方式。案例中的教师不仅关心学生作文中出现的语法错误，而且注意到学生在写作中出现的这种习用口语中常见的简单容易的表达方式的倾向。通过这种口语、书面语转换的练习引导学生去注意并使用新的、与口语表达不同的书面语表达方式。当然，案例中也有可能是学生还没有学过的意思相近的书面语表达方式，即便如此，教师安排的这个练习也有很好的提示作用，使学生注意到汉语书面语和口语存在较大的差别，从而在今后的写作过程中予以重视。

第七节　“精”与“泛”

在汉语教学的课程设置上，有所谓精读课和泛读课之分，其实，在语言教学中不仅有“精读”和“泛读”之分，还应有“精听”和“泛听”、“精说”和“泛说”、“精写”和“泛写”之分。从输入的角度看，我们需要关注质和量的平衡，需要对一部分输入材料（无论是听的材料还是读的材料）深入分析、精确理解，讲透其中每个词语、句子的含义，让学生掌握其中每个词语和结构的用法，但是，如果对所有的输入材料都是这样处理，一则花费的时间太多，二则效果也不一定就好。我们同时还需要关注输入的量，让学生大量地接触目的语，这时，对理解的准确性可以适当降低要求，更不一定要照样模仿、活用。从输出的角度来看，我们要关注学生语言的准确度、流利度、复杂度的平衡。片面地重视准确度，会导致学生缺乏充分的、大量的输出练习；反过来，片面强调流利度，对学生语言能力的综合发展也是不利的。

第一，区分语法教学的理解性目标和生成性目标，不宜片面地追求“举一反三”。

【案例 34】

教材中出现了“趋向补语的引申用法”这个语法点，教师教了“上”、“下来”、“下去”等充当趋向补语时常见的引申义以后，让学生造句，于是学生造出了下面的句子：

（1）* 他吃了药，慢慢地好下来了。

（2）* 明天我打算睡下去一天。

（3）* 已经学习了四个小时，我累下来了。

（4）* 他终于获上了奖学金。

趋向补语的引申用法是一个重要的语法项目，而且是一个难点。学生学习了若干引申用法，可往往一用就错。比如，我们说“瘦下来”是表示开始出现变化，那么为什么就不能说“累下来”呢？既然可以说“当上劳模”、“考上大学”，为什么就不能说“获上奖学金”呢？看来，这一类用法还是得逐个地学。

那我们还有必要把趋向补语引申义等作为语法项目处理吗？回答当然是肯定的，这是为了帮助学生更系统地理解语言现象。有些结构规则，我们不仅希望学生能理解，而且还要求学生能运用这些规则生成没有听过/看过的新的结构，自由地表情达意，这是语法教学的生成性目标。而有些结构规则，至少在一定阶段，我们仅仅希望学生能够理解，以便更好地记忆、复用相关的表达方式，这是语法教学的理解性目标。过于追求“举一反三”的高效率，在语言教学中其实是不现实的。许多语言规则是讲不“透”的，即使讲“透”了，学生也不一定能理解“透”，即使理解“透”了，也不一定真的能用对。与其条分缕析，精讲精练，还不如增加输入，培养语感，让学生逐步积累、提高、完善。规则的教学无疑是必要的、重要的，但是其作用也是有限的，“欲速则不达”，关键在于“水到渠成”。

应该补充说明的是，学生在使用语言中出错是正常的、必然的，学生正是在不断的“试误”中完善其语言（中介语）系统的。但是，如果我们在学生还没有充分准备好的情况下仓促地让学生“造句”，那是在“引导”学生去犯错，是不足取的。

第二，加大输入量，为提高表达能力打下基础。改变“吃进去多少就该吐出来多少”的观念。

【案例35】

有的学生在阅读时有一个不好的习惯，就是喜欢用手指着汉字，一个字一个字地读，而且是大声地读出来。老师告诉他应该默读，可是他说，以前的老师非常强调朗读，强调要把每一个字弄懂弄通，不能一知半解。

朗读不是坏事，但是要看用在哪儿。就培养语感来说，朗读是非常重要的。但是，如果要培养快速阅读能力，那就不能朗读，恰恰相反，要默读、扫视。在朗读的过程中，自然要理解句子中每个词语的意思，读准每个音节，而在快速阅读的过程中，需要跳跃障碍，猜测词语，寻找要点，把握大意，不必拘泥于某些不必要的细节。

【案例36】

一位长期从事初级班精读教学的教师，承担了泛读课的教学任务之后，总觉得时间不够，因为他希望学生把文章的所有词语和结构都弄明白，为此还补充了大量的练习。考试的时候，也是检查学生对这些词语和结构的掌握情况。学生觉得很累，也没有阅读的乐趣。

泛读课和精读课是互为补充的。其实在听力教学中，也需要精听和泛听的相互补充。通过大量的听和读，强化音义之间和形义之间的关联，巩固学习成果，发展目的语听和读的技能，这跟对重点词语和结构的精细学习是不矛盾的。对重点词语和结构的准确理解和把握，为宽泛的阅读、聆听提供了基础，而在大量的阅读、聆听中，通过多样化的语境，学习者又加深了对词语和结构的意义及用法的理解与把握。

大量的阅读、聆听为有效扩大词汇量、吸收新的语言知识提供了条件。但是，理解的东西不一定就是能主动应用的东西。词汇包括积极词汇和消极词汇，汉字也可以根据不同要求区分为读写字和认读字，消极词汇可以逐渐向积极词汇转化，认读字可以逐渐向读写字转化，不能操之过急。“吃进去多少就得吐出来多少”的想法是不科学的，也是不现实的。

第三，在表达性活动中注意准确度、流畅度和复杂度的平衡。

【案例 37】

在口语课上，有的学生很少发言，有时教师觉得他明明能说，可是他还是说“不知道”。有的学生每次抢着发言，而且一开口就滔滔不绝，可是仔细听来，他的汉语简直是语无伦次，几乎听不懂。教师该怎么办呢？

在口语或书面的表达方面，有三个指标：准确度、流畅度和复杂度。教师需要通过有侧重的、有针对性的活动，促使学生在准确度、流畅度、复杂度诸方面得到平衡发展。

如果是侧重流畅度，可以明确规定学生必须说满多少分钟，或者必须在规定的时间里（不能太长）写满多少个字，要求学生反应敏捷，加快速度。如果是侧重准确度，则可以按照“每出现一个语法错误扣若干分”的标准来评分，要求学生仔细推敲，讲求质量。前者我们不妨称为“泛说/泛写”，后者不妨称为“精说/精写”。不同的学生在掌握目的语方面的薄弱点也会有所不同，有的准确度上明显较差、各种错误很多，有的流畅度不够、说得断断续续，等等，教师也应该有针对性地对学生提出不同要求，帮助其克服薄弱点。在上面的案例中，对于前一种学生，教师需要鼓励他大胆地表达，要求他即兴发言，不要怕错；对于后一种学生，可以要求他想好了再说，写好提纲再发言。

【案例 38】

在口语考试中，有这样两个学生：学生 A 使用的都是简单的语法形式，没有出现什么语法错误；学生 B 使用了相对比较复杂的语法形式，可是出现了一些错误。我们该怎么评判这两个学生的成绩呢？

对于语言表达水平的评判，应该综合考虑准确度、流畅度、复杂度三个指标。当然，具体到特定的考试成绩的判定，还得具体分析。学生 A 使用的语法形式简单到什么程度？是否足以把意思表达清楚？学生 B 使用的语法形式复杂到什么程度？相对于要表达的内容来说，使用这些复杂的语法形式是必要的、典型的，还是过分的、炫耀性的？出现的错误严重到什么程度？另外还要考虑本次口试的目的，是全面衡量，还是有所侧重？如果有所侧重，又侧重在哪个方面？侧重点不同，权重可以不一样。当然，口试的评判都难免带有一定的主观成分。

第八节　语言与文化

语言与文化密不可分。在语言教学中，文化因素的阐释必不可少。当然，语言中的文化因素可以采用显性教学的方式，也可以采用隐性教学的方式，或者二者相结合。仅仅具有关于一种文化的知识当然是不够的，更重要的是具备跨文化交际的能力。学生学习语言的过程，也就是发展跨文化交际能力的过程。

第一，把语言教学和文化教学结合起来，让学生了解特定词语、表达方式的文化内涵。

【案例 39】

有一次在讲到“象征”这个词时，教师解释为“具有代表性”，班上一个学生突然说了一个句子：“狗是中国人的象征。”句子的语法没有问题，但内容却让人颇为恼火，不能接受。作为一个中国人，大家都知道狗在汉语里有贬义的一面，况且“华人与狗不得入内”的历史是中国的耻辱。但是，在这样的情况下，这位教师并没有勃然大怒，他冷静地问学生：“为什么你觉得狗是中国人的象征？”这位学生解释说，在他们的国家，很多华人都喜欢吃狗肉，所以看到狗肉就会联想到中国人，他觉得中国人和狗的关系很密切，狗能代表中国人。教师听完他的解释后才明白学生并没有侮辱性的意思。于是，教师在全班学生面前明确了两点：首先，同学造的句子在语法上没有问题，但是在意思上不对，在汉语里，“狗”往往用来表达负面的意思，一般不能用狗来形容一个人，更不能用来代表中国人；其次，大家都知道和中国联系更紧密的一种动物是什么（很多同学说是“龙”），龙和中国人的联系才是最紧密的。最后，教师让这位同学修改了句子，即“龙是中国人的象征”。事情得到了圆满的解决。[①]

汉语课堂上，以汉语为母语的汉语教师跟把汉语作为第二语言来学习的学生们的交流过程，本身就是一个跨文化交际的过程。教师需要对不同语言间的文化差异有高度的敏感，对汉语里的文化现象有充分的了解并通过恰当的方式向学习者传达。同时，教师要有专业的技巧，纯熟地化解课堂上因文化差异而可能引起的误解、冲突。上面就是一个比较成功的例子。同时，这个例子也促使我们反思，在教学一些特定的词语和表达方式时，不仅要让学生明白其理性意义，更要让学生了解其文化内涵。

第二，引导学生自觉对比文化差异，培养学生跨文化交际的意识。

【案例 40】

有这么一篇课文：

丁汉生：你们什么时候放假？

江　山：四月下旬。

丁汉生：放假以后你打算干什么？

江　山：我想去中国旅行。

丁汉生：要去很多地方吧？

江　山：是啊，北京、上海、四川、云南……

丁汉生：什么时候去？

江　山：五月中旬或者下旬。

丁汉生：什么时候回来？

江　山：我打算七月一号以前回来。

① 此案例由复旦大学王蕾老师提供。

丁汉生：你一个人去吗？

江　山：不，跟我的女朋友一起去。可是，我们的汉语不太好，我有点儿担心。

丁汉生：你别担心。我在北京、上海、四川都有朋友，可以请他们帮助你。

美国人江山打算和女朋友去中国旅行，但是因为汉语不太好，有点儿担心。他的中国朋友丁汉生立刻义不容辞地说："你别担心。我在北京、上海、四川都有朋友，可以请他们帮助你。"一位加拿大的教师在教这篇课文时，特意让学生讨论一下，如果同样情形发生在你和加拿大朋友之间会怎么样。有学生说那对方的回应可能是 Good luck；有学生则表示会安慰朋友说"我们去喝啤酒吧"。①

语言是一种行为，文化渗透在行为之中，而不仅仅是一种外在的知识。在上面的案例中，通过引导，教师让学生自觉地进行对比，发现语言交际中的文化差异，从而学习如何用汉语得体地表情达意，这对培养跨文化语言交际能力是非常重要的。

第三，关注非言语交际中的文化因素。

【案例 41】

有一次，一位教师想让学生思考一个问题，他对学生说："你们好好儿想一想。"一边说一边用食指对着自己头部太阳穴的位置绕了几个圈。学生吃惊地说："Oh, crazy(发疯)?"教师赶紧解释：这不是 crazy，中国人用这个手势表示"想一想"的意思。此后，每当教一个新的初级班，这位教师就特意做一个这样的手势，让学生明白这个手势在汉语里的意思。

非言语交际是跨文化交际的重要组成部分。非言语交际和言语交际往往是密切相伴的。教师要重视非言语交际中的文化因素。作为一个以汉语为母

① 此案例引自卜皑莹、田军《中西文化对比在初级汉语教学中之应用》，《第九届国际汉语教学研讨会论文选》，高等教育出版社，2010。

语的汉语教师，正如教师的语言本身就是目的语输入的重要组成部分一样，教师的一举一动本身就是非言语交际的最好示范。

思考

1. 本章中的案例5和案例8都是少儿汉语课上的活动，你觉得可以把它们照搬到成人汉语课中吗？为什么？在成人的语言课上，可以用哪些方法调动学生的积极性？

2. 在初级汉语课上，你认为哪些情况下可以使用学生母语？在这些情况下，使用学生母语有哪些利弊？

3. 案例26中，“很多学生反映录音太难，听不懂，于是教师让学生再听一遍，学生还是听不懂。教师只好给学生逐字解释”。针对案例中听力材料，请你设计一个比较合适的教学过程。

4. 案例27中，学生课上阅读的范文对课后写作帮助不大，你认为有哪些方法可以提高范文对留学生写作的指导与帮助作用？

任务

1. 案例12中，教师用“俗字源”的解释方法帮助学生记忆汉字“挤”。请你试着用类似的方法帮助学生记忆几个汉字。

2. 中级口语课上，一位教师为活跃气氛，用猜词游戏的方式练习新词。猜词游戏中，全班同学分两组，要求一个同学描述意思，一个同学猜词语，两组进行比赛。但结果下课后有同学认为该教师没有好好准备上课内容，在课堂上只是玩，同学没有学会怎么用新词。针对这样的意见，你觉得可以怎么修改“新词学习”的环节，使其起到既活跃上课气氛又满足学生要求的作用？

3. 观摩一次初级汉语课，记录下教师使用的所有身体语言，说明其含义，并请你评价一下这些身体语言在课堂教学中起到的作用。

4. 采访几位留学生和汉语教师，了解课堂上开展的小组活动对学生学习汉语和教师组织教学各有什么利弊。

第十二章　怎样做一名好教师
——教师的素质

要回答怎样才能做一名好的汉语教师，其实很难。每个人的教育背景不同，生活经历不同，教学环境不同，个性素质不同，因此很难给出一个统一的答案，如果有，那也是因人而异的。但要做一名好的汉语教师，又必须具备一些基本的素质和条件，不然无以从业也授不好业。这一章我们从汉语教师应具备的素质、教师标准、从教所需的基本知识和技能、教师的课堂表现以及教师如何形成自己个性化的教学模式等方面来讨论怎么做一名好的汉语教师。当然，所说内容也是仅供参考而已。

第一节　汉语教师应具备的素质

有许多人想从事汉语作为第二语言/外语教学的工作，但又有不少疑惑，小李是对外汉语专业三年级本科生，下面是他听课后反思报告的摘录：

> 今天上午我第一次走进了真正的留学生课堂去听他们上中文课。最大的感受就是当对外汉语老师可真不容易。我们听的是初级班的综合课，执教的石老师看起来年纪不大，可是教得很好。他问的问题总是能让学生很有兴趣来回答，课堂气氛很活跃。他总是能自如地应对学生很多突如其来的问题和纪律问题，真让我佩服。我发现学中文的学生不光有年轻的学生，还有家庭主妇、公司职员，他们的年龄比石老师还大，可是石

老师都能不慌不慢，整个教学自如流畅，可以说是完美。我没想到对外汉语教师上课还挺不容易的呢！我以后也能当中文老师吗？到底什么样的人能够成为一名好老师呢？……

在决定汉语课堂教学有效性和成败的各项要素中，教师的素质是其中的核心。因为无论是教材还是教学方法，最后都要通过教师的教学实践才能发挥作用。一套编得并不怎么好的教材让一位优秀的教师来使用，就有可能“化腐朽为神奇”；一套很好的教学方法让一位毫无经验的新手“菜鸟”来运用或许就并不奏效。因此，汉语教学质量的高低在很大程度上取决于教师的素质和质量。随着汉语国际推广与传播工作的广泛开展，汉语作为第二语言/外语教学的内容和形式都发生了很大的变化，新的教学理念、教学理论、教学方法和教学手段也不断涌现，相应地，对教师素质的要求也在不断地提高。

什么是教师的“素质”呢？从教育学的角度来看，教师的素质是指人在先天禀赋的基础上，通过环境和教育的影响所形成和发展起来的相对稳定的素养和品质。它是知识和技能的升华，既包括可以开发的人的身心潜能，又包括社会发展的物质文明和精神文明成果在人的身心结构中的积淀（郭彩琴，1998）。教师的素质是教师自身所具有的稳定的、潜在的一些因素，它将一直对教师的教学工作发挥着作用。

我们所讲的教师素质并不等于通常意义上的“教师的知识”或者“教师的技能”。由于现代社会的变化越来越迅速，课程、学生和教学环境都在发生变化，因此我们在各级学校中所获得的知识和能力可能会过时，或者不完全适用于新的情况，但是只要教师具备一定的素质，并且能不断去获取新的知识和能力，就能克服这些问题，使自己的教学始终保持在一个较高的水准上。当然，知识和能力本身是可以内化成教师自身的素质的，只要教师能够把不断获得的知识和能力融会贯通，灵活运用，就可以被视为转化成教师自身的素质了。“与时俱进”、“终身学习”使得素质的养成具有了动态的意义。

我们认为优秀汉语教师的素质应该包括了以下四个方面：良好的职业道德，与时俱进的教学理念，高超的汉语教学能力和教学技巧，强烈的终身学习与自我发展的意识。

一 良好的职业道德

教师职业道德是教师在从事教育工作时所遵循的行为规范和各种道德规范的总和，它从道义上规定了教师在教育工作过程中应该以什么样的思想、情感、态度、行为去做好本职工作。

【案例 1】

何杰是一名刚走上工作岗位的新教师，他大学里学的是英语，在大学读书期间做过一些留学生的汉语辅导工作。在正式教学之前，参加了一个短期教师上岗培训，了解了对外汉语教学的一般过程和基础知识，不过用他自己的话说是"囫囵吞枣，了解得非常有限"。何杰教的是一个初级班。他非常用心地教这个班，找资料，写教案，每天都要搞到晚上十一、二点才睡觉。上课的时候，何杰也是使出浑身解数，十八般武器全用上了，尽自己最大的能力来教学生。课后他也会主动跟学生交流，回答学生的各种疑问，了解他们对自己教学的意见。即使这样，何杰知道自己上课的时候还有很多地方处理得不太好。学期快结束时，学校做评估，由学生给老师打分。何杰很紧张，他担心自己的分数可能是倒数第一。出乎意料的是，在十几位教师中，何杰虽然是唯一一名新教师，但他的得分比有的老教师还高。学生们对他的评价都挺不错的。期末考试结束后，学生们在走出教室的时候，纷纷向何杰表示感谢。其中一位学生还拍着何杰的肩膀说："Good job，何老师。我们知道你是新老师，不过你教得很努力，我们很喜欢你！"

在谈到汉语教师的素质时，教师的汉语教学专业水平往往容易受到重视，而教师的职业道德素养却很容易被忽视。实际上，职业道德是教师的思想、情感、性格和行为的总体反映，是教学能力和水平充分发挥的前提和条件。职业观和职业道德是教师精神生活的重要组成部分，构成了他们专业素质的重要维度。对刚刚走上工作岗位的新教师来说，良好的职业道德素养不仅能帮助他们获得学生的欢迎和爱戴，也能够弥补一些教学能力上的不足和缺陷。而对已经有了一定教学经验的教师来说，良好的职业道德精神也是改进教学、推动教师专业发展的内在动力。具体来说，一名汉语教师的职业道德素质至少应该包括以下几个方面：

第一，热爱汉语教学工作，以认真敬业的态度对待教学工作。汉语教师应该认识到自己工作的重要意义，从内心激发出对工作的热爱之情，具有强烈的事业心。汉语作为第二语言/外语教学是国家的一项重要事业，无论是专职教师、兼职教师还是志愿者，每个人都是中华文化和语言的介绍者和传播者，因此，教师绝对不可小看自己工作的意义。教师具备良好职业道德素质的首要表现就是对待工作认真负责，责任心强。

第二，真心喜爱学生，关心、爱护并且尊重他们。教师不仅要关心学生语言能力的提高，也应关注他们在跨文化环境下所遇到的各种困难和问题，帮助他们克服困难，解决问题，适应环境。随着汉语国际推广和传播的不断发展，汉语学习者也出现了低龄化的趋势，教师更要关心他们的全面成长和身心健康，也包括在教学中注意培养学生对中国的友好感情。教师在教学中要尊重学生，尊重学生的母语与母语文化，与学生真诚、平等地交流互动。不要把学生当成被动接受的"容器"，应关注他们自身的理想和追求，了解他们汉语学习的动机、兴趣和需求，有针对性地帮助他们。对中国教师来说，在进行汉语教学的过程中，自己的一言一行都代表了中国的形象和文化，因此对自己日常的言行也应有较高的标准，言传身教，成为学生的表率。

第三，能承受各种压力，经得起困难和挫折，能在各种环境，甚至艰苦环境下进行汉语教学。从事国际汉语教学，可能在中国国内（二语环境），也可能在世界各地（外语环境），教师要能应对来自各种教学环境和社会环境的挑战，克服各种教学上和生活上的困难，并且经受得起挫折，始终保持一颗热爱汉语教学的心。在中国国内进行汉语教学和在国外进行汉语教学无论是在教学环境还是在生活环境方面差异都很大，在国外进行汉语教学有时甚至是一个人在"单打独斗"，因此教师要有足够的思想准备和心理承受力，能适应各种社会及文化环境，调整好自己的情绪和精神状态，总是情绪饱满地投入教学活动。

二 与时俱进的教学理念

“教育理念是指教师在对教育工作本质理解基础上形成的关于教育的观念和理性信念。有没有对自己所从事职业的理念，是专业人员与非专业人员的重要差别，也是未来教师专业素养不同于以往对教师的要求的重要方面。”(叶澜，1998)教师对于汉语作为第二语言/外语教学的理念和认识会影响其教学决策和教学行为，教师的日常教学行为与其理念也是密切相关的。因此，优秀的汉语教师一定要有先进的教学理念。

从总体上看，语言教师的教学理念或信念包括“语言观”(教师对语言本身的认识)、“教学观”(教师对语言教学的认识)和“学习观”(教师对学生及其学习过程的认识)三个方面。作为一名语言教师，你对语言的认识(语言是什么?)会直接影响到你将教给学生什么。比如，如果你认为语言只是一种音义结合的符号系统，那么你在教学中就可能更注重告诉学生这个系统是如何构成的；如果你认为语言是一种交际工具，那么你在教学中就可能更注重培养学生用语言进行交际的能力。一名汉语教师应该有自己的语言观，此外还应该对所教语言(汉语)和学习者的母语(至少一种)有比较深刻的理解，同时还能深入了解语言和文化的关系，把学习者的语言学习和其他方面的学习紧密结合起来。

当代教学理念认为，学生才是学习的真正主体，因此教学要“以学生为中心”，教师是教学活动的组织者和引导者，也是学习活动的参与者(与学习者产生互动)，是教学资源和信息的提供者，更是学习者学习动机的激发者，但是，在语言教学中要真正做到这一点是不容易的。学习者学习一门完全陌生、不懂的语言(如汉语)，从零起点开始，很容易变成教师给什么就学什么、给多少就学多少，学生围着教师转，“以教师为中心”。而优秀的汉语教师往往能真正做到“以学生为中心”。他们关注学生的学习兴趣和动机(引导他们自主学习)，关注学生的个体差异(学习方式和速度不同)，能站在学生的立场来设计与组织教学和教学活动(充分考虑学生的参与度与个人和集体的结合)。他们善于把握契机，创造有利于学生学习的教学环境和氛围。

好的汉语教师能够把握学习者学习汉语或者更广义的学习第二语言/外语的规律，拥有灵活多变的教学策略、方法和手段，他们知道语言教学是一项受多种因素制约的实践活动，因此，对相关学科的知识有比较充分的了解并善于汲取其养分，能够有意识地运用这些学科前沿的理论和知识来指导或帮助教学。

教学理念一旦形成，会在一定时间内保持稳定，并对教师的教学实践产生影响。当教师试图学习和接受新的教育观念时，就会与原有的教学理念产生碰撞，因此，教师一定要以开放的心态对待各种不断涌现的新的教学理念及由此而出现的教学方法和手段，既不一味抵制，也不盲目接受，而是通过反思与甄别，取长补短，为我所用。教师的教学理念必然也应当是与时俱进的。

三　高超的汉语教学能力和教学技巧

汉语教学和其他学科的教学不同，它的教学目标主要是帮助学生掌握汉语并且能够运用它来进行各种交际活动。因此，教师在教授时，更多地是注重传授运用汉语的能力（能用汉语听、说、读、写、译等），而不是传授关于汉语的知识（比如说什么是汉语的主语、谓语、宾语、定语、状语、补语等）。所以汉语课更具有一种“实践课”的性质，以讲授知识为主的教学方式是不适合汉语教学的。汉语教师需要采取多种灵活有效的方式、策略和技巧来帮助学生获得运用汉语进行交际的能力，这就对汉语教师的教学能力提出了较高的要求。优秀的汉语教师应该具备高超的汉语教学能力和教学技巧。

吴一安等（2007）提出优秀的英语教师应该具有过硬的学科教学能力[①]，具体表现在以下 10 个方面，可资借鉴：具备熟练的外语口笔语能力、扎实的目的语语言及其运用知识（对汉语为非母语的教师来说，就是熟练掌握和运用汉语的能力以及汉语的知识；对汉语为母语的教师来说，除了应掌握汉语的知识以外，还要熟练掌握和运用至少一门外语），宽阔的知识面；善于营造能够激发学习兴趣、气氛活跃与和谐的课堂学习环境；了解学生需求并善于根据学生需

① 所谓学科教学能力包含学科知识与技能和教学知识与技能。

求即时调整教学内容；有明确的教学目标并善于根据目标组织教学活动；善于挖掘教学内容的人文内涵；善于以准确、流利为目标组织语言基本功训练；善于抓住契机为学生创造学习机会（learning moments）；善于培养学生的学习能力和在学习方法上引导学生；善于抓住机会增进学生对英语语言与其运用体系的了解；明确自己的教学在整体课程中的位置。

由于汉语教学具有很强的实践性特征，因此教师的专业素质更多地体现在教学能力上，但是这没有否定学科知识的重要性，它是教学能力形成的基础和条件。教师实际上是以隐性的方式运用学科知识，并在具体的教学环境下进行汉语教学活动。对教师来说，知识和能力总是结合在一起的。各种知识脱离了教学就没有任何意义，而教学能力总是针对具体的教学行为而言的，其本身已经包含了教学中所需要的各种知识（可能是语言知识，也可能是教育学或者心理学的知识等）。

四　强烈的终身学习与自我发展的意识

步入21世纪以来，汉语教学进入了一个前所未有的大发展时期，其标志是2005年7月在北京举行的首届世界汉语大会，它是中国对外汉语教学走向汉语国际推广的转折点。鉴于此，在发展思路上提出了实行“六大转变”，即：发展战略从对外汉语教学向全方位的汉语国际推广转变；工作重心从将外国人“请进来”学汉语向汉语加快“走出去”转变；推广理念从专业汉语教学向大众化、普及型、应用型转变；推广机制从教育系统内推进向系统内外、政府民间、国内国外共同推进转变；推广模式从政府行政主导为主向政府推动的市场运作转变；教学方法从纸质教材面授为主向充分利用现代信息技术、多媒体网络教学为主转变（许琳，2006）。汉语教学在发展，其教学对象、教学形式和教学内容在不断变化，对教师素质的要求也在不断提高，因此我们强调汉语教师应该有终身学习和自我发展的意识。

每个汉语教师都要经历一个由不成熟的“菜鸟”到相对成熟的专业人员的发展过程，而这仅仅依靠职前阶段的培养和短期培训是远远不够的。近二三十年来，第二语言教学发展迅速，提出了很多新的教学理念和习得理论，如“基于任务的语言教学”(Task-Based Language Teaching)、“基于内容的教学”(Content-Based Instruction)、“互动假说”、“内隐与外显学习”、“形成性评价”、“后现代外语教学观”等,这些都需要教师不懈地学习和研究,否则会很难适应现代语言课程的要求。因此,教师要想在教学上不断取得成功,就只有坚持终身学习,不断学习和尝试运用各种新知识和新技术。教师学习的对象可以是他人(专家、同事、学生),也可以是书本和媒体,还可以是自己的亲身体验。总之,学无止境。

作为一种专业人员,教师应该具备对自己教学实践进行不断反思的意识。美国教育心理学家波斯纳提出过一个非常有名的教师成长公式——“经验+反思=成长”。“反思”是提升经验的桥梁,是锤炼思维的工具,也是追求卓越的动力(崔允漷,2009)。对经验的反思可以帮助教师成长,促进自我发展。在自我发展的过程中,教师会更加努力地钻研教学,去探索教学规律,改进教学方法,提高教学质量。

第二节　汉语教师的基本知识和基本技能

上一节所谈到的汉语教师应具备的素质是对所有从事汉语教学工作的人提出的要求,无论你是新手还是能人,那么,作为一名要从事这项工作的人,我们需要掌握哪些基本知识和基本技能才能初步适应汉语教学工作呢?我们将结合《国际汉语教师标准》(2007)和《全美中小学中文教师资格标准大纲》(2007)这两个教师能力标准,来讨论汉语教师应具备的基本知识和基本技能。

一　《国际汉语教师标准》和《全美中小学中文教师资格标准大纲》

(一)《国际汉语教师标准》

为了对从事国际汉语教学工作的教师所应具备的知识、能力和素质进行全面描述,并建立一套完善、科学、规范的教师标准体系,国家汉办于2007年公布了《国际汉语教师标准》(以下简称《标准》),目的是为国际汉语教师的培养、培训、能力评价和资格认证提供依据。《标准》借鉴了 TESOL 等国际第二语言教学和教师研究新成果,吸收了国际汉语教师实践经验,反映了国际汉语教学的特点。

《标准》由五个模块组成,一共包括 10 项标准,大多数标准都由"基本概念范畴(或基本知识)"和"基本能力"构成。这五个模块分别为:

一是语言基本知识与技能。包括"汉语知识与技能"和"外语知识与技能"两个标准,对教师应具备的汉语及外语知识与技能进行了描述。在汉语知识和技能方面,要求教师掌握汉语语音、词汇、语法与汉字基本知识,并具备良好的汉语听、说、读、写技能。在外语知识和技能方面,要求教师应至少掌握一门外语,熟练掌握外语的语音、语调、词汇、语法等方面的基本知识,并能够综合运用听、说、读、写、译等能力进行交流。

二是文化与交际。包括"中国文化"和"中外文化比较与跨文化交际"两个标准。在"中国文化"方面,要求教师能了解和掌握中国文化和中国国情方面的基本知识,并将相关知识应用于教学实践,激发学习者对中国文化的兴趣,使其在学习汉语的同时,了解中国文化的丰富内涵和中国的基本国情。在"中外文化比较与跨文化交际"方面,要求教师了解中外文化的主要异同,理解汉学与跨文化交际的主要概念,以及文化、跨文化交际对语言教与学的影响,并能够将上述理论、知识应用于教学实践。

三是第二语言习得与学习策略。要求教师了解第二语言习得与学习策略的基本理论和知识,并能运用其指导汉语教学实践。

四是教学方法。包括"汉语教学法"、"测试与评估"、"汉语教学课程、大纲、教材与辅助材料"和"现代教育技术及运用"四个标准。在"汉语教学法"方面,要求教师能理解和掌握外语教学的一般原则和基本概念,并熟悉汉语作为外语教学的方法和技巧;要求教师能掌握汉语语音、词汇、语法、汉字的基本教学原则和方法及听、说、读、写的基本教学原则和教学技巧。在"测试与评估"方面,要求教师了解各种测试与评估的作用和方法及其适用性和局限性,能根据不同目的选择合适的评估手段或测试方法,能够设计试题和试卷,并从测试结果中获得有助于教与学的反馈信息。在“汉语教学课程、大纲、教材与辅助材料”方面，要求教师应理解并掌握汉语教学课程与大纲的内容、范围和目的，熟悉汉语课堂教学的基本环节，并能根据教学实际恰当地选择和使用教材及教辅材料。在“现代教育技术及运用”方面，要求教师熟悉并掌握有关计算机的基本知识与操作方法，了解常用的现代化教学手段及网络技术，并能应用于汉语教学实践。

五是教师综合素质。主要对教师的职业素质、职业发展能力和职业道德素养进行描述。具体来说，要求教师具备对自己教学进行反思的意识，具备基本的课堂研究能力，能主动分析、反思自己的教学实践和教学效果并据此改进教学；教师应具备自我发展的意识，能制定长期和短期的专业发展目标；积极主动参与专业或社区活动以丰富自己的教学档案；能在各种场合的交际中显示出责任感、合作精神和策略性；教师具备良好的心理素质，能应对教学过程中的突发事件，并在任何教学场合中，都体现良好的职业道德素养。

目前中国国内的“汉语国际教育硕士专业学位”(Master of Teaching Chinese to Speakers of Other Languages, MTCSOL)的课程体系主要就是依据这个《标准》而制订的。从某种程度上说，《国际汉语教师标准》的要求是很高的，但它是一个规范，是一个职业发展的目标。

(二)《全美中小学中文教师资格标准大纲》

《全美中小学中文教师资格标准大纲》(*CLASS Professional Standards for K-12 Chinese Language Teachers*)(以下简称《大纲》)是由全美中小学中文教师协会(The Chinese Language Association of Secondary-Elementary Schools，简称 CLASS)制订的，2007 年正式公布。它对在美国从事中小学中文教学的新教师应掌握的知识、技能和教师的教学安排等做了具体描述。这个《大纲》不仅仅对新手或者说职前教师的知识和能力等提出了要求，更希望借助这个《大纲》推动中小学中文教师的终身学习和职业发展。《大纲》一共包括 12 个标准(包括若干条细则)，每个标准主要由“知识”(Knowledge)、“专业态度”(Dispositions)和“能力演示范例”(Sample Performance Indicators)三部分组成，以帮助教师具体把握其内涵。这12个标准是：

标准1：语言技能。教师拥有高水平的中文语言技能，能将听、说、读、写四种技能融会，并有效地运用在语言沟通、理解诠释和表达演示三个沟通的模式内。

标准2：语言学知识。教师对中国文字和语言学拥有广博的知识，并了解中文语法的特征，明白语法教学和语言应用需要在适合学生年龄与文化的情境中进行的重要性。

标准3：文化知识。教师对中国多元文化拥有广博和深入的知识，明白在语言教学中必须持续并有系统性地将文化知识融合其中。

标准4：第二语言习得。教师能够有效地应用第二语言习得理论和研究于教学法、教学实践与教学策略上，启发学生学习第二语言的潜能。

标准5：儿童的成长和发展。教师了解儿童与少年的学习和发育情况，并能够配合学生心智发展、提供合乎年龄阶段的学习机会。

标准6：各种不同的学习者。教师帮助学生了解不同的语言学习方式，并利用不同的教学策略以及教学资源来满足学生不同的需求。

标准7：学习环境。教师熟知如何创造和维持有效的教学环境以提升学生积极参与不同课堂情境里的活动。

标准8：教学计划和教学策略。教师熟知以外语学习目标为主的教学计划，螺旋式的教学设计，该学到的内容和该学会的技能；知道如何利用各种教学策略让学生执行有意义且有趣的真实语言任务。

标准9：评估。教师了解教学评估是经常性的，也是多样性的；它必须能反映以学习目标为准的课程内容与语言技能。他们能够以实践任务的评估方式，让学生在不同的文化语境中适当地表现中文的程度。

标准10：沟通技巧。教师能够熟知并有效地运用言语、肢体言语和书面沟通技巧，支持与强化课堂上和学校里的各种互动。

标准11：科技知识。教师了解科技能加强语言和文化的学习，并提供启发学生学习兴趣的工具和策略。他们运用科技来教学和设计课程。

标准12：专业进修。教师积极参加专业社团，广泛参与各种教学反思活动，并寻求提高自己专业水平的机会。

《大纲》的最后一部分提供了一个中小学中文教师培训课程纲要，依据《大纲》的要求设置五个方面的必修课程，以帮助华裔和母语非汉语的中文教师了解汉语教学的性质及特点：语言学和文字学知识；中国文化知识；外语教学法；教材教法；教育科技与中文教学。

（三）案例讨论

【案例2】

李平打算毕业以后从事国际汉语教学工作，听说《国际汉语教师标准》颁布了，她找来好好读了一下，想看看自己还缺什么。没想到看完《国际汉语教师标准》之后，心里不禁凉了半截。“标准的要求好高呀！”李平说，“比如，在文化知识方面，要求我们了解历史文化，中国主要哲学思想与宗教文化的基本知识，中国文学与艺术的基本知识，还有中国民俗文化，中国国情的基本知识等等，并且都要能够运用于教学。那么多东西，我好多都不知道，而且各种能力的培养也非一日之功。达不到这个标准是不是就意味着不能当汉语教师？这个标准是不是太高了？”

我们认为，《国际汉语教师标准》的确对教师提出了较高的要求，教师要具备如此全面的知识和能力结构绝非易事。每个教师的教育经历和个性特点都有所不同，因此一开始就能达到这么高标准的人肯定非常少，或许从业很久的教师也未必都能达到。但是，教师标准并不会因此而降低，因为这些标准的制订并不是随意地拍脑袋拍出来的，而是日益复杂的教学工作对教师提出的要求。在其他行业，比如，刚入行的工程师不会被要求去设计一项复杂工程，刚从医学院毕业的学生也不会马上独立承担一个大型手术，而语言教学不同，进了教室对没有经验的新教师和有经验的老教师的要求是一样的，没有学生会因为你是新教师而降低对你的要求。因此当新教师第一次踏进教师行列，他们就要参照同样的标准，步入和他们有经验的同事一样的程序（丹尼尔森，2005）。应该承认，《国际汉语教师标准》是一个高要求的标准，因为它是教师职业发展的目标，是一个优秀的汉语教师应该努力的方向。但作为一名准备进入这个行业或刚入行的新教师，必须具备一些从事汉语教学所必需的最基本的知识和技能。

二 从教应具备的基本知识和技能

（一）基本知识

所谓基本知识，就是指汉语教师应该掌握的、对日常教学工作有较大影响的知识，可以分成“教什么”的相关知识、“怎么教”的相关知识、“怎么学”的相关知识三个部分。

“教什么”的相关知识主要是指汉语言文字学的知识和基本的文化常识。作为汉语教师，其职责主要是教授母语为非汉语的学生汉语，这就要求教师自身对汉语言文字的基本理论和知识有所了解。教师不仅需要掌握现代汉语的基本知识，能够把握汉语的面貌（语音、词汇、语法、文字的状况）并进行分析，也需要了解一些语言学的理论知识。教师只有对汉语言文字有比较完整的认识并熟知汉语言文字的特点，才知道应该教给学生什么。汉语国际推广的过程也是中华文化传播的过程，因此，中国文化常识和国情知识也是教师应掌握的。

“怎么教”的相关知识主要是指汉语作为第二语言/外语教学法的知识，主要包括第二语言/外语教学法流派、语言要素教学法、语言技能教学法、课堂教学技巧，还包括如何设计教案、如何组织课堂教学、如何进行测验评估等知识。教师只有具备了这些知识，才能在课堂上有效地自主地开展教学活动。

“怎么学”的相关知识主要是指二语习得理论、学习心理、语言认知等方面的知识。现代语言教学认识到学生作为学习主体在学习活动中所起的巨大作用，以及语言习得过程的复杂性，研究成果非常丰富，对此教师应该有一个基本的认识和理解。

对基本知识的掌握过程也就是一个教学理念逐步形成的过程，因此，教师应该重视基本知识的学习，改变头脑中一些已有的、甚至错误的教学观念，为教学工作打下良好的基础。

(二)基本技能

所谓基本技能,是指教师在教学过程中必须掌握的、会直接影响教师未来专业成长和发展的必要的技能,可以分为以下三个部分:

一是教学技能。在所有的技能中,教学技能是核心,因为课堂教学能力直接决定了课堂教学质量和水平,关乎教学的成功与失败,它集中体现了教师的综合素质,反映了教师的本质特征。教学能力包括三个方面(教育部师范教育司,2003):(1)教学设计的技能。指教师综合运用自己的知识和技能,根据教学大纲的要求设计出适当的课程计划和单元计划。包括掌握和运用大纲的能力,掌握和运用教材的能力,制订教学计划的能力。(2)教学实施的能力。指教师在一般教学情况下有效地实施所设计的教学计划,并且根据实际情况控制教学情境的能力。教学实施能力包含了多方面的要求,如选择和运用教学方法的能力、因材施教的能力、课堂教学组织的能力、运用各种教学技巧的能力和教学机智等。(3)学业检查评价的能力。教师在教学过程中运用各种评价方法了解学生的学习状况,以判定教师是否完成了教学目标,学生是否达到了预定的学习目标,并根据反馈信息来补救或者改进教学工作。其中包括设定评价目标和评价标准的能力、搜集评价资料的能力、选择和运用评价方法及评价工具的能力、分析或者解释评价资料与结果的能力以及反馈矫正的能力等。目前汉语教学界对评价的关注还很不够,许多教师往往不知道怎么设计有效的评价项目,如何对学生进行评价。

二是与他人沟通的技能。教师的工作需要与学生、校方、家长乃至社会各个方面进行交流,因此,教师要培养自己的沟通能力,尤其是与学生沟通的能力。从某种意义上说,能否与学生沟通决定了教学的成败。沟通能力既包括言语能力,也包括说话的技巧、方式和态度,甚至包括非言语手段(如表情、手势等)。《标准》和《大纲》中都谈到教师的外语能力和跨文化交际能力,这在很大程度上表现为教师的沟通能力。有些去海外工作的教师或者志愿者之所以不能取得良好的教学效果,不能适应当地的工作和生活环境,与沟通能力的欠缺有一定的关系，因此教师要有意识地培养自己这方面的能力。

三是课堂管理技能。课堂管理是指教师为了保证课堂教学的秩序和效益，协调课堂中人与事、时间与空间等各种因素及其关系的过程。课堂管理包括课堂时间管理、营造和谐的课堂气氛、恰当处理课堂问题等行为（陈永明等，2003）。以往汉语教学对这个部分关注得不够，因为我们的学生大部分是成年人，有相当的自控能力，一般没有大的课堂管理上的问题（但如何调动和控制课堂依然会考验教师的课堂管理能力，如有的学生整堂课喋喋不休，而有的学生却一言不发）。可是随着汉语学习者的低龄化，课堂管理技能变成一种相当重要的技能。不少以往从事成人汉语教学的教师转向对青少年进行汉语教学时遇到的最大困难就是不能很好地控制班级和课堂，并由此而造成了很多教学中的问题。对低龄学习者进行汉语教学，课堂管理技能显得尤为重要。

三　教师的实践性知识及其发展

（一）教师知识的性质

认识教师知识的性质对我们了解教师的发展有重要的意义。申继亮、辛涛（1996）从认知心理学角度来看待教师的知识，把教师的知识分为本体性知识、条件性知识和实践性知识。本体性知识是指教师所具有的特定的学科知识，条件性知识是指教师所具有的教育学与心理学的知识，而实践性知识是指教师在面临实现有目的的行为中所具有的课堂情境知识以及与之相关的知识，具体说就是教师教学经验的积累。这里我们着重讨论实践性知识。

【案例 3】

小张的实习反思记录：

昨天我教了“您贵姓？”、“我姓……”这组句型，所以今天我上课一开始就跟同学们练习，我用“您贵姓”问学生的姓，请他们回答。好几个同学都用“我贵姓……”回答。我就纠正了他们的错误。第二节课，我去听指导教师陈老师的课，她和我教一样的内容，可是她的学生却几乎没有人犯这样的错误，每个人都回答“我姓……”。我很奇怪，下课以后问陈老师为什么她的学生都没有这个问题，陈老师告诉我，凭她以往的教学经验，知道学生容易犯这个错误，因此在昨天教学的时候就预先提醒过学生，所以今天学生就很少有人犯这个错误了。我觉得自己的经验还是不足，可是这样的知识以前在培训的时候也没人告诉过我，我要怎么知道呢？

在上面这个案例中，陈老师是位从教多年的教师，与小张相比，她的实践性知识要丰富得多。因此，她能根据自己的教学经验，准确地预判出学生可能会出现的问题，并且用适当的策略加以解决。

（二）实践性知识

实践性知识是教师自己在教学实践中积累、形成并且运用的经验和它的提升，会对教师的教学产生直接的影响。实践性知识包括：技巧性知识，包括教学策略、教学常规和教学方法的知识；个人实践知识，主要指技巧知识的个人特征；案例知识，主要指教学事件及突发事件的知识；教学隐喻和教学形象(Calderhead，1996；转引自杨翠蓉，2009)。所谓教学隐喻，是指通过某个形象化的比喻来反映出教师对于教学的认识，或者说是人们在表达教学观念时所使用的比喻(高维，2009)。比如，教师把自己看成是“园丁”、“蜡烛”或是“教书匠”等，反映了教师对自己工作的某种认识和观念。教学形象(又称教师意象，Teacher Image)类似于人们平常所说的头脑中对自己教学的朦胧的意向和体验。比如，某位教师会说自己是一个“充满活力的好教师”，这其中包含了该教师的多种体验，是其实践性知识的最好诠释。

强调实践性知识并没有排除理论知识，而是认为实践知识对教师的课堂教学更为重要，它影响着理论知识的形成和应用，支配着教师的日常教学行为。

实践性知识有以下几个方面的性质：一是经验性。实践性知识同研究者运用的“理论性知识”相比，缺乏严密性和普适性，教师的个人实践经验对其自身的教学实践有着非常重要的影响。二是情境性。实践性知识产生于特定的教学情境，受特定的教学实践问题驱动，通过分析教学中出现的问题，产生解决类似问题的方法，正是因为它来自于特定的教学情境，所以往往能用于以后类似的情境之中。三是问题性。实践性知识是围绕着教学问题而不是知识的分类来整合和组织的。把教师在教学中所应用到的各种知识分裂开来研究是无助于教师教学的，真正有益的应该是研究整合的各种教师知识(杨翠蓉，2009)。

(三)实践性知识的发展途径

对一名优秀的汉语教师来说，他总是拥有大量的有效的实践性知识，那么新手教师应该如何发展自己的实践性知识呢？反思和研究是其基本途径。

一提到研究，很多一线教师会本能地觉得这是专家的事情，与自己无关。一些研究文章或汉语师资培训教材也提出区分“教学型教师”和“研究型教师”的主张(其实还可以区分出“教学＋研究型教师”、“教学＋管理型教师”、“教学＋研究＋管理型教师”等)。可是在教师教育的领域中，“教师即研究者”已经是一个普遍的认识(崔允漷，2009)，一个只想当“教书匠”而不做研究的教师是不可能成为一名优秀教师的。要想成为一名教学上优秀的教师，同样也离不开研究。但是一线教师的研究与专家的研究在观察角度与研究方法上是有区别的。对一线教师而言，并非一定是那种由“数据驱动”的非常严格的实验研究，而是基于教学实践的，能直接推动教学和教学改革的“行动研究”模式。反思正是这种研究的基础，而研究则是教师反思的后续行动，因此反思是教师必须掌握的基本技能之一。那么如何进行反思呢？可以有以下几种方式(又可参见申继亮，2006；吕洪波，2006)：

一是课后写反思日记。课前预设的教学目标只有在课后才能看到执行得如何。如果课后不及时总结，经验就无法提炼，问题也无法解决。一位教了20年却从不反思的教师，其经验可能与只教了2年却经常反思的教师是一样的。有的教师尽管课后会思考一下，但没有及时记录下来，这些头脑中的印痕会随着时间而渐渐消失，因此我们鼓励教师通过笔头的方式把自己的反思过程记录下来，使其外在化。现在很流行的教师博客也起着同样的作用，而且由于发表在网络上，能得到更多人的回应，也有助于教师的进一步深入思考。

二是观摩与分析。教师彼此观摩课程、互相讨论是非常有效的促进教师反思的形式。教师在上课时无法对自己的即时教学行为给予评价和分析，通过在课后与同行的交流，就能够重新认识自己的教学行为，分析教学行为背后的决策理念，从而改进和提升自己的教学。观摩和分析的具体形式除了一般的课堂观察之外，还可以包括说课、集体备课、课例研究等。

三是教育叙事研究。它是“研究者以作叙事、讲故事的方式表达对教育的理解和解释。它不直接定义教育是什么，也不直接规定教育应该怎么做，它只是给读者讲一个或多个教育故事，让读者从故事中体验教育是什么或应该怎么做”（邱瑜，2003）。教师是故事的叙述者，又是故事里的角色，他可以通过叙述把自己的故事记录下来进行研究，也可以由专门的研究者记录下来进行进一步的分析研究和提炼，“它的最主要的目的是通过自我叙述来反思自己的教育生活，并在反思中改进自己的教育实践，重建自己的教育生活”（邱瑜，2003）。

第三节　教师的课堂表现

课堂是实施汉语教学的具体场所，教材和教学设计的效果，只有在课堂上才能得到体现。课堂也是教师和学生交流的主要场所，在课堂上，学生通过教师获得大量的可理解的目的语输入，并与教师和/或同学互动产生输出，教师还要协调学生的学习行为、保证语言学习的顺利进行。无论是传统的听说法，还是新潮的任务型教学，都把课堂教学作为其中心环节。在总体设计、教材编写、课堂教学和测试评估四大教学环节中，课堂教学居于核心地位。因此，教师在课堂上的具体表现对于学生的学习有着决定性的作用。

一　教师的角色定位

近年来随着人们越来越强调在语言学习中学生的主观能动性，越来越突出课堂的交际性和互动性，教师已不再仅仅是知识的传授者和课堂的主宰者。语言教学逐渐走向以学生为中心、以交际活动为主的教学模式。教师被赋予多种新的角色。而且随着教学活动及教学目的的变化，教师的角色也会发生相应的变化，在不同的教学活动中往往扮演着不同的角色。因此，我们把新型汉语课堂教学中教师的角色定位于：

（一）导演：教师是课堂教学活动的设计者和组织者

为了保证课堂教学的效果，教师必须根据教学目标设计形式多样的课堂活动。而这些课堂活动必须能充分调动学生的学习兴趣并保证教学目标的实现。从某种意义上说，学习最好的刺激，就是学习者对所学材料，包括根据这些材料所设计的各种活动的兴趣。为了激发起并且保持住学生学习汉语的兴趣，教师必须根据不同的教学要求设计出贴近学生现实和生活的问题，组织丰富的课堂活动。不管是何种教学法，教师都需要像导演一样进行教学设计。

（二）推手：教师是学生学习的推动者

教师作为学生学习的推动者，其基本含义是指教师是学生学习能力的培养者。现代语言教学观认为教师是学生学习的咨询者和信息提供者，但不是学生知识的唯一来源，他们获得有关语言学习相关信息的渠道很多。教师不仅要传授现成的教科书上的内容，同时也要指导学生懂得如何获取自己所需要的知识，掌握获取知识的工具以及学会处理各种信息的方法以推动学生的自我学习。教师应把教学的重心放在如何促进学生"学"上，从而真正实现教的目的是为了不教。

（三）朋友：教师是学生学习的助手

在汉语教学过程中，存在着影响学习的各种因素，学习者会出现烦躁不安，甚至焦虑沮丧等现象。教师作为教学活动的组织者，应注意对学习者情感因素的了解和理解。在教学活动中，教师应遵循"多鼓励、少批评"的原则，对学生的参与给予肯定和赞许，帮助学生获得汉语学习的自我成就感，消除心理障碍和文化隔阂，树立自信心。朋友是倾听者，也是打气加油者，朋友的鼓励会增强学习者继续学习的信心和勇气。作为一个以汉语为母语的朋友还应起到帮助学习者的作用。当学习者在汉语学习中遇到困难时，无论是在课内还是在课外，教师作为朋友都要能够帮助他们克服困难，坚持学习。双向的平等的交流是非常重要的。

二　教师的教态

（一）教师的仪表和风度

成年学生上课穿衣通常五花八门，一般不会统一着装，即使是“奇装异服”也不足为怪；但中小学生或有不同，比如，在泰国中小学生不仅上课要求着装统一，连每天的颜色也有规定。有些教师认为，仪表、衣着等是个人的私事，可以无所谓或“我行我素”。然而我们发现，大部分学生对教师的着装还是有一定的要求的。他们希望教师的着装应该整洁、大方，甚至朴素，在他们心中，也有着对教师的“刻板印象”。我们认为教师可以适当化妆修饰，但不应浓妆艳抹，过于出奇、新潮或者性感。教师在仪表体态方面给学生的印象有时决定了他/她能否得到学生的尊重和好感、能否在学生中获得威信，尽管教师的威信常常是与他/她的教学效果密切相关的。教师的风度主要跟教师的性格、风格和喜好有关，当然也跟长相有一定的关系，但教师的气质是起主要作用的，用句俗话说，教师在教室里就应该“站有站相，坐有坐相”。试想，一个着装整洁、充满激情的教师和一个邋里邋遢、委靡不振的教师，学生会更喜欢哪个？

【案例 4】

美国某大学来华暑期研修项目对教师着装的要求摘录：

1.女教师可化淡妆、不得化浓妆。

2.女教师不可穿吊带衫和热裤上课。

3.男教师不可穿圆领 T 恤上课。

4.男教师不得留长发。

（二）教师的眼神

1.眼神在语言教学中的作用。

有经验的教师常常会利用眼神和学生进行无声的交流以缩短师生之间的心理距离。眼神在教学过程中具有多种作用：

一是利用目光进行管理。在课堂上，教师用目光可以调整学生的注意力。对专心听讲的学生用热情的目光加以鼓励，表示教师满意的心情；对注意力不集中、做小动作或窃窃私语的学生，教师可用告诫（严肃带有提醒）的目光注视几秒钟，待双方目光接触、学生有所反应以后再移开，这样既起到了警示的作用，又保护了学生的自尊心。

二是利用目光巡视课堂。教师一般比较容易关注前排的学生，而忽视坐在后排或角落中的学生。尤其是当班级较大，而有些学生又很活跃（教师愿意与他们产生互动和语言上的交流）的课上，这些"教学死角"中的学生很容易成为被教师遗忘的一群，与教师产生情感隔阂。因此教师要用亲切的目光主动地捕捉每一位学生的视线，让学生觉得教师意识到了自己的存在，进而得到鼓励和信任。教师利用目光巡视，也可以及时发现学生的动态，让他们都参与到教学活动中来。

三是利用目光鼓励和支持有困难的学生。由于学生的文化背景和个性差异，有的学生在语言课上表现得非常积极，无论是回答问题还是提问总是抢着说，而有的学生却"安静"得出奇，这种安静可能是由于性格造成的，也可能是因为有学习上的困难。教师一定要用期盼和鼓励的目光告诉这些学生"你行的"、"你可以的"，给学生以克服困难的信心。

2.教师该怎么"看"。

【案例5】

专家的听课记录：

今天是实习教师试讲，发现他们的目光存在三个问题：一是看门口或窗外；二是盯着天花板看；三是只低着头看教材或面向黑板讲课。这主要是因为新教师缺乏自信心，比较胆小，所以会不敢用目光接触学生，这样是不可能组织好课堂教学的。

我给了实习教师一些建议：除了事先认真备好课外，不妨提前一点儿时间走进教室，让紧张的心先跳起来。在讲台上做些相关准备，用自己的眼光熟悉一下这陌生的环境。看看自己的学生，跟他们多来点儿目光接触，或干脆走到他们中间，与他们相视而谈。这样一来，等到上课时心情已渐趋平静。若遇反复，可再用一些方法进一步消除紧张，如控制好开口讲话的时间和速度，不要过快，在外部表现不明显的前提下做点儿深呼吸。目光的投放点也要注意。

课堂上，教师要有一个合理的目光分配。既不要只盯住某几位同学，使其如坐针毡，也不要一直游移不定或看着天花板，使学生以为你心绪不宁，分散了听课的注意力。合适的做法是把目光的中心放在前几排（比如第三排左右）的位置，并兼顾其他（环视）。要特别注意使自己的目光与全班学生的目光保持"对流"，以便随时调控，并发出想要的"指令"。从而真正使教师的目光变成课堂气氛和学生情绪的"控制中枢"。

有的教师上课时一直坐着（这本身就有问题），眼睛一直盯着课本或教案，很少看学生，这种缺乏情感交流的氛围，容易使学生分神，甚至造成课堂的混乱。学语言主要是为了交际，因此语言课应该是生动活泼、师生互动的，这其中也包括目光的交流。教师要深钻教材，对教案娴熟于心，这样，走上讲台才可能放开课本与教案，而把目光全部投向学生。

提问和课堂讨论时，教师应采用不同的目光交流。对被叫到回答问题的学生，教师应以信任的目光和亲切的微笑相对。这样，可在相当程度上缓解学生的紧张，使他们充满信心，大胆回答。当学生回答不畅时，教师绝对不可以用不耐烦的目光，而要用期待、鼓励的目光，使学生用心思索，力求回答准确。如果学生的回答错了，教师的目光可以是宽容、安抚和惋惜，但不是埋怨和指责，让学生难堪。在进行课堂讨论时，学生难免会出现与教师不同的想法，这时从教师的目光中应该看到的是民主和开放的态度，鼓励学生自由地发表意见。对提问题的学生，教师切忌以厌烦或不以为然的目光相对，而应报以高兴、宽容的目光，努力培养学生用汉语主动提问和表达意见的习惯和能力。

（三）教师的手势和身势动作

手势和身势是指用手和身体的动作及造型来传递信息（表情达意）的非言语行为（体态语）。它在人们的社会交往中被广泛地使用，教学活动也不例外。

在实际的语言教学中，手势与身势动作是教师运用很广泛、很频繁的一种教学手段，教师在运用过程中应当努力遵循以下原则：

一是自然而不做作。教师的手势及动作等应当是在教学中自然流露出来的，尽管不排除经过一定的练习和训练，但应该给人以自然而非做作的感觉。

二是因人而异。一个教师究竟应该采用哪些手势与动作最为合适，还要考虑自身的条件和个性。比如，男教师的手势与动作比较刚劲有力，幅度可能较大；女教师的手势与动作就比较柔和、细腻、舒缓，幅度较小。就年龄而论，年纪大一些的教师手势与动作可能比较精细入微、稳健庄重；中青年教师的手势与动作或许就比较夸张，轻快活泼。另外，教学对象的因素也要考虑。

【案例 6】

陈老师：我在 UVA 的时候用了梁老师教我们的手势，就是一个手伸出去，表示"请你回答"，两个手一起伸出去表示"请大家一起说"。那个时候 UVA 都要求手势幅度挺大的，UVA 学生都习惯了，倒也没什么。可是我后来到了 CIEE 教汉语，用这个手势的时候，学生们都笑了，他们觉得太做作了。他们以前的中文老师没有用过这样的手势，我也觉得有点儿夸张，所以后来我的手势幅度就小点儿了。

访问者：你还用吗？

陈老师：对，还用，就是没那么吓人了，比方说，手势的位置低一点儿。

三是应当避免不雅的手势与动作。有的教师上课时会不自觉地出现些小动作，如挖鼻子、抖腿之类，这都是应该避免的。

总之，保持良好的教态是教师取得学生信任和尊重、顺利开展教学活动的重要条件之一。教师的课堂表现，除了要给自己的角色定好位，并具有良好的教态以外，还有两个重要的方面：一是教师的语言。教师在课堂上说什么、怎么说。二是教师的课堂应变能力。当课堂上发生了非预设事件或者说偶发事件时，教师该如何应对。关于教师的语言，可以参见第七章；至于教师的课堂应变能力，可以参见第八章。

第四节　教师个性化教学模式的建立

在进入本节内容之前，我们先来看看一位新教师的困惑。

【案例 7】

小张是一个刚刚走上工作岗位的汉语教师。学校安排李老师作为他的师傅，跟小张“一对一”结对子。教学中心主任语重心长地对小张说：“我们给你安排的这位李老师，可是我们中心出名的教师，他的初级口语课教学可是全国闻名的。你好好下工夫，跟老师学习几年。把他的本领都学会。”小张下定决心，一定要把李老师的教学方法和特色学到手。他仔细听李老师的每一节课，认真记录下李老师说的每句话。然后把同样的方法运用到自己的课堂上。可是学生对自己的评价总是不如李老师高。而且，小张觉得也很难做到跟李老师完全一样：李老师能歌，常常带同学们一起唱中国歌，学生都很喜欢。可是小张从小就是个五音不全的人，唱歌跳舞都不行。小张觉得，自己是无论如何也达不到李老师的高度了，可是自己到底应该怎么努力呢？

一　个性化教学模式及其类型

（一）什么是个性化的教学模式

如果我们仔细观察，会发现优秀的汉语教师在教学中都带有自己的特点和个性，或幽默，或沉稳，或活泼，或睿智，等等。简言之，他们的教学带有明显的个人风格，体现出自己鲜明的特色，我们称之为“个性化的教学模式”。这些个性化模式体现了教师的教学思想和理念，是教师的教学态度、教学方法、教学语言、个人气质与修养等一系列内在与外在因素的综合表现，是教师自己在长期的教学实践中逐步形成的。这种个性化的教学模式有以下特点：一是艺术性。指教师在教学过程中各种教学技巧（如导入、提问、纠错、归纳等）运用得恰到好处，给人一种和谐流畅、一气呵成的感觉，充满着艺术感染力。二是创造性。指教师在教学内容的处理、教学方法的选择和教学活动的组织上具有独特之处，充分反映了教师个人的创造性。三是特长。指教师的个性及后天所学专长的展示。有的教师天性幽默，有的教师广见博学、阅历丰富，有的教师风度翩翩，有的教师能歌善舞，总之在教学过程中，教师能以其个性和专长充分展示个人魅力，吸引学生。这是形成个性化教学模式的一个重要因素。四是实效性。指这种个性化的教学模式，尽管各不相同、各有特色，但对学生语言能力和交际能力的培养都是行之有效的，可谓“条条大路通罗马”。

（二）个性化教学模式的类型

在汉语教学中，常见的个性化教学模式有以下几种类型：

一是自然型。比如，倪老师上课的最大特点是亲切自然、朴实无华。她虽然讲课声音不高，但神情自若，情真意切，师生在一种平等、协作、和谐的气氛下互动交流。倪老师的课堂提问总是能针对每个学生的具体情况，让他们都有话可说；而对学生的提问也总是不厌其烦地解答。她有涵养，但不显山露水，让学生觉得可亲可爱，就是愿意跟她学。

二是激情型。比如，史老师讲课情绪饱满、嗓音洪亮，极富激情和感染力，很能抓住学生。课前精心准备，整个教学过程节奏流畅，给人一气呵成之感。让人印象深刻的是在句型操练的提问中，史老师的问题一个接着一个，而每个问题之间的过渡都非常自然。史老师上课从来不看课本，因为课本的内容已经熟记于心。师生之间的互动看起来更像是一种家庭成员之间的聊天。在史老师带领下，全班学生聚精会神，共同营造出积极学习的课堂气氛。

三是幽默型。比如，顾老师上课的最大特点是妙语连珠、机智诙谐。无论是例句的选择还是问题的设计，都融入了精心设计的幽默，常引起学生会心的微笑。在这种课堂氛围中，学生心情舒畅，乐于学习，在轻松愉快的笑声中获得语言能力。传统枯燥的机械模仿训练在他这里似乎也不再那么无聊。学生的学习积极性和主体意识得到充分发挥。当顾老师宣布下课的时候，同学们最常说的话就是：“啊，已经下课了呀！时间过得好快呀！”

四是技巧型。比如，金老师上课的最大特点就是充满机智，各种教学方法技巧可信手拈来，运用自如。各种教学活动设计巧妙，并不带有丝毫雕琢的痕迹。在词汇和语法训练中，所设计的例句和提问总是能自然地引导出学生话语，充分体现出他对学生的透彻了解、对教学方法的合理运用和对教学重点、难点的准确把握。

五是才艺型。比如，杨老师不是汉语教学专业出身，而是学习戏剧艺术的。多年来她除了努力学习汉语知识和语言教学理论以外，其上课的最大特点是能把表演艺术非常自然地结合到教学中来，她常用动作表情手势眼神来帮助学生理解词语和课文的意思。标准的发音、演员的气质、小小的节目总是能吸引住学生，让学生跟着她学。同时其艺术专长又能补语言知识和外语能力方面的“拙”。

二 个性化教学模式形成的过程

个性化教学模式的形成不是一蹴而就的，它是在长期的教学实践过程中逐渐形成，并不断加以巩固和完善的。一名教师从开始执教到逐渐成熟、最终形成自己独特的教学模式，一般要经历模仿、独立、个性化和形成四个阶段(王铭玉、贾梁豫，1999)。

(一)模仿阶段

学习模仿优秀教师的教学是教师形成自己独特教学模式的必由之路，是前提。特别是那些刚走上教学岗位从事汉语教学的新教师，教学经验不足、对课堂教学的规律和学生的学习特点还处于摸索、了解和认识的阶段，更需要虚心学习和模仿。在这个阶段，教师逐步了解和掌握汉语作为第二语言/外语教学的一般特点、规律和操作规范等，学会运用基本的教学技能，从而为未来的发展打下一个扎实的基础。

但是新教师不能单纯模仿，要认真思考和分析其他教师在教学行为背后的教学理念和教学决策，坚持“拿来主义”、“为我所用”的原则，既要模仿、借鉴他人经验，同时也要结合自己的实际，吸收适合自己特点的有益的“内核”，并且在实际教学中不断发现和总结经验和教训。一般来说，刚踏上工作岗位的新教师，年轻而有活力，对教学充满了向往，与学生沟通没有太多的拘束，乐于学习各种新的教学方式和教学手段，这些都是新教师在这个阶段可以充分利用的优势。

学习模仿阶段对汉语教师的未来发展有重要的意义。如果没有一定的教学规范“垫底”，没有老教师作为榜样，年轻教师可能会走不少弯路，不利于他们形成自己的个性化教学模式。

（二）独立阶段

随着教育经验的不断积累，各种教学技能逐步完善，实践性知识逐步增加，教师在追求教学目标实现的同时，个人关于教学的想法也会越来越多，教师思维的敏捷性、灵活性增强，教学个性特征开始外露。教师在课堂教学中开始摆脱模仿的束缚，步入独立阶段。教师在教学过程中开始较多地关注自己所感兴趣的教学问题，从而逐步形成自己的思考热点和追求目标。

在这个阶段，教师对别人的经验已经不是采取完全模仿和接受的态度，而是根据自己的需求和理解，有选择地加以吸收，尤其是会把他人的经验有改造地吸收到自己的教学经验体系中来，把它们有机地融合起来。由于教师开始不满足于自己已有的教学经验和模仿学来的教学方法，头脑中常常会出现一些新的教学设想，并且会有意识地在教学实践中尝试。随着实践的深入，教师会根据自己的兴趣和所关注的问题，有意识地搜集相关资料进行学习，经过不断探索，逐步构建自己特有的知识体系并尝试形成自己的教学风格。

这一阶段是教师个性化教学模式发展的关键时期。而在其中，教师的思考具有重要的意义，它能够帮助教师成长。如果教师的反思比较深入，它的个性化教学模式的出现就会比较早，反之则晚，甚至不会出现。

（三）个性化阶段

个性化教学模式的形成过程就是教师不断总结教学经验和教训，提高自己的教学技能，并把自己的个性和专长逐步融入教学，发展创新的过程。教师只有在不断学习、思考、探索、创新的过程中，个性化模式才可能形成。而这种形成并不意味着从一开始教师的个性化特点就贯穿在教学的各个环节，它是逐步发生的。

在教师个性化教学模式形成的初期，教师可能只是在教学的某些方面显示出明显的个性与优势，形成某些教学强项，并获得显著的教学成效，得到广大师生的认可。比如，大家公认某位教师的词汇教学设计非常巧妙、某位教师的口语活动组织得很好、某位教师串讲课文非常有特色等。

在这个阶段，教师对某些教学问题已有自己独到的看法和见解，能用相关的理论对自己的实践行为加以解释和说明，同时也能够从理论的高度来审视和反思自己的实践行为。他们个人的“教学理论”开始形成，并且能够结合自己的特长，按照自己的教学理念设计与组织教学活动，在教学活动中常常会表现出独特的思路和方法。

（四）形成阶段

在这一阶段，教师个性化的教学模式已经基本建立起来。在教学的各个环节都带有个人的典型特点，并且稳定下来，显示出与众不同的特色。在教与学的规律指导下，教师能和谐恰当地把课堂教学的科学性和艺术性完美地结合起来，教学效果与质量不断提高。教师对自己个性化的教学模式也有了更加理性的认识，能从学习理论、教学理论等方面对自己的教学模式进行论述。

教师的教学从“无风格”到“有风格”，从模仿到充满个性，总要经过循序发展的阶段。在这个过程中，教学的模仿性越来越少，而个性成分越来越多。待自己的教学个性发展到一定程度，呈稳定状态时，也就标示着具有自己教学风格的个性化教学模式的形成。

【案例 8】

罗老师是一位优秀的汉语教师，她回顾自己的教学生涯觉得有这样几个事件是印象比较深刻的：

我刚大学毕业就开始教中文，那个时候根本不知道怎么教中文，完全是瞎教。后来我参加了一个学校的短期中文教学的岗前培训。他们有比较统一的教学规范和要求。我就按照他们的要求去做。那个时候他们还拍录像，把我们的教学动作全部都拍下来。在录像里看到自己的教学，才发现自己有很多不好的动作和习惯。

慢慢地我开始认识到，那个学校的教学方法是不错，但也需要改进，所以我就跟另一位老师结合学生的特点，研究出“互动式”的教学方法，既可以用于一对一教学，又可以用在班级教学，教学效果很好。可是，“互动式”对学生预习的要求比较高，对短期强化班很好用，可是在日常教学中，学生普遍没有很好的预习习惯，所以我又想出了“学习单”的做法，来改进学生的预习。我还专门写了一些论文，介绍自己的做法，并利用这些方法来培训我们学校的新教师。

三　如何形成自己的个性化教学模式

（一）以专业化的精神对待汉语教学工作

我们不能把汉语教学仅仅看成是一个人人可干的“差事”，而应视为一种专业性很强的工作，甚至是终身的职业。每一位汉语教师不仅要遵守职业规范，而且要有专业的知识、技能和“乐教”的精神，以积极的态度从事日常的教学工作，并享受由教学带来的成就和快乐。专业化的精神会促使教师对教学事业的追求，而乐教、爱教又能化为一种前进的动力，促进教学相长，形成良性循环。在专业化的三要素（专业知识、专业技能、专业情意）中，专业情意是教师个性化教学模式形成的主观动力，专业知识和专业技能是形成的条件。

（二）掌握教学的基本规律，苦练教学基本功

语言教学有其自身的规律和规范，汉语作为第二语言/外语教学也是如此，它是由科学的理论体系和教学规律来支撑的，而教学规律对教师的教学行为是有制约作用的，我们不能为了构建自己的个性化教学模式而违背教学规律。掌握并且遵循教学规律，再充分发挥主观能动性和个性，才能随心所欲而不越“法度”，即孔子所说的“从心所欲不逾矩”，形成自己的教学风格和模式。

过硬的教学基本功是教师追求个性化教学模式的前提。无论遵循哪种教学理论或教学法，教师都必须有过硬的课堂教学基本功，因此，对于刚入行的新教师来说，不要急于想创建自己个性化的教学模式，而应首先刻苦锻炼教学基本功，熟悉和掌握汉语教学的基本规律和操作规范。正如一个演员，要想把戏演好，使人受到教育和艺术感染，就一定要有一身过硬的唱、念、做、打基本功。有了过硬的教学基本功，并且掌握了汉语教学的基本规律，才谈得上去形成自己的个性化教学模式。

（三）注意扬长避短，发挥个人优势

汉语教师在追求个性化教学模式的道路上，应该注意从自身实际出发，扬己所长，发挥优势，独辟蹊径，“八仙过海，各显神通”。个性化教学模式都有自己的特色，可这些不同的风格和方法，都是与教师的个人特点紧密结合的，都是教师经过教学实践的检验而逐渐总结形成的。因此，我们要有清醒的自我意识，了解那些属于自己而异于别人的生理特征、性格特点、能力系统、思维品质、个性倾向、审美情趣等，有意识地在此基础上建构自己的个性化教学模式。

（四）要把学习与创新结合起来

为了形成自己的教学模式，学习和模仿是必需的，但是我们在学习和吸收其他教师的先进经验和方法时，同样要考虑其实用性和适用性。齐白石说“学我者活，似我者死”，每个教师的经验都是其实践性知识的总结，并非放之四海而皆准的真理。我们要学习的不仅仅是其他教师的具体做法，而且要分析他们解决问题的思路和策略。这样才能把其他教师的经验和方法与自己的教学实际结合起来，逐步形成自己的个性化教学模式。切忌邯郸学步、亦步亦趋。汉语教学是科学，也是艺术，教师只有在吸收前人经验的基础上超越前人，不断创新，才能形成自己的教学模式。

（五）要有勇于尝试和改革的意识和勇气

教师要创造出自己的个性化教学模式，需要进行一定的教学实践和实验，因为教师只有通过对各种类型的教学方式的尝试、总结和比较，才能了解不同教学模式的教学效果和自己的适应程度。因此，保持开放的心态，注意学习和吸收各种新的教学手段和方法，开展必要的教学实验研究，在不断的探索中总结和发展出自己教学的特色和风格。

个性化教学模式的形成不是一天两天就能完成的，但它是一个汉语教师走向成熟的标志。

思考

1. 在你的求学生涯中一定遇到过很多好教师，请归纳一下这些好教师的共同特点，并分析他们的成功之处。

2. 在讨论教师的基本素质时，很多研究都提到以下的个性特征：有亲和力、性格开朗、幽默、乐观、外向型性格等。那么是不是意味着性格内向、不够幽默的人就没有机会成为一名优秀教师呢？

3. 很多汉语新教师在参加工作以后，觉得在学校里教授教学技巧和方法的课程特别有用，而理论类课程对教学帮助不大，他们甚至提出“学理论是浪费时间”的看法。请从教师发展的角度来谈谈理论学习的作用和意义。

任务

1. 你是否给留学生上过课或做过辅导？如果有这样的经历，请给自己的教学写一份反思报告。如果没有这样的经历，请你去听一次别的教师的课，写一份听课后的感受。

2. 对照《国际汉语教师标准》，看看自己在哪些方面做得不错，在哪些方面离《标准》的要求比较远，为自己后续的学习或职业发展制订一个有针对性的计划与目标。

3. 教师上课需要学生配合，可学生普遍没有很好的预习习惯。在教师中做一个小调查，了解教师们是通过什么手段来培养学生的预习习惯的。你自己觉得有其他好的方法吗？

参考文献

ACTFL. (1999) *The ACTFL Proficiency Guidelines—Speaking*. NY: ACTFL Inc.

Anthony, E. M. (1963) Approach, Method and Technique. *English Language Teaching* 17 : 63—67.

Calderhead, J. (1996) Teachers: Beliefs and Knowledge. In R. Calfee, D. Berliner. *Handbook of Education Psychology*. New York: Macmillan Library Reference.

Canale, M. (1983) On Some Dimensions of Language Proficiency. In J. Oller (ed.), *Issues in Language Testing Research*. Rowley, Mass: Newbury House.

Canale, M. and M. Swain. (1980) Theoretical Bases of Communicative Approaches to Second Language Teaching and Testing. *Applied Linguistics*, 1 (1), pp.1—47.

Chaudron, C. (1988) *Second Language Classrooms: Research on Teaching and Learning*. Cambridge: Cambridge University Press.

Chinese Language Association of Secondary-Elementary Schools (CLASS) (2007) *CLASS Professional Standards for K-12 Chinese Language Teachers*, National East Asian Languages Resource Center, The Ohio State University.

Chomsky, N. (1965) *Aspects of the Theory of Syntax*. M.I.T. Press.

Conseil de l'Europe(2001) *Cadre Européen Commun de Référence Pour les Langues: Apprendre, Enseigner, Évaluer*. Paris: Didier.

Cook, V.(2001) Using the First Language in the Classroom. *Canadian Modern Language Review*, 57(3).

Council of Europe.(2001) *Common European Framework of Reference for Language: Learning, Teaching, Assessment*. Cambridge: Cambridge University Press.

Cunningsworth, Alan.(2002) *Choosing Your Coursebook*. 上海外语教育出版社。

Ellis, R.(1985) *Understanding Second Language Acquisition*. Oxford: Oxford University Press.上海外语教育出版社,1999。

Ellis, R.(1994) *The Study of Second Language Acquisition*. Oxford: Oxford University Press. 上海外语教育出版社,1999。

Ellis, R.(1997) *Second Language Acquisition*. Oxford: Oxford University Press. 上海外语教育出版社,2000。

Elvira Swender(1999) *ACTFL Oral Proficiency Interview Tester Training Manual*. NY: ACTFL, Inc.《口语能力测试——测试员培训手册》(未正式发表),柯传仁、孔玫译,2002。

Hadley, A.O.(2004) *Teaching Language in Context*. 何向明导读,外语教育与研究出版社。

Harmer, J.(2003) *The Practice of English Language Teaching*, Pearson Education North Asia Limited and World Affairs Press.

Hymes, D.(1972) On Communicative Competence. In J. B. Pride & J. Holmes (eds.). *Sociolinguistics*, pp. 269－293. Harmondsworth: Penguin.

Hymes, D. H.(1974) *Foundations in Sociolinguistics: An Ethnographic Approach*. Philadelphia: University of Pennsylvania.

Isabelle Rabut, Wu Yongyi & Liu Hong.(2003) *METHODE DE CHI-*

NOIS Premier Niveau. Langues & Mondes-l'Asiathèque.

Joel Bellassen & Zhang Pengpeng.(1989) *Méthode d'Initiation à la Langue et à l'Ecriture chinoises*. La Compagnie.

Kramsch, C.(1999) *Context and Culture in Language Teaching*. 上海外语教育出版社。

Krashen, S.(1981) *Second Language Acquisition and Second Language Learning*. Oxford: Pergamon Press.

Krashen, S.(1982) *Principles and Practice in Second Language Acquisition*. Oxford: Pergamon Press.

Krashen, S.(1985) *The Input Hypothesis: Issues and Implications*. London: Longman.

Krashen, S.(1989) We Acquire Vocabulary and Spelling by Reading: Additional Evidence for the Input Hypothesis. *Modern Language Journal*, 73 : 440—64.

Larsen-Freeman, D. & M. Long.(1991) *An Introduction to Second Language Acquisition Research*. London: Longman. 外语教学与研究出版社，2000。

Laufer, B.(1991) The Development of L2 Lexis in the Expression of the Advanced Learners. *Modern Language Journal*.(75)

Marckwardt, A.H.(1963) *English as a Second Language or English as a Foreign Language*. PMLA 78 : 25—8.

McDonough, Jo & Shaw, Christopher.(2004) *Materials and Methods in ELT— A Teacher's Guide*.北京大学出版社。

Monique Hoa.(1999) *C'est du Chinois*. Editions You-Feng, Libraire Editeur.

Nunan, D.(1988) *Syllabus Design*. Oxford: Oxford University Press.

Paulston, C.B.(1974) Implications of Language Learning Theory for Language Planning:Concerns in Bilingual Education. Papers in *Applied Lin-*

guistics: *Bilingual Education Series 1*. Arlington Va: Center for Applied Linguistics.

Richards, J.C. & Rodgers, T.S.(1986) *Approaches and Methods in Language Teaching*. Cambridge: Cambridge University Press.《语言教学的流派》,外语教学与研究出版社,2000。

Richards, J.C. & Rodgers, T.S.(2001) *Approaches and Methods in Language Teaching. Second edition*. Cambridge: Cambridge University Press.

Stern, H.H.(1983) *Fundamental Concepts of Language Teaching*. Oxford: Oxford University Press. 上海外语教育出版社,1999 年。

Tao-chung Yao & Yuehua Liu.(2005) *Integrated Chinese* (*Second Edition*). Cheng & Tsui Company, Boston.

Vygotsky, L.(1978) *Mind in Society*: *The Development of Higher Psychological Processes*. Cambridge, MA: Harvard University Press.

Wells, G.(1999) Using L1 to Master L2: A Response to Anton and DiCamilla's "Socio-cognitive Functions of L1 Collaborative Interaction in the L2 Classroom."*Modern Language Journal*, 83(2), 248—254.

White, R. V.(1988) *The FLT Curriculum*. Oxford: Blackwell.

Wilkins, D. A.(1976) *Notional Syllabuses*. Oxford: Oxford University Press.

Willis, J. & D. Willis(1996) *Challenge and Change in Language Teaching*. Macmillan Heinemann.

艾森克、基　恩　《认知心理学》(第四版),高定国等译,华东师范大学出版社,2004。

白乐桑　《汉语教材中的文、语领土之争:是合并,还是自主,抑或分离?》,《世界汉语教学》1996 年第 4 期。

白乐桑　《学汉语不光是学一门语言》,《汉语世界》2006 年第 1 期。

白乐桑、张　丽　《〈欧洲语言共同参考框架〉新理念对汉语教学的启示与推动——处于抉择关头的汉语教学》,《世界汉语教学》2008年第3期。
卜皑莹、田 军 《中西文化对比在初级汉语教学中之应用》,《第九届国际汉语教学研讨会论文选》,高等教育出版社,2010。
陈 莉 《试论教学模式的建立及意义》,《北大海外教育》第1辑,北京大学出版社,1997。
陈贤纯 《对外汉语中级阶段教学改革构想——词语的集中强化教学》,《世界汉语教学》1999年第4期。
陈贤纯 《强化教学:提高效率之路——〈汉语强化教程〉的编写与实验》,《语言教学与研究》2005年第6期。
陈永明等 《教师教育研究》,华东师范大学出版社,2003。
程晓堂 《任务型语言教学》,高等教育出版社,2004。
褚远辉、辉进宇 《谈当代教学模式的发展趋势》,《教学与管理》2003年第22期。
崔永华 《基础汉语教学模式的改革》,《世界汉语教学》1999年第1期。
崔永华 《对外汉语教学设计导论》,北京语言大学出版社,2008。
崔永华、杨寄洲 《汉语课堂教学技巧》,北京语言文化大学出版社,2002。
崔允漷主编 《有效教学》,华东师范大学出版社,2009。
杜玲玲、程伟民 《从佟秉正主编的〈汉语口语〉看教材编写的趣味性》,《国外汉语教学动态》2004年第1期。
范梅南 《教学机智——教育智慧的意蕴》,李树英译,教育科学出版社,2001。
方欣欣 《汉语口语课本题材内容可行性的抽样调查》,《汉语学报》2000年下卷。
方绪军、杨惠中、朱正才 《制定全国统一的语言能力等级量表的原则与方法》,《现代外语(季刊)》2008年第4期。
高 维 《教学隐喻的分类刍议》,《教学月刊(中学版)》2009年第9期(下)。
高 越 《非英语专业大学生词汇策略研究》,《国外外语教学》2004年第3期。
高兰生、陈岳辉 《英语测试论》,广西教育出版社,1996。

郭 熙 《"对外汉语学"说略》,《汉语学习》2004 年第 3 期。
郭彩琴 《挑战与选择:跨世纪的教师素质结构的重组》,《江海学刊》1998 年第 6 期。
郭晓冬 《汉语作为第二语言语法教学的 PPP 模式和 PACE 模式的对比研究》,华东师范大学硕士学位论文,2011。
国家汉办 《高等学校外国留学生汉语言专业教学大纲》,北京语言文化大学出版社,2002。
国家汉办 《高等学校外国留学生汉语教学大纲(长期进修)》,北京语言大学出版社,2002。
国家汉办 《高等学校外国留学生汉语教学大纲(短期强化)》,北京语言大学出版社,2002。
国家汉办 《国际汉语能力标准》,外语教学与研究出版社,2007。
国家汉办 《国际汉语教师标准》,外语教学与研究出版社,2007。
国家汉办 《国际汉语教学通用课程大纲》,外语教学与研究出版社,2008。
国家汉办汉语水平考试部 《汉语水平词汇与汉字等级大纲》,北京语言学院出版社,1992。
国家汉办汉语水平考试部(刘英林主编) 《汉语水平等级标准与语法等级大纲》,高等教育出版社,1996。
韩龙淑 《当前教学模式研究中面临的问题及其思考》,《教育理论与实践》2006 年第 2 期。
郝志军、徐继存 《教学模式研究 20 年:历程、问题与方向》,《教育理论与实践》2003 年第 12 期。
何克抗 《建构主义的教学模式、教学方法与教学设计》,《北京师范大学学报(社会科学版)》1997 年第 5 期。
何克抗等 《教学系统设计》,北京师范大学出版社,2002。
胡明扬等 《对外汉语教学中语汇教学的若干问题》,《语言文字应用》1997 年第 1 期。
胡裕树主编 《现代汉语》(增订本),上海教育出版社,1981。

怀特海 《教育的目的》,徐汝舟译,生活·读书·新知三联书店,2002。
黄 立、钱旭菁 《第二语言汉语学习者的生成性词汇知识考察》,《汉语学习》2003年第1期。
黄荣荣 《Tutorial 汉语远程教学模式中的教学》,《云南师范大学学报(对外汉语教学与研究版)》2005年第5期。
黄晓颖 《对外汉语课堂教学艺术》,北京语言大学出版社,2008。
加 涅 《学习的条件和教学论》,皮连生等译,华东师范大学出版社,1999。
加 涅等 《教学设计原理》,皮连生等译,华东师范大学出版社,1999。
江 新 《汉语作为第二语言学习策略初探》,《语言教学与研究》2000年第1期。
姜丽萍主编 《教师汉语课堂用语教程》,北京语言大学出版社,2006。
姜丽萍主编 《对外汉语教学论》,北京语言大学出版社,2008。
教育部师范教育司 《教师专业化的理论与实践》,人民教育出版社,2003。
金立鑫主编 《对外汉语教学虚词辨析》,北京大学出版社,2005。
金立鑫 《"教师、教材、教法"内涵和外延的逻辑分析》,《语言教学与研究》2009年第5期。
柯彼德 《汉语作为外语教学的语法体系急需修改的要点》,《第三届国际汉语教学讨论会论文选》,北京语言学院出版社,1991。
柯传仁、柳 明 《介绍一种中文口语能力考试——OPI》,《语言教学与研究》1993年第2期。
莱 夫、温 格 《情景学习:合法的边缘性参与》,华东师范大学出版社,2004。
黎天睦 《北京语言学院汉语教材简评》,《现代外语教学法——理论与实践》,北京语言学院出版社,1987。
李 泉 《论对外汉语教材的趣味性》,《中国对外汉语教学学会第七次学术讨论会论文选》,人民教育出版社,2002。
李 泉 《论第二语言教材评估》,《汉语研究与应用》第1辑,中国社会科学出版社,2003。

李　泉　《论对外汉语教材的针对性》,《世界汉语教学》2004 年第 2 期。

李　泉、金允贞　《论对外汉语教材的科学性》,《语言文字应用》2008 年第 4 期。

李秉德主编　《教学论》,人民教育出版社,1991。

李冬耘　《学习风格与外语教学研究刍议》,《外语与外语教学》2005 年第 10 期。

李如密　《关于教学模式若干理论问题的探讨》,《课程・教材・教法》1996 年第 4 期。

李如密、刘云珍　《课堂教学中教师眼神运用艺术初探》,《天津市教科院学报》2009 年第 2 期。

李庭芗主编　《英语教学法》,高等教育出版社,1983。

李晓亮　《对外汉语教材的几个问题》,《世界汉语教学》1996 年第 4 期。

李晓琪　《现代汉语虚词讲义》,北京大学出版社,2005。

李雁冰　《简论教学模式》,《山东教育研究》1994 年第 3 期。

梁　镛、王庆云　《经贸汉语》(中级),北京语言大学出版社,2006。

林　敏、吴勇毅　《对外汉语教材评估:学习者的视角》,《汉语研究与应用》第 4 辑,中国社会科学出版社,2005。

刘　珣　《对外汉语教育学引论》,北京语言文化大学出版社,2000。

刘颂浩　《论阅读教材的趣味性》,《语言教学与研究》2000 年第 3 期。

刘颂浩　《我们的汉语教材为什么缺乏趣味性》,《暨南大学华文学院学报》2005 年第 2 期。

刘颂浩　《关于对外汉语教材趣味性的几点认识》,《语言教学与研究》2008 年第 5 期。

刘月华等　《实用现代汉语语法》(增订本),商务印书馆,2001。

柳海民　《试论教学模式》,《中国教育学刊》1988 年第 5 期。

卢福波　《对外汉语教学语法研究》,北京语言大学出版社,2004。

鲁健骥　《对外汉语教学思考集》,北京语言文化大学出版社,1999。

鲁健骥　《“对外汉语”之说不科学》,《语言文字应用》2000 年第 4 期。

鲁健骥 《口笔语分科精泛读并举——对外汉语教学改进模式构想》,《世界汉语教学》2003第2期。

鲁健骥 《澄清对外汉语教学模式演变过程中的两点重要事实》,《暨南大学华文学院学报》2009年第3期。

陆庆和 《实用对外汉语教学语法》,北京大学出版社,2006。

吕必松 《基础汉语教学课型设计和教材编写的新尝试》,《语言教学与研究》1985年第4期。

吕必松 《试论对外汉语教学的总体设计》,《对外汉语教学研究会第二次学术讨论会论文选》,北京语言学院出版社,1987。

吕必松 《对外汉语教学发展概要》,北京语言学院出版社,1990。

吕必松 《在对外汉语教学定性定位定量问题座谈会上的发言》,《世界汉语教学》1995年第2期。

吕必松 《对外汉语教学概论(讲义)》,国家对外汉语教学领导小组办公室编印(内部资料),1996。

吕必松 《语言教育与对外汉语教学》,外语教学与研究出版社,2005。

吕洪波 《教师反思的方法》,教育科学出版社,2006。

吕文华 《汉语教材中语法项目的选择和编排》,《语言教学与研究》1987年第3期。

吕文华 《对外汉语教学语法探索》,语文出版社,1994。

吕文华 《对外汉语教学语法体系研究》,北京语言文化大学出版社,1999。

吕文华 《对外汉语教材语法项目排序的原则及策略》,《世界汉语教学》2002年第4期。

罗祖兵 《生成性教学的基本理念及实践诉求》,《高等教育研究》2008年第2期。

马箭飞 《以“交际任务”为基础的汉语短期教学新模式》,《世界汉语教学》2000年第4期。

马箭飞 《汉语教学的模式化研究初论》,《语言教学与研究》2004年第1期。

欧洲理事会文化合作教育委员会 《欧洲语言共同参考框架:学习、教学、评估》，刘骏、傅荣主译，外语教学与研究出版社，2008。
潘文国 《论“对外汉语”的学科性》，《世界汉语教学》2004 年第 1 期。
彭小川主编 《现代汉语虚词探索与研究》，暨南大学出版社，2007。
乔伊斯、韦尔、卡尔康 《教学模式》（第六版），荆建华等译，中国轻工业出版社，2000。
乔玉香 《我国当代教学模式刍议》，《教学与管理》2002 年第 19 期。
邱 军 《环境、模式及其关联性分析》，《世界汉语教学》2009 年第 2 期。
邱 瑜 《教育科研方法的新取向——教育叙事研究》，《中小学管理》2003 年第 9 期。
陕倩倩 《PACE 模式在语法教学中的应用》，山西师范大学硕士学位论文，2010。
邵敬敏主编 《现代汉语通论》，上海教育出版社，2001。
申继亮 《教学反思与行动研究——教师发展之路》，北京师范大学出版社，2006。
申继亮、辛 涛 《论教师素质的构成》，《中小学管理》1996 年第 11 期。
盛 炎 《语言教学原理》，重庆出版社，1990。
史有为 《教学法和教学模式的解析与重组——兼及日本汉语教学中的相关课题》，《世界汉语教学》2008 年第 3 期。
束定芳、庄智象 《现代外语教学——理论、实践与方法》，上海外语教育出版社，1996。
宋晓梦 《是二语教学还是外语教学》，2001 年 3 月 29 日《光明日报》。
孙惠利 《目光语在教学中的妙用》，《教学与管理》2006 年第 27 期。
孙雁雁 《基于多媒体初级汉语口语课堂的“互动—理解—输出自动化”教学模式》，《长江学术》2009 年第 4 期。
谭春健 《“理解后听”教学模式探讨》，《云南师范大学学报（对外汉语教学与研究版）》2004 年第 4 期。
佟秉正 《初级汉语教材的编写问题》，《世界汉语教学》1991 年第 1 期。
王才仁 《英语教学交际论》，广西教育出版社，1996。

王红君 《"字本位"理论与对外汉语教学模式研究》,北京语言大学硕士论文,2007。
王俊菊 《外语教学法体系中的结构关系重构》,《外语教学》2004年第2期。
王铭玉、贾梁豫 《外语教学论》,安徽人民出版社,1999。
王若江 《由法国"字本位"汉语教材引发的思考》,《世界汉语教学》2000年第3期。
王若江 《对法国汉语教材的再认识》,《汉语学习》2004年第6期。
王文宇 《观念、策略与英语词汇记忆》,《外语教学与研究》1998年第1期。
王学松 《"明德模式"研究述评》,《语言文字应用》2007年第S1期。
王祖嫘 《对外汉语课堂教学语言中词语和句子的使用情况探究》,北京语言大学硕士论文,2003。
魏永红 《任务型外语教学研究》,华东师范大学出版社,2004。
吴刚平 《开设校本课程的若干问题探讨》,《教育科学论坛》2006年1期。
吴小燕 《论大学初级汉语教材文学性、思想性、趣味性与语言要点的兼顾》,《对以英语为母语者的汉语教学研究》,人民教育出版社,2002。
吴一安等 《中国高校英语教师教育与发展研究》,外语教学与研究出版社,2007。
吴勇毅 《对通用型教材的一点意见》,《华东师范大学学报(哲学社会科学版)》1993年第4期。
吴勇毅 《汉语作为第二语言语法教学的"语法词汇化"问题》,《暨南大学华文学院学报》2002年第4期。
吴勇毅主编 《对外汉语教学课堂教案设计》,华语教学出版社,2003。
吴勇毅 《听力理解与汉语作为第二语言(CSL)的习得》,《对外汉语研究的跨学科探索》,北京语言大学出版社,2003。
吴勇毅 《对外汉语教学探索》,学林出版社,2004。
吴勇毅 《从任务型教学反思对外汉语口语教材的编写》,《国际汉语教学动态与研究》第3辑,外语教学与研究出版社,2005。
吴勇毅 《从交际语言教学到任务型语言教学》,《对外汉语研究》第2期,商务印书馆,2006。
吴勇毅　《不同环境下的外国人汉语学习策略研究》,上海师范大学博士论文,2007。
吴勇毅　《意大利学生汉语口语学习策略使用的个案研究》,《世界汉语教学》2008年第4期。
吴勇毅　《汉语作为第二语言/外语教学模式的演变与发展》,《华东师范大学学报(哲学社会科学版)》2009年第2期。
吴勇毅　《汉语作为外语(CFL)环境下的教材编写——以〈汉语入门〉为例》,第十届国际汉语教学研讨会,沈阳,2010。
吴勇毅、何所思、吴卸耀　《汉语语块的分类、语块化程度及其教学思考》,《第九届世界华语文教学研讨会论文集第二册:语言分析2》,世界华文出版社,2009。
吴勇毅、徐子亮　《建国以来我国对外汉语教学法研究述评》,《对外汉语教学研究会第二次学术讨论会论文选》,北京语言学院出版社,1987。
吴中伟　《语法的词汇化教学》,《多元文化背景下的对外汉语教学》,学林出版社,2006。
吴中伟　《怎样教语法——语法教学理论与实践》,华东师范大学出版社,2007。
吴中伟、郭　鹏　《对外汉语任务型教学》,北京大学出版社,2009。
武尊民　《英语测试的理论与实践》,外语教学与研究出版社,2002。
夏洛特·丹尼尔森、托马斯·麦克格利尔　《教师评价:提高教师专业实践能力》,陆如萍、唐悦译,中国轻工业出版社,2005。
徐家祯　《从海外使用者的角度评论大陆编写的初级汉语课本》,《第五届国际汉语教学讨论会论文选》,北京大学出版社,1997。
徐英俊　《教学设计》,教育科学出版社,2001。
徐竹君　《关于对外汉语教材针对性的思考》,《面向世界的汉语教学》,复旦大学出版社,1992。
徐子亮、吴仁甫　《实用对外汉语教学法》,北京大学出版社,2005。

许　琳　《汉语加快走向世界是件大好事》,《语言文字应用》2006 年 S1 期。

杨翠蓉　《教师专业发展:专长的视野》,教育科学出版社,2009。

杨德峰　《试论对外汉语教材的规范化》,《语言教学与研究》1997 年第 3 期。

杨惠元　《第二语言教学的新模式(实验设计)》,《汉语学习》2000 年第 6 期。

杨惠元　《课堂教学理论与实践》,北京语言大学出版社,2007。

杨惠中、桂诗春　《制定亚洲统一的英语语言能力等级量表》,《中国外语》2007 年第 2 期。

杨寄洲主编　《汉语教程》,北京语言文化大学出版社,1999;北京语言大学出版社,2007。

杨连瑞、张德禄等　《二语习得研究与中国外语教学》,上海外语教育出版社,2007。

杨庆华　《新一代对外汉语教材的初步设想——在全国对外汉语教学基础汉语推荐教材问题讨论会上的发言》,《语言教学与研究》1995 年第 4 期。

杨小微　《中小学教学模式》,湖北教育出版社,1990。

杨　翼　《对外汉语教材练习题的有效性研究》,《语言教学与研究》2010 年第 1 期。

杨　翼　《汉语教学评价》,北京语言大学出版社,2008。

叶　澜　《新世纪教师专业素养初探》,《教育研究与实验》1998 年第 1 期。

叶丽新　《走出"假性"繁荣——浅论我国教学模式理念的模糊性及对策》,《教育理论与实践》2003 年第 2 期。

伊丽莎白·琼斯、约翰·尼莫　《生成课程》,周欣等译,华东师范大学出版社,2004。

余文森　《有效教学十讲》,华东师范大学出版社,2009。

余小明　《教学模式的特点和构建》,《福建教育学院学报》2003 年第 4 期。

鱼　霞　《反思型教师的成长机制探新》,教育科学出版社,2007。

俞　敏　《"打"雅》,《语言教学与研究》1991 年第 1 期。

臧雪飞　《从结构到非结构——布鲁纳知识观的嬗变》,《文教资料》2008 年第 3 期。

曾妙芬 《推动专业化的 AP 中文教学——大学二年级中文教学成功模式之探讨与应用》,北京语言大学出版社,2007。
张 斌 《虚词与预设》,《对外汉语研究》第 5 期,商务印书馆,2009。
张和生 《OPI 与汉语口语水平的测试》,《北京师范大学学报(社会科学版)》1996 年第 6 期。
张和生主编 《汉语可以这样教——语言要素篇》,商务印书馆,2006。
张皎雯 《汉语国际推广背景下的汉语作为第二语言/外语教学的教学模式研究与探索》,华东师范大学硕士学位论文,2010。
张朋朋 《语文分开、语文分进的教学模式》,《汉字文化》2007 年第 1 期。
张谊生 《现代汉语副词研究》,学林出版社,2000。
张志勇 《对教学模式的若干理论思考》,《中国教育学刊》1996 年第 4 期。
张祖忻等 《教学设计基本原理与方法》,上海外语教育出版社,1992。
章兼中主编 《国外外语教学法主要流派》,华东师范大学出版社,1983。
章兼中主编 《外语教育学》,浙江教育出版社,1993。
赵春秋 《对外汉语教学模式的程序化和反程序化》,《辽宁工程技术大学学报(社会科学版)》2010 年第 6 期。
赵金铭 《教外国人汉语语法的一些原则问题》,《语言教学与研究》1994 年第 2 期。
赵金铭 《论对外汉语教材评估》,《语言教学与研究》1998 年第 3 期。
赵金铭 《对外汉语教学语法与语法教学》,《语言文字应用》2002 年第 2 期。
赵金铭 《论"教案"(代序)》,《对外汉语教学课堂教案设计》,华语教学出版社,2003。
赵金铭 《从对外汉语教学到汉语国际推广》,《汉语研究与应用》第 4 辑,中国社会科学出版社,2006。
赵金铭 《对外汉语教学模式创新与教材编写》,《第八届国际汉语教学讨论会论文选》,高等教育出版社,2007。
赵金铭 《初级汉语教学的有效途径——"先语后文"辩证》,《世界汉语教学》2011 年第 3 期。

赵贤洲 《建国以来对外汉语教材研究报告》,《第二届国际汉语教学讨论会论文选》,北京语言学院出版社,1988。
赵学谦 《教学模式辨》,《北京教育学院学报》2006 年第 3 期。
郑艳群 《日本早稻田大学 Tutorial 汉语远程教学模式评析》,《世界汉语教学》2004 年第 2 期。
郑艳群 《汉语多媒体教学课件设计》,北京语言大学出版社,2009。
中国对外汉语教学学会汉语水平等级标准研究小组 《汉语水平等级标准和等级大纲[试行]》,北京语言学院出版社,1988。
中国社会科学院语言研究所词典编辑室 《现代汉语词典》(修订本),商务印书馆,1999。
中华人民共和国教育部 《英语课程标准》,北京师范大学出版社,2001。
中华人民共和国教育部、国家语言文字工作委员会 《汉语国际教育用音节汉字词汇等级划分》,北京语言大学出版社,2010。
钟 梫 《十五年(1950—1965 年)外国留学生汉语教学总结》,《语言教学与研究(试刊)》1979 年第 4 期。
周 彬 《课堂密码》,华东师范大学出版社,2009。
周 健主编 《汉语课堂教学技巧与游戏》,北京语言文化大学出版社,1998。
周 健 《也谈"对外汉语"及学科名称问题》,《世界汉语教学》2005 年第 2 期。
周 健主编 《汉语课堂教学技巧 325 例》,商务印书馆,2009。
周 健 《汉语语感培养教学模式的理念与实践》,《第九届国际汉语教学研讨会论文选》,高等教育出版社,2010。
周小兵主编 《对外汉语教学导论》,商务印书馆,2009。
周赞梅 《专家教师研究》,知识产权出版社,2006。
朱永生 《语境动态研究》,北京大学出版社,2005。
邹为诚 《语言输入的机会和条件》,《外语界》2000 年第 1 期。

后　　记

《对外汉语教学法》是对外汉语专业本科学生的专业必修课教材，也是教育部人文社科基金项目（10YJA740098）的主要成果之一。责任编辑嘱咐我写一个带有“使用说明”性质的后记，这虽不太合常规，想想却颇有道理。人家使用或阅读这本书，总应该给些交待，但我实在不敢胡诌教师该怎么使用这本书，因为他们肯定各有高招。于是思前想后，觉得或可换个角度，跟大家交流一下编写的心得和想法。

首先是关于书名。“对外汉语教学法”这个书名是当初编委会定的，本无不可。但我希望大家注意两点：一是自新世纪以来，世界汉语教学的形势发生了很大的变化，“对外汉语”已无法概括全部。过去几十年我们汉语教学的对象主要是来华留学生，他们是在目的语（汉语）环境里学习汉语，若以此而论，我们进行的是汉语作为第二语言（CSL）的教学，也可称对外汉语教学。那时虽然国家每年也派一些教师（称为“出国师资”、“公派教师”）出国任教，但数量有限，且世界各国教授汉语的学校和学习汉语的人数也不很多。改革开放以来，随着中国经济的迅速发展、综合国力的日益增强、国际地位的不断提高，其“被瞩目”的程度也愈来愈高。越来越多的人，无论是官方的，还是民间的，都希望深入了解中国，于是“中国话”就热起来了，“风风火火闯九州”。如今世界各国学习汉语的人数日益增长，他们在自己国家的各类学校和机构里学习中文，与此同时，我们派出的汉语教师和志愿者也与日俱增。在学习者自己的母语环境里教授汉语，是把汉语作为外语（CFL）来进行教学，称为对外汉语教学并不合适（参见第二章）。（有专家提出，这里的“外”，如果指“汉语为非母语者”，而非仅仅是“外国人”，那么对外汉语教学就是对汉语为非母语者进行的汉语教学，既包括 CSL 也包括 CFL，这样统称为对外汉语教学也还是可以的。）从发展趋势上看，把汉语作为外语（CFL）教学的规模会远远超过汉语作为第二语言（CSL）教学的规模。

其次是关于“教学法”。说到教学法，很容易让人误以为就是指那些纯粹的课堂教学技巧或基于某种理论的教学法流派，前者目光狭隘，后者又极易空泛（这本书并不专门介绍各种语言教学法流派及其理论基础）。其实教学法的内容是非常丰富的。我们以理查德（Richards）和罗杰斯（Rodgers）（1986、2001）提出的教学法架构（参见第一章）为底座构建这本书的框架（尽管并不限于此），这跟以往同类的讲教学法的书很不一样。它注重从教学过程出发，突出教学设计、教学过程和课堂操作的层面（这样做也可与同系列的其他相关教材有所区别和分工），易于让阅读者进入“（教师）角色”。首先是引导读者思考如何根据不同的教学对象和教学环境确定教学目标（第二章、第三章），其可以依据已经制订出的不同的第二语言/外语的水平或能力标准，再结合特定的教学对象使之具体化。教学目标确定后，要制订和实施教学大纲（第四章），并在此基础上选用合适的教材并形成教学模式（第五章、第六章）。教材可以自己编写，教学模式也应该不断创新，但这需要理论和经验的结合，只有理论的指导和经验的积累及提升才能迸发出创造的“火花”。在进入课堂教学之前，教师要进行充分的课堂教学设计，包括教学预设，以尽可能预见教学中可能出现的各种情况和问题，并制定相应的对策（第七章），但课堂教学是千变万化的，会发生各种“非预设事件”（第八章），教师如何应对很有讲究，尤其是需要深入思考如何把这些“非预设事件”转化为教学资源。教学机智和经验积累（实践性知识）是培养应对能力的关键，而扎实的知识基础和宽阔的知识结构是对应所需之“源泉”。在课堂教学中，教师可以采用各种不同的方法和技巧进行教学，目的只有一个，即“有效”（包括质量和速度）地完成教学目标，达到教学目的。我们尽可能地举例说明语法教学和词汇教学的原则和方法（第九章、第十章）（而非面面俱到地讨论各种语言要素的教学、各种语言技能的教学、各种课型的教学，以避免与本系列其他教材发生冲突和篇幅过大），这在以往的同类书中并不多见。这些方法具体、实用且操作性很强，但方法要因时因地因人而变，切不可拘泥教条，同时，采用的教学方法和教学策略一定要跟自己的教学理念、跟教材编写者的教学理念联系起来，不然很难使教学奏效。面对课堂教学实践中可能出现的种种问题，本书通过41个案例条分缕析课堂教学中应注意的方方面面(第十一章)，给读者以思考和启发。教师是教学的灵魂，是决定教学成败的关键，是整个教学过程的统帅。我们希望每个教学实践者都具有良好的素质、丰富的知识和过硬的教学技能，但更希望他们成为具有反思能力和创造性并且充满个性的教师(第十二章)，乃至大师。

随着教学过程的层层推进，纲举目张，读者最终可以对汉语作为第二语言/外语的教学有一个整体的把握。本书未涉及汉语作为第二语言/外语的测试问题，也未专门论及现代教育技术在汉语教学中的应用(在“教学模式”一章有所涉猎)，因为本系列有其他教材专论，比如《语言测试概论》、《对外汉语教育技术概论》。

此外，这本书有一些特点，也许可以说是颇具新意的地方。首先是理论与实践的结合。本教材的每一章都与汉语教学实际和实践相结合，以大量的“实例”、“案例”阐释理论和理念，分析和指导如何教。比如第十一章完全是以案例的形式让读者“直接面对”课堂教学，设计可谓独具匠心。这些案例其实是许多人、许多教学经验的积累。其次是教材吸收了许多最新的研究成果，有不少内容是“新面孔”。比如，关于二语和外语教学环境的讨论、第二语言/外语能力标准的介绍、教学大纲的分析、教学模式的构建等，这些都是目前大家热议和研讨的话题。关于“课堂教学中的非预设事件”，是第一次出现在汉语教学法的教科书中，它涉及“教学事件”和“教师的应变能力”两个方面，既可以从事件本身来探讨，也可以从教师的素养来论述。我们主要把它放在教学事件的范畴内讨论，与预设事件(课堂教学设计、教案)相对，但在教师的素质一章亦有提及，因为处理这些非预设事件是需要教师的应变能力和智慧的。再次是本教材希望培养学习者的“动手”能力，也就是分析问题和解决问题的能力，因此在每章的后面，除了有思考题以外，还专门安排了“任务”，希望读者能以各种方式真正地介入学习和教学，完成“任务”。凡此种种，不一而足，望读者留意体会。

这本书的付梓凝结了许多人的汗水和心血。首先要感谢全体编写人员，没有大家的辛勤耕耘就没有今天的成果。其次要感谢商务印书馆的周洪波先生、袁舫女士和戴军明先生，没有你们的信任、鼓励和支持，这本书就不会修成正果。再次要感谢匿名审稿专家，中肯的意见和建议甚是宝贵。

本书编写的具体分工情况大致如下：

第一章　第二语言/外语教学法　　吴勇毅

第二章　汉语作为第二语言教学与汉语作为外语教学　　吴勇毅

第三章　第二语言/外语能力标准　　吴勇毅

第四章　教学大纲　　吴中伟

第五章　教学模式　　吴勇毅

第六章　教材的选择与使用　　吴中伟

第七章　课堂教学设计　　马玉汴

第八章　课堂教学中的非预设事件　　石旭登　吴勇毅

第九章　语法教学　　吴中伟　吴勇毅　张皎雯

第十章　词汇教学　　吴勇毅

第十一章　课堂教学案例分析　　许国萍　吴中伟

第十二章　怎样做一名好教师——教师的素质　　刘弘

“思考”与“任务”部分主要由陈钰、石旭登、吴中伟负责，吴勇毅对全书进行了统稿和修改。教材虽成，但难免挂一漏万，存在这样那样的问题，敬请读者批评指正。修订时“待从头，收拾旧山河”。

吴勇毅

壬辰年正月初五

图书在版编目(CIP)数据

对外汉语教学法/吴勇毅主编．—北京：商务印书馆，2012(2023.4 重印)

(商务馆对外汉语专业本科系列教材)

ISBN 978-7-100-08850-3

Ⅰ.①对… Ⅱ.①吴… Ⅲ.①汉语—对外汉语教学—教学法—高等学校—教材 Ⅳ.①H195.3

中国版本图书馆 CIP 数据核字(2011)第 282689 号

DUÌWÀI HÀNYǓ JIÀOXUÉFǍ

对外汉语教学法

吴勇毅 主编

商 务 印 书 馆 出 版

(北京王府井大街 36 号 邮政编码 100710)

商 务 印 书 馆 发 行

北 京 冠 中 印 刷 厂 印 刷

ISBN 978-7-100-08850-3

2012 年 4 月第 1 版　　开本 710×1000 1/16

2023 年 4 月北京第 6 次印刷　　印张 21¾

定价：88.00 元